Filótimo! | Hellas Reihe

Deffner, Andreas: Filótimo! Hamburg, Fehnland Verlag 2021

1. überarbeitete Neuauflage
ISBN: 978-3-96971-168-2

Dieses Buch ist auch als eBook erhältlich und kann über den Handel oder den Verlag bezogen werden.
ePub-eBook: ISBN 978-3-942223-51-5

Lektorat: Sewastos Sampsounis
Seitengestaltung: Katharina Breu, Hamburg
Covergestaltung: Martin O Sigma, Frankfurt am Main
Coverbild: © Martin O Sigma

Bibliografische Information der Deutschen Nationalbibliothek: Die Deutsche Nationalbibliothek verzeichnet diese Publikation in der Deutschen Nationalbibliografie; detaillierte bibliografische Daten sind im Internet über https://dnb.d-nb.de abrufbar.

Der Fehnland Verlag ist ein Imprint der Bedey & Thoms Media GmbH, Hermannstal 119k, 22119 Hamburg.

© Fehnland Verlag, Hamburg 2021
Alle Rechte vorbehalten.
https://www.fehnland-verlag.de
Gedruckt in Deutschland

Andreas Deffner

Filótimo!

Abenteuer, Alltag und Krise in Griechenland

Inhalt

Seite
- 7 PROLOG
- 9 HÜHNERSUPPE UND FILÓTIMO
  im ältesten Haus der Welt
- 28 »THE OCTOPUS LIKES AMSTEL«
  Durstiger Fischfang auf dem Peloponnes
- 49 ZICKLEINHIRN IM EPÍRUS
  Ein sarakatsanischer Spaziergang
- 74 DER MANDARINEN-MASSEY MIT DEM HUMPELNDEN FUß
  Zur Obsternte in der Argólis
- 91 VULKANSEIFE UND WELLNESSBAD
  Méthanas Vorzeigeprodukte
- 107 POMAKOCHÓRIA
  In den Dörfern der Pomaken
- 138 CABRIO, KOBOLD, KORFU-KRIMI
  Argentinisch-deutsche Wahlheimat im Ionischen Meer
- 156 DAS GRÜNE GOLD LAKONIENS
  Olivenölernte im Schutz der heiligen Élona
- 181 BÜRGERMEISTER ZOBEL
  Von Nerzen im Biberdorf
- 210 WASSER UND SPA
  Feuchtes Vergnügen rund um Sidirókastro
- 230 GRIECHISCHES THEATER
  und spartanische Leidenschaften
- 253 EPILOG
- 256 QUELLENANGABEN

PROLOG

Griechenland ist eigentlich mit Worten nicht zu beschreiben. Und dennoch reizte mich genau das: Das Land zu zeigen, so wie es ist. Mit all seinen Schönheiten und Möglichkeiten, aber auch den Hässlichkeiten und Problemen. Ich wollte den Griechen eine Art Hommage widmen. Aus der Sicht eines Nicht-Griechen, aber immer im Zusammenspiel mit den Eindrücken der Einheimischen.

Nach der Schule bin ich das erste Mal nach Griechenland gereist und habe mich sofort in Land und Leute verliebt. In einem Fischerdorf habe ich meine ›zweite Heimat‹ gefunden, und sowohl damals wie auch heute bewundere ich die hellenische Lebensfreude ebenso, wie den Abwechslungsreichtum der Landschaft. Aber um Griechenland richtig zu verstehen, muss man es erleben, seinen Alltag spüren. Am besten gemeinsam mit den Griechen selbst. Mit dieser Idee im Kopf habe ich mich 2008 auf den Weg gemacht, mein erstes Griechenlandbuch zu schreiben. »Das Kaffeeorakel von Hellas – Abenteuer, Alltag und Krise in Griechenland« erschien im Sommer 2010. Vor Ihnen liegt jetzt bereits das zweite Buch. Denn kaum war das erste fertig, hatte ich bereits Ideen, Visionen und Einladungen für einen Nachfolger des »Kaffeeorakels«.

Und so geht es im vorliegenden Buch wieder mit den Griechen durch ihren Alltag. Sie zeigen dem Leser ihr Leben, ihre Alltagsgeschichten, ihre Lebensweisen. Das immer wiederkehrende dabei: Filótimo!

(– Φιλότιμο). Ein unübersetzbares Wort, ein Gefühl, das die spezielle Einstellung der Griechen zum Leben und ihren Mitmenschen gegenüber charakterisiert. Ich werde es Ihnen vorstellen, denn im Alltäglichen zeigt sich die reine, echte Form des Filótimo am besten. Die Griechen leben es mit Leib und Seele. Und sie lieben ihr Leben in Gesellschaft, denn bei einem Ouzo oder Tsípouro schmecken Mezédes – kleine Häppchen – und Unterhaltungen eben am besten. Genießen sie das Buch mit einem Gläschen griechischem Wein und lassen Sie sich in unbekannte Gegenden und belebte Touristenziele entführen. Und wenn Sie das Fernweh und der Hunger packt: Am Ende eines jeden Kapitels finden sich Rezepte, die Appetit und Lust auf mehr oder Meer machen.

Καλή όρεξη – Kalí órexi – Guten Appetit!

1

HÜHNERSUPPE UND FILÓTIMO
im ältesten Haus der Welt

Seit ich das erste Mal nach Griechenland kam, ist Toló meine »zweite Heimat« geworden. Eine unbeschreibliche Magie ging für mich von diesem ehemals einsamen Fischerdorf an der Ostküste des Peloponnes in der Region Argólis aus. Und so »Kóllissa edó« – Ich bin hier kleben geblieben, wie die Griechen sagen.

1993. Das Jahr, in dem ich Abitur gemacht habe und danach spontan nach Griechenland gereist war. Mein ehemaliger Kunstlehrer hatte mich nach der Reifeprüfung hierher gelockt. Anfang der 90er Jahre herrschte touristischer Hochbetrieb in Toló und wir verbrachten mit der Familie meines Lehrers und einigen Freunden einen unbeschwerten und fröhlichen Urlaub. Unsere Unterkunft in den damals noch einfachen und nicht klimatisierten Gästezimmern der Fischtaverne von Perikles Niotis faszinierte mich, obwohl wir es so manche Nacht wegen der tropischen Hitze kaum in den Zimmern aushielten. Griechisch-authentisch. Mein Lehrer kannte Perikles seit Ewigkeiten, und auch ich verstand mich mit ihm vom ersten Tag an blendend. Perikles hat Mathematik und Elektrotechnik studiert und war *das* Genie an der Universität von Patras. Doch er hat sich gegen eine Karriere und für Toló entschieden. Heute führt er noch immer zusammen mit seiner Schwester Irini das Geschäft, das seine Eltern vor vielen Jahren direkt am feinen Sandstrand der ruhigen badegastfreundlichen und fischreichen Bucht aufgebaut hatten. Oma Vageliό und Opa Aristides, wie ich Perikles' Eltern immer genannt habe, ihre Kinder sowie die Enkel und Cousins und Cousinen sind in all den Jahren zu meiner »Zweitfamilie« geworden. Oma Vageliό hat immer gesagt: »Junge, du bist in Tolό groß geworden.« Auch für sie habe ich angefangen Griechisch zu lernen. Und bis heute ist kein Jahr vergangen, in dem ich nicht mindestens einmal nach Tolό gereist bin. Meistens mehrmals, denn auch meine Kinder lieben Perikles, Tolό und die besondere griechische Gastfreundschaft.

Anfang September 1994 reiste ich das zweite Mal nach Tolό. Ich hatte erst wenige Worte Griechisch gelernt, doch »Καλημέρα (kaliméra – Guten Morgen), Καληνύχτα (kalinίchta – Gute Nacht) und Τι κάνεις (ti kánis – Wie geht es dir?)« verstand ich.

Eines Morgens, ich hatte schlecht geschlafen, wankte ich müde auf die Terrasse der Taverne »To Néon« meines Freundes Perikles.[1]

»Kaliméra, ti kánis?« Oma Vageliό begrüßte mich herzlich-fröhlich, wie jeden Morgen.

Mein kleines, griechisches Wörterbuch hatte mich am Vortag gelehrt, dass man als Antwort »kalá (– gut), etsi-ketsi (– so lala) oder kakó (– schlecht)« antworten könnte. Ich war nicht krank, aber richtig gut fühlte ich mich auch nicht, und so entschied ich mich für das so hübsch klingende »etsi-ketsi«.

Oma Vageliό blickte mich mit besorgtem Blick an. Dann redete sie heftig auf mich ein, doch ich verstand kein Wort. Perikles, der ins Englische hätte übersetzen können, war gerade einkaufen. So blieb mir nur, entschuldigend blickend und achselzuckend, mich auf einen der Korbstühle zu setzen.

Während ich müde am griechischen Mokka nippte, beobachtete ich, wie Oma Vageló in der Küche wild gestikulierend mit ihrer Tochter Irini redete. Beide waren zweifellos wegen irgendetwas besorgt. Eine Weile später, der Kaffee wirkte, ich war erwacht, munter und wollte gerade zum Baden ins Meer steigen, da brachte mir Irini einen Teller dampfender Hühnersuppe. Auch sie spricht nur Griechisch und so verstand ich nicht viel. Sicher war nur, ich musste diese Brühe essen. Aber warum? Völlig ahnungslos schwitzte ich also im Hochsommer über der trotzdem köstlichen Hühnersuppe. Irini wachte währenddessen darüber, ob ich auch alles aufessen würde. Kurz darauf kehrte Perikles vom Einkaufen zurück. Irini rief ihm sofort aufgeregt etwas zu und zeigte dabei immer wieder in meine Richtung. Mir wurde etwas unbehaglich zumute. Was hatte ich nur verbrochen? Als mich Perikles dann fragte, was mir denn fehle, ahnte ich das Missverständnis.

»Irini sagt du bist krank?«, fragte Perikles besorgt.

»Nein, wieso?«, antwortete ich verdutzt.

»Na, du hast doch zu Vageló gesagt, es gehe dir schlecht.«

»Wie bitte? Ich habe nur gesagt es gehe mir etsi-ketsi, so lala.«

Perikles lachte laut auf.

»Wenn du auf ›ti káneis‹ nicht ›kalá‹ antwortest, denken alle, du bist krank. Sie haben dir deshalb sofort eine gesunde Hühnersuppe gekocht«, sagte er, während er sich noch immer den Bauch vor Lachen hielt.

An diese kleine Anekdote aus der Zeit, in der ich mühsam versuchte, meine ersten griechischen Vokabeln zu lernen, musste ich denken, als eine gute Freundin einen Termin in Berlin wegen einer Lebensmittelvergiftung hatte absagen müssen.

»Gerlinde«, sagte ich, »ich koche dir Oma Vageliós Hühnersuppe und schon bist du wieder fit.«

Die Sache hatte nur einen Haken. Ich hatte zwar in all den Jahren in Toló so oft Oma Vageliò und ihrer Tochter Irini beim Kochen über die Schultern geschaut und mir viele ihrer Originalrezepte in einer kleinen Lederkladde aufgeschrieben, aber das Rezept für »Kotosoupa Avgolemono« (– Hühnersuppe mit Ei-Zitronensoße) findet sich nicht darin.

Wenige Tage nach Gerlindes Lebensmittelvergiftung reiste ich nach Toló.

Es ist Frühjahr 2011. Oma Vageliò ist leider vor einigen Jahren gestorben. Bleibt also nur, Irini nach dem Rezept zu fragen. Doch plötzlich habe ich eine andere, vielleicht noch bessere Idee: Oma Vageliós beste Freundin! Natürlich, das ist es: Kontílou! Sie muss inzwischen über neunzig Jahre alt sein. Sie wohnt seit jeher nur zwei Häuser von Perikles' Taverne entfernt. Zwischen der Fischtaverne und ihrem kleinen Haus wohnen nur noch Perikles' Cousin Vangelis und dessen gleichnamiger Schwager.

An einem Sonntagmorgen besuche ich »Oma Kontílou«, wie ich sie inzwischen auch seit Jahren liebevoll nenne, in ihrem gemütlichen Zuhause. In dem kleinen, weiß getünchten Häuschen mit Flachdach fühlt man sich in der Zeit zurückversetzt. Die tiefe Decke zwingt mich den Kopf einzuziehen, als ich den dicken hölzernen Balken übertrete, der die Schwelle bildet. In der, aufgrund der winzigen Fenster, dunklen Wohnung steht auf der einen Seite ein großes metallenes Bett. Es ist sorgfältig mit einer historisch anmutenden Tagesdecke bedeckt. Auf der gegenüberliegenden Seite ein kleiner antiker Holztisch, und an der Wand steht, auf einer mit einer Häkeldecke dekorierten Kommode, ein winziger Fernseher. Hier, in diesem heimeligen Zuhause, empfängt mich die zu Tränen gerührte Oma Kontílou. Sie freut sich so ungemein mich zu sehen, dass ich glaube, sie wolle mich nach unserer Begrüßung gar nicht mehr loslassen. Sie drückt mich, sie streichelt mein Gesicht mit beiden Händen und sie weint. Ich bin gerührt und traurig darüber, dass ich sie nicht öfter besuchen kann.

»Was kann ich dir anbieten? Einen Kaffee?«, fragt mich Oma Kontílou und hält noch immer eine meiner Hände mit ihren beiden fest umschlungen.

»Ja, gerne!«

»Komm, wir gehen in meine kleine Küche!«

Oma Kontílou öffnet die Tür zum Garten. Ich folge ihr auf die Terrasse, die sich innenhofartig an die L-Form des Hauses anschmiegt. Hier stehen und liegen allerlei Dinge wild herum. Töpfe, Metallstangen, Kessel, Holzbretter, Eimer und vieles mehr. Dann führt sie mich an das Ende der Terrasse, wo sich wiederum eine kleine Holztür befindet. Hinter dieser ist die Küche, im Schenkel des L-förmigen Hauses, der erst später angebaut wurde. Auch hier, im neuen Gebäudeteil, ist es karg, aber behaglich. Kahler Betonfußboden, ein winziges Fensterchen mit Holzläden, eine kleine Anrichte mit einem zweiflammigen Gaskocher darauf. Ein einfacher, hellblauer Hängeschrank bringt Farbe in die Küche. Aus ihm holt Oma Kontílou mit zittriger Hand eine Mokkatasse und greift zum Briki. Das langstielige, kleine Töpfchen, in dem der Mokka über dem Gasherd gekocht wird, füllt sie nun mit einem gut gehäuften

Teelöffel feingemahlenem Kaffeepulver. Ein Löffelchen Zucker dazu – ich trinke meinen Kaffee »metrio«, also mittelsüß – und schon sitzt das Briki geschickt auf der Kochplatte. Oma Kontílou rührt noch kurz, dann kommt der goldbraune Schaum langsam nach oben gestiegen. Genau im richtigen Moment nimmt die gute Köchin das Töpfchen vom Feuer, um den Kaffee in das kleine Mokkatässchen einzuschenken. Sie stellt mir das Tässchen auf den wackligen Tisch. Der Mokka duftet herrlich und ich warte sehnsüchtig darauf, dass sich das Kaffeepulver auf den Grund der Tasse absetzt.

Oma Kontílou setzt sich mir gegenüber an den Tisch mit der uralten, ausgeblichenen Wachstuchtischdecke mit den Blümchenmotiven. Die hochbetagte Frau wirkt zwar etwas gebrechlich, aber gleichzeitig umgibt sie eine besondere Aura. In ihrer schwarzen Kleidung, die sie seit dem Tag des Todes ihres Mannes ausschließlich trägt, wirkt sie erhaben in der Küche ihres einfachen und spärlich eingerichteten Hauses. Ich bin immer wieder von der Genügsamkeit dieser Frau fasziniert.

Das Gackern eines Huhnes, das nur wenige Meter von uns entfernt unter den Zitronenbäumen im Sand kratzt, erinnert mich wieder an den Grund meines Besuches. Seit ich denken kann, leben hier im Garten eine Hand voll Hühner. Immer, wenn wir unsere regelmäßigen Familienurlaube in Toló verbringen, schenkt Oma Kontílou unseren Kindern ein oder mehrere frische Eier. Wann immer es geht!

»Oma Kontílou, du hast immer noch deine Hühner.« Ich deute auf das Federvieh.

»Ja«, antwortet sie stolz. »Es sind sechs. Schon ganz alt. Freunde wollen mir demnächst einige jüngere bringen, damit sich der Bestand verjüngt.«

Dann zeigt sie auf den klapprigen, alten Korbstuhl, auf dem ich sitze und von dem ich hoffe, dass er noch lange nicht gegen einen jüngeren ersetzt wird. Sie wirkt plötzlich staatstragend.

»Auf ihm hat schon zweimal der Herr Avramópoulos gesessen und seinen Ouzo getrunken!«, sagt sie stolz.

»Wer? Der frühere Gesundheitsminister?« Ich blicke mich erstaunt in dem einfachen Raum um.

»Genau der. Hier in dieser kleinen Küche.« Ihr Finger tippt mehrfach hintereinander schnell auf die Wachstuchtischdecke. So kraftvoll, dass sogar mein Kaffee über den Rand der kleinen Mokkatasse schwappt. »Er ist mit einem Arzt aus dem Dorf befreundet. Sie kamen einmal vorbei und ich habe den beiden Kaffee gemacht. Und immer, wenn er jetzt in der Nähe ist, schaut er bei mir vorbei. Er trinkt dann hier seinen Ouzo. Und er sitzt immer genau auf diesem Stuhl.«

Ob ihm Kontílous köstlicher Mokka nicht geschmeckt hat, weiß ich nicht, aber bei dem Gedanken an den Gesundheitsminister und seinem wohligen Anisschnaps, fällt mir wieder die Hühnersuppe ein.

»Sag mal Kontílou, wie macht man eigentlich eine richtige Hühnersuppe? So eine, wie sie auch Oma Vageló immer gemacht hat.«

Sie schaut mich verwundert an. Ihre Stirn legt sich in runzlige Falten. Ich erzähle ihr also zum besseren Verständnis meiner Frage die Geschichte von damals, und Oma Kontílou lacht.

»Ja, die gute Vageló. Sie war auch immer besorgt um ihre Gäste.« Kontílou wirkt plötzlich nachdenklich. Ihr Blick schweift langsam von meiner Kaffeetasse hinaus aus dem Fenster und wieder zurück zu mir. Mit

Trauer in der Stimme sagt sie leise: »Wir waren beste Freundinnen.«

Wissend greife ich nach ihrer zittrigen Hand und halte sie fest gedrückt.

»Und wie hat sie Hühnersuppe gekocht?«, frage ich sachte erneut.

Oma Kontílou schaut mich ungläubig an, als ob sie sagen wollte: Habt ihr das nicht in der Schule gelernt?

»Na«, wiederhole ich, »wie bereitest du sie zu? Wahrscheinlich genauso wie Oma Vageló?«

»Ja. Das ist doch ganz einfach.« Die alte Frau wirkt wieder kraftvoll, und gestikulierend fährt sie fort: »Du kochst das Huhn ganz normal, wie anderes Fleisch auch. Zerteilt in Stücke und gesäubert natürlich. Dann gibst du Reis dazu und Karotten, Zwiebeln oder auch Kartoffeln. Wie du magst. Ganz einfach.« Ein jugendliches Lächeln huscht kurz über ihr altersfleckiges Gesicht. »Und kurz vor Schluss die Avgolemono-Soße. Du schlägst dafür ein Ei und verrührst es mit dem Saft einer Zitrone.« Oma Kontílous Hand scheint einen imaginären Schneebesen zu schwingen. »Dann gibst du etwas von der Brühe dazu und mischt alles vorsichtig unter die Suppe. Schon ist es fertig.«

Oma Kontílou lächelt. Ich strahle sie mit leuchtenden Augen an. Dann sehe ich, wie ihre Augen feucht werden und Tränen hervortreten. Ölig, wie die Fettaugen auf einer Suppe, gleiten sie ihr über die tiefgefurchten, sonnengebräunten Wangen bis hinab aufs Kinn, wo sie die vereinzelten, aber markanten grauen Altersbarthaare befeuchten.

»Ach, kamári mou! Ich habe meine María verloren. Mein ganzes Leben. Sie hat nicht einmal ihre Rente erreicht.« Und wieder rinnen dickflüssige Tränen langsam über ihre Wangen. »Sie wollte doch den Rest ihres Lebens hier leben. ›Mama‹, hat sie immer gesagt, ›Ich will in dem alten Häuschen alt werden, in dem ich auch groß geworden bin.‹ Ach, meine María!«

Oma Kontílou greift nach meiner Hand. Ihr fester Händedruck erfasst kraftvoll und gleichzeitig zittrig meine Finger.

»Das allerwichtigste im Leben ist Gesundheit«, sagt sie. Dann schaut sie mich dankbar an, wie eine Mutter ihren Sohn. »Kamári mou« sagen die Griechen zu jemandem, auf den sie liebevoll stolz sind. Mütter sagen das gerne zu ihren Kindern. Und auch Kontílou sagt das immer zu mir. Sie scheint mir mütterlich dankbar zu sein, dass ich sie, wenn zwar auch nicht oft, dafür aber regelmäßig besuche.

Oma Kontílou ist länger Witwe als ich nach Toló reise. Vor vielen Jahren ist ihr Mann, der lange als Kapitän zur See gefahren ist, gestorben. Ihr Sohn wohnt leider weit weg in Athen und kommt nur selten zu Besuch. Ihre Tochter Maria war ihr Ein und Alles. Eine liebenswerte, immer fröhliche Frau und leidenschaftliche Raucherin. Rund fünfzehn Jahre älter als ich, aber in ihrem Herzen war sie immer ein Kind. Wir haben uns wie zwei Gleichaltrige verstanden. Wie oft haben wir uns gemeinsam mit ihr einen Spaß erlaubt und haben Touristen um eine Zigarette angebettelt. Im Sommer 2010 ist sie nach kurzer, schwerer Krankheit gestorben. Viel zu früh.

Um Oma Kontílou auf andere Gedanken zu bringen, frage ich sie: »Wie alt bist *du* jetzt eigentlich schon?«

»Na, neunzig auf jeden Fall«, sagt sie mit fester, überzeugender Stimme. »Ganz genau weiß ich es aber nicht. Neunzig bin ich aber sicher!«

Sie ist phänomenal und ihr Langzeitgedächtnis lässt noch immer kein Detail aus. Nicht mehr ganz so kraftvoll wie dieses ist zwar ihr Körper, doch trotz ihres hohen Alters und obwohl sie seit kurzem nur noch wenig sieht, macht sie noch immer alles allein. Das Haus, den Hof, die Küche.

Kontílou sitzt vor mir auf ihrem klapprigen alten Hocker. Mit vor Stolz geschwellter Brust und ausgebreiteten Armen blickt sie mich festen Blickes an. »Das hier hab alles ich aufgebaut. Als ich geheiratet habe, haben wir das Haus gefunden. Den kleinen vorderen Teil, der, der an der Straße liegt. Es ist das älteste Haus hier.«

»Das älteste Haus in Toló?« Ich blicke sie verwundert an.

»Es war als erstes hier. Ich glaube, es ist das älteste Haus der Welt. Ja, das glaube ich. So wie es jetzt noch ist, haben wir es damals gefunden. Den Rest drum herum haben wir dann gebaut.« Die alte Frau lehnt sich auf ihrem Höckerchen zurück und ich sehe einen Glanz in ihren trüben, altersschwachen Augen, wie der, den Kinder haben, die an Weihnachten all die vielen Geschenke erblicken. Oma Kontílou blickt zurück auf ein langes, erfülltes, aber auch hartes Leben.

»Ich habe mein Lebtag lang schwer gearbeitet. Immer!« Kontílou blickt mit einem verschmitzten Lächeln zu mir. »Ponirúla ímuna (– Ich war ein gewieftes Mädchen). Ich war noch so jung, als wir geheiratet haben. Und ich sah die Leute um uns herum, wie sie hier und da Zimmer an Touristen vermieteten. Dann habe ich zu meinem Mann gesagt: ›Kosta, wir müssen das auch machen. Wir verdienen unser Geld mit den Fremden, die hier Urlaub machen wollen!‹« Sie blinzelt neckisch. »Siliára ímuna (– Ich war eine Neiderin). Ich wollte auch Gäste beherbergen«, sagt sie.

Jeder sieht ihr auch heute noch an, dass sie es nicht nur des Geldes wegen getan hat. Sie liebt die Menschen und ihre Gäste lieben sie. Viele von ihnen sind zu guten Freunden geworden. Sie hat immer das griechische »Filótimo« gelebt, für das es keine richtig passende Übersetzung gibt.

Filótimo ist ein Lebensgefühl, ein Ehrgefühl, und weitaus mehr als nur besonders gute Gastfreundschaft. Ioannis, ein griechischer Diplomat und Freund von mir, hatte vor einiger Zeit in Berlin zu mir gesagt: »Schreib doch in deinem nächsten Buch auch über das Filótimo. Das ist so typisch griechisch, aber auch unendlich schwierig zu erklären. Du weißt aber, was es bedeutet.«

Schwirig, ein Wort zu beschreiben, das als »unübersetzbar« gilt.[2]

Man muss es erleben.

Oma Kontílou ist ein gutes Beispiel für jemanden, der das Filótimo lebt. Eine Eigenschaft, die vielleicht angeboren, aber auf jeden Fall ganz typisch griechisch ist. Stolz, Würde, Pflichtbewusstsein, Aufopferungsbereitschaft, Verzicht, Respekt. Alles Worte, die im Zusammenhang mit der Beschreibung von Filótimo fallen, und trotzdem ist diese Aufzählung nicht abschließend. Oma Kontílou jedenfalls besitzt all das. Und noch viel mehr. Was hat sie in ihrem langen Leben nicht alles erlebt. Mit Filótimo hat sie eine ganz spezielle Gastfreundschaft geschaffen.

»Ich war jung, und ich war neidisch auf die anderen, die von den Touristen lebten. Und so habe ich das alles hier gebaut. Den seitlichen Anbau, wo wir jetzt sitzen, den gegenüberliegenden Teil und dann das Haus nebenan, in dem heute Vangelis wohnt.« Die alte Frau lehnt sich auf ihrem Höckerchen zurück, dann fährt sie mit melancholischer Stimme fort: »Schließlich hatten wir noch das Haus ganz am Ende des Dorfes, wo heute der Hafen ist. An der kleinen Platía haben wir es aufgebaut und Fremdenzimmer dort vermietet.« Ihre glasigen Augen blicken verträumt durch mich hindurch. Das Haus am Hafen steht noch heute. Seit Jahren leer und verfallen.

»Alles hab ich selbst gemacht. Sogar die Zimmer hab ich eigenhändig geputzt.«

Oma Kontílou steht auf. Mit krummem Rücken beugt sie sich nah zu mir und hält mir ihren Zeigefinger vors Gesicht.

»Einer unserer Gäste kam einmal zu mir und sagte: ›Bitte, Kontílou, putz du die Zimmer! Die Putzfrau macht das nicht so ordentlich wie du.‹«

Die gebrechliche Kontílou kniet sich plötzlich auf den glatten Betonfußboden und wischt mit dem Finger darüber.

»Und dann hat sie sich gebückt und mit einem Finger über den Boden gewischt. Genauso wie ich jetzt. Sie hielt mir den Finger unter die Nase und sagte: ›Guck, Staub!‹«

Oma Kontílou setzt sich wieder auf ihr Höckerchen.

»Und wenn ihr Mann mich am Strand gesehen hat, dann ist er auf den Balkon gelaufen, hat sich eines der Kissen aus dem Schlafzimmer geschnappt, hat es sich an weit ausgebreiteten Armen vor die Nase gehalten und gerufen: ›Kontílou, es duftet so herrlich sauber und frisch!‹ Ja, das war schon verrückt. Ich habe immer alles so sauber gemacht, wie es nur ging. Meine Gäste haben mich dafür geliebt. Einer hat einmal gesagt: ›Kontílou, schau, da liegt etwas Staub. Macht nichts, aber ich will nicht, dass die Putzfrau das sauber macht. Nur, wenn du putzt wird es richtig gut.‹«

Ich glaube, ich habe in diesem Moment auch ganz verliebt zu ihr geschaut. Ich liebe diese herzensgute alte Frau ebenso wie das Filótimo. Sie lächelt mich an.

»Erinnerst du dich an das deutsche Ehepaar? Es kam all die Jahre zu mir. Immer hier oben über meiner Wohnung haben sie gewohnt. Dreißig Drachmen pro Nacht haben wir nur verlangt. Und sie kamen immer wieder. Ich hab noch das alte Foto von ihnen im Zimmer oben an der Wand. Komm, ich zeig's dir!«

Und schon ist Oma Kontílou aufgestanden und läuft wieselflink gebückt durch den Hof.

»Geh da die Treppe rauf!« Sie deutet auf eine schmale Betonstiege.

Vorsichtig gehe ich voran und blicke mich nach ihr um. Ich bin überrascht, wie sicher und geschickt sie mir in Windeseile folgt. Schon steht sie neben mir vor einer Tür. »Da, schau! Ich sagte doch, es ist das älteste Haus. Das sieht man schon an dieser Tür.« Uraltes, staubtrockenes Holz. Der typisch griechenlandblaue Lack ist in die Jahre gekommen. Er ist verblasst und zu einem Großteil abgeblättert. Die Tür wirkt porös, aber sie hält die Wohnung nach wie vor würdevoll verschlossen. Oma Kontílou geht voran. Sie zeigt mir dieses für heutige Zeiten so surreal wirkende Haus. Uralte Holzdielen als Fußboden. Kahle, weiß gekalkte Betonwände. Ein einfaches Bett und ein winziges Abstelltischchen. Alles wirkt so anders als in einer normalen Herberge. Die tiefe Zimmerdecke wirkt nicht bedrückend, sondern einladend gemütlich, und der kühle

Beton lässt sogar die größte Sommerhitze erträglich werden. Ich kann Maria jetzt gut verstehen, die in diesem Haus alt werden wollte. Zu Hause im Filótimo. So vergisst man die Zeit und fühlt sich einfach nur wohl.

Im Hof meldet sich der Hahn mit einem lauten Kickeriku. Entsetzt blicke ich auf die Uhr. Ich muss los! In zehn Minuten geht mein Bus nach Athen. Ich muss Oma Kontílou nun leider wieder alleine lassen, verspreche ihr aber, sehr bald wieder zu kommen.

»Ja, und wenn deine Kinder im Sommer mitkommen, dann gebe ich euch wieder ein Ei von meinen Hühnern«, freut sich Kontílou auf unser alljährliches Ritual. Wir drücken uns herzlich zum Abschied.

»Bis bald, kamári mou!« Oma Kontílou winkt mir aus ihrem Zuhause nach, als ich die Straße zum Meer hinuntergehe.

Schwarze Regenwolken verdunkeln den Himmel über der Bucht von Toló an diesem Mittag. Es ist ungewöhnlich kalt. Ich werde mich erkälten, denke ich noch bei mir, als ich bereits auf dem Weg nach Athen bin. Ich beschließe, mir zu Hause in Deutschland erstmal eine »Kotósoupa tis Kontílous« (– Kontílous Hühnersuppe) zu kochen. Für mich das Filótimo der griechischen Küche!

Kotósoupa ist sicher eines der ältesten Rezepte. Und Oma Kontílous Haus ist das älteste der Welt. Wer die Suppe nachkochen möchte, findet nachfolgend das Rezept, so wie ich es ausprobiert habe.

Kontílous Hühnersuppe
Κοτόσουπα της Κοντίλου

Zutaten:

1 Suppenhuhn oder Hähnchen, 1 l Wasser, 1 rote Zwiebel, Karotten, Suppengrün, Knoblauch nach Geschmack, 200 g Reis, 1 TL Oregano, 3 EL Olivenöl, Salz, Pfeffer, 1 Lorbeerblatt, 1 Ei, Saft von 1 Zitrone

Zubereitung:

Das Huhn gründlich abspülen und in einem Topf mit Salzwasser zum Kochen bringen. Einige Pfefferkörner, das Lorbeerblatt und die Zwiebel fein gehackt zufügen. Die Hühnersuppe auf mittlerer Flamme etwa eine halbe Stunde köcheln lassen. Den Knoblauch und das Suppengrün grob zerkleinert in die Suppe geben. Das Ganze eine weitere halbe Stunde köcheln lassen. Die Brühe anschließend durch ein Sieb abgießen und erneut auf den Herd setzen. Jetzt den Reis zufügen und zugedeckt noch einmal etwa zwanzig Minuten auf kleiner Flamme köcheln lassen, bis der Reis gar ist. In der Zwischenzeit das Hühnerfleisch und das Suppengrün zerkleinern und wieder in die Hühnersuppe geben. Nicht mehr kochen!

Für die Avgolemono-Soße:

Das Ei mit dem Zitronensaft schaumig rühren und nach und nach eine Kelle der Hühnersuppe in die Ei-Zitronen-Masse gießen. Die Suppe darf hierfür nicht zu heiß sein! Die so angerührte Ei-Zitronen-Brühe in die Hühnersuppe einrühren und grob gehackte glatte Petersilie dazugeben.

Filótimo
Φιλότιμο

Zutaten:
1 gutes deutsch-griechisches Wörterbuch, 2-3 positive Gedanken, 1 l Lebensgefühl, 500 g Gastfreundschaft, 1 ganze reife Freundschaft (Frucht ohne Haut), 10 Tropfen Unterstützungsgefühl, etwas Stolz, Würde und Pflichtbewusstsein (aus dem Vorratsschrank)
Für die Soße: 5 EL Aufopferungsbereitschaft, 5 EL Verzicht (am besten geeignet ist der Ich-Verzicht), frisch gemahlener Respekt

Zubereitung:
Das Wörterbuch immer bereithalten, um eventuell Wörter, die Sie hören, nachzuschlagen. Die positiven Gedanken gründlich abspülen und in einem Topf mit dem lauwarmen Lebensgefühl zum Kochen bringen. Gastfreundschaft und Freundschaft zufügen. Die Flüssigkeit auf mittlerer Flamme etwa eine halbe Stunde köcheln lassen. Das Unterstützungsgefühl danach vorsichtig rein tröpfeln. Das Ganze eine weitere halbe Stunde köcheln. Die Brühe anschließend durch ein Sieb abgießen und erneut auf den Herd setzen. Erst jetzt die Gewürze Stolz, Würde und Pflichtbewusstsein zufügen und zugedeckt ruhen lassen. Nicht mehr kochen!

Für die Soße: Aufopferungsbereitschaft mit dem Verzicht schaumig rühren und nach und nach eine Kelle der Filótimo-Flüssigkeit in die Verzicht-Masse gießen. Die Flüssigkeit darf hierfür nicht zu heiß sein! Die so angerührte Verzicht-Brühe in den Topf einrühren und frisch gemahlenen Respekt dazugeben.

Tipp:

Das Gericht schmeckt am besten in Gesellschaft. Dazu passen hervorragend ein guter, griechischer Wein und Geschichten, die Lachfalten auf den Gesichtern hervorzaubern.

Guten Appetit!

Mein Freund Ioannis hat mir nach meiner Rückkehr von Oma Kontílou gesagt, ich müsse noch etwas mehr zur Erklärung schreiben. Und er erzählte, was Filótimo für ihn bedeutet:

»Filótimo ist nicht nur typisch griechisch, es macht auch die griechische Nation und die Griechen stolz. Filótimo unterscheidet uns von allen anderen Nationen der Welt im positiven Sinne. Denn dieses Wort, diese Kombination von Begriffen und Gefühlen, existiert in anderen Sprachen und bei anderen Kulturen nicht. Es gibt keine richtige Übersetzung und es ist schwierig zu erklären. Gerade weil dieses Wort ein vielfältiger Begriff ist, in dem mehrere positive Begriffe stecken. Freundschaft, Gastfreundschaft, Ehrgefühl, Lebensgefühl, Unterstützungsgefühl und vieles andere. Filótimo ist Teil der griechischen Mentalität, Kultur und Geschichte. Die Griechen haben auch wegen ihres Filótimo im Laufe der Geschichte vieles geschafft. Die Olympische Spiele 2004 sind ein gutes Beispiel. Viele haben gedacht, dass die Griechen die Vorbereitung nicht schaffen würden. Wir aber wollten allen zeigen, dass wir es schaffen können. Auch wegen des Filótimo. Und wir haben es geschafft, wunderbare Olympische Spiele zu organisieren.«

2

»THE OCTOPUS LIKES AMSTEL«
Durstiger Fischfang auf dem Peloponnes

Ein warmer Sommerabend im »Krisenjahr« 2010. Überall in Griechenland ist die drohende Staatspleite Thema Nummer eins. Natürlich auch in meiner »zweiten Heimat«. Ich sitze auf der Terrasse von Perikles' Fischtaverne »To Néon« in Toló. Der alte Korbstuhl ist wackelig, doch da sich mein rechter Arm auf der Lehne eines zweiten abstützt und das linke Bein sich auf der Querstrebe unter der Sitzfläche eines dritten befindet, genieße ich in urgemütlicher, griechischer Entspannungshaltung das sanfte Meeresrauschen. Mein Blick schweift über die nächtliche Bucht. Im Vollmondschein tuckert ein Kaíki, eines der traditionellen hölzernen Fischerboote, mit Hilfe seines hörbar alten Dieselmotors zwischen den beiden unbewohnten Inseln Rómvi und Koroníssi entlang. In diesem Bereich ist das Fischen heute verboten.

Ich erinnere mich, wie ich vor vielen Jahren mit Mítsos, dem legendären Oktopusfischer von Toló, dort draußen zum Tintenfischfang war. Mítsos fing eine Krake nach der anderen, während meine Leine leer blieb. Er schaute mich neckisch grinsend über den Rand seiner Bierflasche hin an. »Hör ruhig auf...«, sagte er, »du fängst eh nichts.« Dann lachte er liebevoll-verrückt und setzte seine Flasche Amstel-Bier an die Lippen. Und bevor er die braune Flasche des ausländischen

Bieres in einem Zug leerte, ergänzte er: »The octopus likes Amstel!« Und mit weit geöffnetem Mund und in den Nacken geworfenem Kopf, prustete er sein für ihn so typisches irre-freundliches Lachen heraus.

Als wir nach drei Stunden sein Kaíki verließen, hatte er drei oder vier leere Amstel-Flaschen und sechs oder sieben Kilogramm Tintenfisch im Eimer. Ich hingegen trug nur meine leere Flasche griechischen Mythos-Bieres zurück zum Kasten.

Das Kaíki, das heute Abend vor der Insel Rómvi entlang tuckert, ist auf dem Weg zurück zu seinem Liegeplatz. Der Hafen von Toló befindet sich am Ortsende. Viel weniger Touristen als in den vergangenen Jahren verbringen den Sommer im Krisenjahr in Toló. Einige Geschäfte mussten bereits schließen, und auch am Hafen ist zu später Stunde, außer den Fischern und vereinzelten verliebten Teenagern, fast niemand unterwegs. Sogar das kleine Café am Hafen existiert nicht mehr. Hier haben früher Urlauber und einheimische Fischer gemeinsam an den kleinen Tischchen frittierte Fische zum Ouzo gegessen. Ich blicke etwas wehmütig dem Kaíki nach, das sich seinen Weg entlang des fast menschenleeren Strandes zum Hafen bahnt.

»Perikles, bring uns noch ein Bierchen!«

Der Grieche am Nebentisch ruft dem vorbeieilenden Tavernenwirt so laut hinterher, dass das leise Tuckern des Schiffsdiesels in weite Ferne rückt.

»Mythos oder Amstel?«, ruft Perikles aus der Küche.

»Unser eigenes! Das Grüne!«, schallt es zurück. Sie meinen das griechische Mythos-Bier.

Die Runde am Nebentisch ist ausgelassen, hungrig und durstig. Die weiße Einweg-Papiertischdecke über der blau-weiß karierten Stofftischdecke ist mit Knochenresten, Tomatensoßenflecken und Brotkrümeln garniert. Daneben stapeln sich Teller und es reihen sich leere Bierflaschen an halbvolle Weinkaraffen. Die Lammkoteletts und Hackfleischbällchen haben offenbar köstlich geschmeckt. Einer aus der Runde streicht sich wohlig über den rundlichen Bauch, ganz so, als wolle er sagen: Ach, wie geht es uns gut. Dann steht er auf. »Auf unsere Gesundheit!«, ruft er seinen Freunden zu. Als er sich, sichtlich schwitzend, wieder setzt, knirscht der alte, blaue Korbstuhl bedenklich.

Jetzt im Sommer ist es auch nachts oft noch knapp 30 Grad warm. Entsprechend spät essen die Griechen dann, um der größten Hitze zu entgehen. Als gegen Mitternacht einige Touristen satt und gut gelaunt ihren Tisch verlassen, ist dieser nur für wenige Minuten der einzig leere an diesem Abend. Kaum haben die Urlauber die Terrasse verlassen, erscheint eine kleine griechische »paréa«. In paréa zu essen, also in Gesellschaft, ist eine Selbstverständlichkeit. Kaum ein Grieche käme auf die Idee, sich alleine in ein Restaurant zu setzen. Gemeinsam isst es sich eben besser. Und Freunde zu finden, die zum Fischessen mit zu Perikles gehen, ist wahrlich keine Schwierigkeit. Sein gegrillter, fangfrischer Fisch ist eine Legende. Und das, seit seine Eltern die Landgaststätte »Das Neue« 1950 hier direkt am Strand errichtet haben. Perikles' Vater Aristides war selbst Fischer und der fangfrische Fisch wurde täglich von seiner Frau Vagelió ausgenommen, gebraten und gegrillt. Ein geniales Team.

Als Vagelió zum ersten Mal meine damalige Freundin und heutige Frau kennenlernte, nahm sie mich interessiert zur Seite.

»Andreas, kann denn Kristin auch Fische ausnehmen?«

Als ich das bejahte, zugegebenermaßen eine Notlüge, blickte sie glücklich und erleichtert.

»Gut, dann kannst du sie heiraten!«

Fische ausnehmen kann Kristin bis heute nicht, aber auch sie liebt es, auf Perikles' Terrasse zu sitzen und aufs Meer zu schauen.

»Perikles, hast du Oktopus?« Die paréa hat inzwischen auf den Korbstühlen Platz genommen und freut sich auf das bevorstehende leichte Abendessen um kurz nach Mitternacht.

Als kleine Vorspeise bringt Perikles gekochten Tintenfisch mit Essig und Öl und frischem Oregano. Dazu den heiß ersehnten Ouzo mit Eiswürfeln und Wasser. Ein appetitanregend-erfrischender Auftakt, bevor wenig später gegrillte Doraden, Chórta – gekochtes Wildgemüse – und Salat serviert werden. Dazu selbstgeschnittene Pommes Frites. Ich sehe freudestrahlende Gesichter, und wild gestikulierend wird lauthals bei Wein über alles Mögliche diskutiert. Ein gelungener griechischer Abend. Nur langsam leert sich die Terrasse in dieser heißen Sommernacht. Es ist Wochenende. Die Gäste haben Sitzfleisch, der Wein fließt reichlich und Perikles hat alle Hände voll zu tun.

Einige Tage später ist der Abend auch für den Hausherrn entspannter. Bereits kurz nach Mitternacht sind die letzten Gäste gegangen, und Perikles setzt sich mit einem Glas Wein zu mir an den Tisch. In paréa genießen wir nun das spiegelglatte, beruhigende Meer. Perikles hat die Terrassenbeleuchtung ausgeschaltet. Nur eine einzelne Glühbirne an der Hauswand wirft noch ihr spärliches Licht auf das Idyll. Auf den Tischen stehen leere Gläser und Weinkaraffen, und es stapeln sich zahlreiche Teller mit Fischgräten und -köpfen. Der Tavernenwirt genießt jetzt die Ruhe, die nur hin und wieder durch das Miauen einer Katze gestört wird. Unter den Tischen lauern sie im Halbdunkel und warten nur darauf, dass der Hausherr einen Moment unachtsam ist und sie ungesehen einen Fischkopf stibitzen können.

Anders als bei den Vierbeinern, geht die Anzahl der Fischköpfe dieses Jahr jedoch merklich zurück. Es habe mit der Krise zu tun, erzählt Perikles.

»Vor der Finanzkrise verlangten die Gäste Doraden, Wolfsbarsche, Rote Meerbarben und andere edle Fische. Doch die sind teuer. Heute greifen viele Griechen auf die preiswerteren Sardinen zurück oder bestellen frittierte Sardellen.«

Das Geld sitzt nicht mehr so locker, und so bekommen auch die Katzen von Toló die Wirtschaftskrise zu spüren, denn die kleinen Fische werden meist direkt mit Kopf und Gräten verschlungen. Die geübten griechischen Fischfeinschmecker essen mit ihren geschickten Fingern alles auf. Ein griechisches Sprichwort, so verriet mir einmal ein alter Fischer, besagt: »Fisch, Hühnchen und Frauen isst man mit den Händen.« Der alte Mann grinste bei diesen Worten in seinen Schnurrbart und schob sich dann einen ganzen Fisch in den Mund. Heraus kam nichts mehr.

Fisch und Meeresfrüchte sind in Griechenland vergleichsweise teuer. Selbst hier am Meer. Und Perikles achtet penibel darauf, dass seine Fische immer frisch sind. Er hat sein Angebot aber geschickt an die krisenbedingte Nachfragesituation angepasst. In seinem zimmerhohen Gastronomiekühlschrank, wo früher fast ausschließlich große Fische darauf warteten, abends gegrillt zu werden, ist es heute abwechslungsreicher. Jetzt findet man auch regelmäßig Gopes und Gavros (– Gelbstriemen und Anchovis). Alles stets fangfrisch.

Nicht alle Restaurants und Tavernen haben sich so schnell an die veränderten Rahmenbedingungen der Wirtschaftskrise angepasst. Ein gemeinsamer Bekannter von Perikles und mir hat erst kürzlich von einer anderen Fischtaverne am Strand erzählt. Deren Besitzer kann oder will seine Fischerfreunde nicht vor den Kopf stoßen und bezieht daher nach wie vor die gleiche Anzahl frischer Doraden, Wolfsbarsche, Rotbrassen und Co. Täglich. Wie vor Beginn der Krise. Das Problem: Er bleibt auf den Einkäufen sitzen. Also friert er die Fische in den Tiefkühltruhen ein. Er verkauft ihn dann weiterhin als »frisch« – der kleine »Betrug« wird schon nicht auffallen. Außerdem ist die Lage kritisch, denn in seinen Kühltruhen wird es zunehmend eng. Zwei riesige dieser Truhen seien inzwischen mit den Fischen gefüllt, erzählte unser Bekannter, »und täglich kommen neue Fische hinzu. Er kauft mehr ein, als er verkaufen kann!«.

Plötzlich fällt ein Glas zu Boden und Perikles lacht. Eine Katze hat es doch noch geschafft einen Fischkopf vom Tisch zu stibitzen.

»*Ich* kann mich nicht beklagen. Unsere Taverne läuft gut.« Perikles schaut mich zufrieden an.

Dann verabschiedet er sich für heute ins Bett.

Als ich am nächsten Morgen auf der Terrasse erscheine, erblicke ich am Horizont die letzten Kaíkis, die etwas spät aus dem Hafen zum Fischfang aufgebrochen sind. Die meisten sind schon vor Morgengrauen ausgelaufen.

Ich sehe den Kaíkis nach und denke an die vergangene Zeit.

Toló war früher ein reines Fischerdorf, mit nur wenigen Einwohnern, von denen die meisten ihren Lebensunterhalt vom Fischfang bestritten. Zu Beginn des 20. Jahrhunderts lebten nur wenige hundert Einwohner hier. Heute sind es knapp zweitausend. Ich beschließe, mir ein wenig von den betagten Männern aus der »guten, alten Zeit« erzählen zu lassen. Davon, wie es war, bevor der Tourismus Einzug gehalten hat und zahlreiche architektonisch nicht sehr ansprechende Hotels die Strandkulisse in Mitleidenschaft gezogen haben.

Am Nachmittag treffe ich meinen Freund Panagiotis von der Hafenpolizei. Er rät mir zu einem Spaziergang zum Hafen. »Dort treffen sich täglich die Fischer«, erzählt er mir am Strand.

Als ich am Abend über die Dorfstraße schlendere, begegne ich ihm wieder.

»Andreas, die Fischer warten auf deinen Besuch!« Euphorisch ruft er mir zu: »Ich habe dich angekündigt. Sie sitzen jeden Nachmittag ab 18 Uhr unten am Hafen. An der alten Kantína. Geh morgen hin, sie freuen sich!«

Über den schmalen Sandstrand erreiche ich am späten Nachmittag, so gegen halb sieben, den Hafen von Toló. Hier mündet die Dorfstraße in einen Parkplatz, auf dem jetzt im Sommer zahlreiche PKW und Busse abgestellt sind. Am Ende des Parkplatzes befindet sich der Eingang zur Kläranlage, die am äußersten Ende der Bucht von Toló ihren faulen Geruch in Richtung des offenen Meeres ableitet. Einige Meter unterhalb liegt die Kantína. Schon von Weitem sehe ich die alten

Männer auf ihren klebrigen Plastikstühlen und klapprigen Holzbänken. Sie sitzen, vom Geruch der nahen Kläranlage und von den heißen Sonnenstrahlen unbehelligt, windstill im Schatten des Vordaches der blauweiß gestrichenen kleinen Hütte. Weinreben haben sich an den Metallpfeilern des Daches emporgerankt und dekorieren das Fischerheim mit ihrem saftigen Grün. Von der Mole aus rollt unterdessen Bólbos auf seinem Motorroller heran. Er ist, wie auch seine Vorfahren, Fischer mit Herz und Seele. Als er mich sieht, begrüßt er mich laut gestikulierend, und deutet an, dass ich mich zu seinen Fischerfreunden setzen soll. Er selbst muss weiter, bietet mir aber an, mich einmal auf seinem Fischerboot zum Fischfang mitzunehmen. Wenig später sitze ich anstatt auf seinem gemütlichen Kaíki auf einem verschwitzten Plastikstuhl inmitten der Fischer, die mich nun abwechselnd nach meinem Buch, nach Deutschland und nach meinen Eindrücken von der Finanzkrise in Griechenland befragen. Richtig emotional wird unser Gespräch jedoch erst, als ich sie nach dem Fischfang in Toló frage.

»Heute leben über einhundert Fischer hier. Früher waren wir viel weniger«, sagt Grigóris und streicht sich nachdenklich über seinen Schnurrbart. Seine Lippen sind zu einem Dauerlächeln gebogen. Grigóris schaut auf den Hafen und auf »sein Meer«. Er sieht aus wie die personifizierte Zufriedenheit.

»Aber der Fischfang ist kein Kinderspiel.« Vangelis wendet sich mir zu. »Es ist harte Arbeit. Jetzt im Sommer ist es warm, aber im Winter kann es bitterkalt werden. Ein echter Knochenjob dann.« Er blickt nachdenklich auf seine schwieligen, von den Netzen geschundenen und von den stacheligen Fischen zugerichteten Hände.

Er ist der Jüngste in der kleinen Runde und liebt sein Leben als Fischer in Toló, genauso wie seine erfahreneren Kollegen.

Der alte Mímis, mit der dicken Hornbrille auf der knubbeligen Nase und dem Gehstock zwischen den immer noch muskulösen Beinen, blickt gedankenverloren auf das Meer, während er gleichzeitig an mich gerichtet erzählt: »Früher gab es noch keine Dieselmotoren. Als mir mein Vater das Fischen beibrachte, hatten wir große Leinentücher als Segel. Die traditionellen Kaíkis hatten noch einen Mast. Wir sind gesegelt!«

Ich erinnere mich noch an ein altes Schwarz-Weiß-Foto an der Wand von Perikles' Taverna. Ein Segelboot in der Bucht von Toló. Das schwere Segeltuch an einem hölzernen Querbalken am oberen Mastende. Perikles' Vater Aristides steuerte auch ein solches Gefährt. Alleine. Und wer schon mal gesegelt ist, der weiß, dass Einhandsegeln knifflig sein kann. Besonders dann, wenn man wie Aristides nicht schwimmen kann. Doch selbst das schreckte die tapferen Fischer damals nicht ab, auch im Winter aufs Meer hinauszufahren. Allenfalls der Meeresgott Poseidon hätte sie aufhalten können.

Mit stolzgeschwellter Brust erzählen mir die Fischer von der alten Zeit. Und fast zeitgleich sprudelt es aus ihnen heraus: »Damals gab es noch Fisch in rauen Mengen. Alle heimischen Fischarten. Stattliche Exemplare. Paradiesische Zeiten für uns Fischer damals.« Aber irgendwie auch heute noch. Aktuell werden in Griechenland jährlich rund 100.000 Tonnen Fisch gefangen. Die Professionalisierung führte auch hier zur Überfischung. Fühlte sich für die Fischer das Meer früher übervoll an, klagen sie heute häufig über die winzige Größe der gefangenen Fische oder darüber, dass bestimmte Arten fast gar nicht mehr in die Netze gehen. Besonders große Exemplare werden daher verehrt. Sie werden oft sogar stundenlang durchs Dorf gefahren! Sie sind eine geliebte Sensation beim »Fischlotto«. Der alte Mann aus Toló, der mit seinem riesigen Schnauzbart und dem winzigen alten Moped seit Jahrzehnten diese besondere Veranstaltung durchführt, klemmt sich dann einen großen Fisch auf den Gepäckträger und fährt von Kafeneíon zu Kafeneíon, um den Kaffee trinkenden Männern Lose zu verkaufen. Stunden später dann die Ziehung, und am Ende eines langen Kaffeehausabends stolziert der glückliche Gewinner mit einem mehrere Kilogramm schweren Fisch unter dem Arm zurück nach Hause zu seiner Frau, die den Fisch sofort frisch zubereitet. In den letzten Jahren habe ich das »Fischlotto-Spektakel« seltener erlebt. Ein klares Zeichen dafür, dass die großen Fische rar geworden sind in den Fischgründen rund um Toló. Und dennoch: Der Fischfang fasziniert die alten und jungen Männer nach wie vor.

An diesem Abend esse ich Fisch bei Perikles und studiere Statistiken über den Fischfang in Griechenland. Im Jahr 2009 waren in Griechenland offiziell 12.200 Fischer gemeldet. Einer von ihnen ist Dímitri, der von seinen Freunden liebevoll Mítsos genannt wird. Er tauscht gerade in der Taverne eine leere Bierflasche gegen eine volle, die er wie üblich unterwegs trinken wird. Dann wünscht er uns eine gute Nacht. Er muss früh ins Bett. Sein Arbeitstag beginnt vor dem Morgengrauen. Seit fünfundvierzig Jahren fischt er hier an der beeindruckenden Küste des Peloponnes. Als er mit fünfzehn sein Hobby zum Beruf machte, gab es fast nur, aber dafür wenige Fischer in Toló. Neben Fisch fingen Sie damals wie heute Kraken, Kalamari, Krabben oder sammelten auch mal Seeigel an den felsigen Uferpartien. Mítsos ist für mich, spätestens seit er mich damals zum Oktopusfang mitgenommen hat, eine der schillerndsten Figuren Tolós. Ein echtes Unikat und voller Herzlichkeit und Güte denjenigen gegenüber, die ihm Gleiches entgegenbringen. Ich freue mich daher ausgesprochen, als er mir beim Abschied anbietet, mich morgen früh mitzunehmen, wenn er seine Netze einholt.

Es ist noch vor Sonnenaufgang, als ich auf Perikles' Terrasse auf Mítsos und die Sonne warte. Einmal mehr sehe ich fasziniert, wie sich der glühende Ball seinen Weg an den Himmel über der Bucht von Toló bahnt. Die Sonne erscheint am Horizont hinter der Haseninsel, wie das flache Eiland wegen seiner ausschließlich tierischen Bewohner genannt wird. Von dort aus taucht sie die umliegenden Berge in intensivstes Orange. Vor dieser vor farblicher Strahlkraft strotzenden Kulisse schlendert nun Mítsos langsam, aber zielstrebig, heran. Er wollte mir wohl etwas Zeit zum Ausschlafen gönnen. Im orangefarbenen Morgenrot glänzt das rote Etikett seiner in der rechten Hand mitgeführten, halbvollen Amstel-Flasche. In der Linken hält er die Leine, an der sein Hund angebunden ist; der zottige, große Mischling mit den zwei verschiedenfarbigen Augen. Um den Hals trägt dieser eine Kette aus kleinen, roten Plastikkugeln, die sonst als Auftriebskörper an Fischernetzen dienen.

Der 60-jährige Fischer trägt ein schmuddeliges T-Shirt. Trotz seiner Vorliebe für viele Flaschen Bier pro Tag ist nicht einmal der Ansatz eines Bierbäuchleins zu erahnen. Von seinem schlanken, sportlichen Körper träumen sicher auch heute noch einige 20-Jährige, die in den Städten im Fitnessstudio schwitzen. Mítsos hingegen treibt keinen Sport. Dafür ernährt er sich halbwegs gesund. Er isst ausschließlich Fisch und Gemüse, allerdings trinkt er auch nur Bier. Sein zotteliges, schulterlanges Haar und sein Drei-Wochen-Bart sind beeindruckend. Mit seinen schwieligen, nackten Füßen und dem unvollständigen Gebiss wirkt er wie die perfekte Inszenierung eines Fischer-Urgesteins. Auf unserem Weg zu seinem Kaíki bestaune ich jeden einzelnen seiner Schritte. Über den Strand geht es bis zum kleinen Betonanleger. Dort ist sein Boot vertäut. Mítsos springt aufs Kaíki und winkt mich mit seiner Bierflasche heran.

»Komm an Bord! Wir fahren gleich los. Setz dich da vorne hin und mach es dir bequem!« Ich folge dem Kapitän und stolpere auf das unaufgeräumte Deck. Mítsos sucht bereits unter Deck nach seinem Fischeroutfit und legt es bereit. Gelbes Ölzeug; Latzhose und Jacke. Die Fahrt kann beginnen.

Das kleine blau-weiße Kaíki bewegt sich majestätisch sanft unter unseren Füßen, auf dem so früh am Morgen noch spiegelglatten Meer.

»Das ist erst mein drittes Fischerboot«, sagt Mítsos. »Ich habe es jetzt seit achtundzwanzig Jahren. Es ist mein absolutes Lieblingskaíki.« Er macht die Leinen klar. Ich sehe ihm an, dass er stolz ist auf sein altes, kleines Boot. Mítsos ruft nun plötzlich einem Jungen am Anleger zu, er solle die Leinen lösen. Und kurz darauf kommt dieser mit einem raschen Sprung ebenfalls an Bord. Der Dieselmotor schiebt uns schon langsam auf das Meer hinaus und Mítsos, der mein fragendes Gesicht gesehen hat, erklärt mir, dass der Junge, wie ich, Andreas heißt. Der 15-Jährige ist neuerdings sein Gehilfe. Auch er will Fischer werden. Wie Mítsos damals im gleichen Alter.

Rund 6.500 Fischerboote sind in Griechenland offiziell gemeldet. Sie kommen rechnerisch auf eine Durchschnittsbesatzung von zwei Mann. So gesehen befinde ich mich auf einem Durchschnittskaíki. Doch so gar nicht durchschnittlich ist Kapitän Mítsos. Während wir an der Insel Rómvi vorüberfahren, stellt er seine halbvolle Amstel-Flasche am Ruderstand ab. Er rät mir vorsichtig zu sein, wenn ich in die Nähe der Gewindestange für die Netzeinholvorrichtung gerate. Dann fischt er bereits mit geschickter Hand nach seinem Ölzeug. In Windeseile ist er damit »eingekleidet«, wenn man angesichts der Fetzen überhaupt von Kleidung sprechen möchte. Mindestens so alt wie das Kaíki vermute ich das Ölzeug, aber in schlechterem Zustand.

»Im Winter habe ich vor, das komplette Boot mit Kunststoff zu ummanteln.« Während sich Mítsos noch das alte Stück Seil über die Schulter zieht, das als Trägerersatz die Latzhose halten soll, erzählt er weiter: »Das hält länger und es macht vor allen Dingen weniger Arbeit.«

Die Wintermonate nutzen die Fischer üblicherweise für Reparaturen am Boot. Dann wird gereinigt, erneuert und geschrubbt. Alter Lack wird abgeschliffen und neuer aufgetragen. Mítsos scheint sich die Mühen sparen zu wollen. Ein Polyesteranstrich hält sicher länger, auch wenn es dem alten, traditionellen Holzkaíki sicher nicht so gut stehen würde.

»Wir sind da!« Mítsos schaltet den Motor in den Leerlauf. »Vorsicht an der Kette!«, ruft er mir zu, dann beginnt sich die Winde zum Einholen des Netzes zu drehen. Über zwei etwa felgengroße Metallrollen legt der Kapitän einhändig das Ende des Seils, an dem das Netz befestigt ist. Die andere Hand braucht er für seine

Bierflasche. Die ölverschmierte Kette quietscht und knarzt, während der Einholvorgang beginnt.

»Das Netz ist siebenhundert Meter lang«, sagt Mítsos. Es hat an der unteren Kante Bleigewichte, die es am Grund halten und an der oberen Kante sind Auftriebskörper befestigt. Genau die gleichen, wie sie Mítsos' Hund am Halsband trägt. Der Kapitän hält einen Teil des Netzes in die Höhe. »So wird es vom Meeresgrund bis zwei Meter darüber gehalten.« Er erklärt mir ausführlich das Prinzip der Netzfischerei. Die Fische, die sich in Grundnähe aufhalten, schwimmen ins Netz und verheddern sich darin. Einfach. Damit er sein Netz im Meer wiederfindet, sind zwei lange Seile an ihm befestigt, an deren Enden sich Bojen oder meist leere Plastikkanister und ähnliches anstelle dieser befinden. Sie treiben an der Meeresoberfläche. Einer dieser Kanister liegt nun neben mir an Deck und die Winde wickelt Meter um Meter des Netzseiles auf. Das Meer ist an dieser Stelle weit über einhundert Meter tief. Genau hier hat Kapitän Stavros einst seinen Außenbordmotor versenkt; aber das ist eine andere Geschichte, die ich vielleicht in meinem nächsten Buch erzählen werde.

Es dauert, bis der Anfang des Netzes über die Bordwand gleitet. Jetzt ist Mítsos' Geschick gefragt. Mit geübten Griffen legt er das Netz langsam zu einem geordneten Haufen zusammen, während er gleichzeitig größere Beifänge, wie Steine, Algenbüschel oder Muscheln, aus den Maschen entfernt. Auch eine gut dreißig Zentimeter große Muschel plumpst laut auf die Schiffsplanken. Das erste auffallend Bewegliche ist jedoch ein kleiner Oktopus. Obwohl seine acht Beine mit den Saugnäpfen in dem Netz stecken, fischt Mítsos ihn in spielerischer Leichtigkeit einhändig aus den

Maschen. Es folgen einige kleine Fische. Die meisten von ihnen lässt er zunächst im Netz. Nur die leicht zu entfernenden landen in einem Eimer.

Das Netz wird immer weiter aus der Tiefe gezogen. Mítsos' »Regenanzug« hält ihn vom Spritzwasser einigermaßen trocken. Die Ausbeute an diesem Morgen ist recht ordentlich. Tief dunkelblau schillert das Meer in der morgendlichen Sonne, während sich das verblichen-gelbe Netz mit den etwa fünf Zentimeter feinen Maschen an Deck immer weiter, scheinbar ungeordnet, zu einem Haufen zusammenlegt. Einige Sargós (– Bindenbrassen) sind bereits eingewickelt, da plumpst ein größerer Brocken auf den Schiffsboden. Feurig-rot zappelt ein etwa unterarmlanger Skorpiós in den Maschen. Der Skorpionsfisch wirkt bizarr. Ein knorriger Dickschädel mit vielen spitzen Dornen, großen Augen und ledrig-fester Haut.

»Das ist ein besonders guter Fisch für eine leckere Suppe«, sagt Mítsos und wickelt den Skorpiós aus dem Netz. Er wirft ihn zu den Brassen in den Eimer. Zur selben Zeit befördert die Netzwinde bereits weitere stattliche Exemplare dieser Exoten an Bord.

Der Oktopusfischer Mítsos wird zum Suppenkapitän, ulke ich gerade herum, als ich etwas erschrocken auf das blicke, was gerade über die Bordwand gezogen wird. Ein Fisch? Und noch ein weiteres dieser seltsamen Dinger! In schillernden Regenbogenfarben zappeln merkwürdige Gestalten neben meinen Füßen, die mich zuerst an bunte Fledermäuse erinnern.

»Mítsos, was zum Teufel ist das?«, frage ich meinen Kapitän.

»Oh, das sind Chelidonópsara (– fliegende Fische)!« Gelassen trinkt Mítsos einen weiteren Schluck aus seiner

Amstel-Flasche und hält mir einen dieser Flattermänner an den Flügeln ausgebreitet vors Gesicht. Spannweite etwa siebzig Zentimeter, würde ich schätzen. Mítsos, der Mann für die speziellen Meeresbewohner, grient. In der Sonne glänzen die blauen Flügel perlmuttartig edel. Sie reichen von den Kiemen bis fast zum Schwanz und breiten sich elegant wie die Schwerter eines holländischen Plattbodenbootes zu den Enden hin bauchartig aus. Auf diesen flügelähnlichen Bauchflossen können die grazilen Fische bis zu zehn Sekunden lang über dem Meer gleiten, wenn sie auf der Flucht vor ihren Feinden aus dem Wasser springen. Dabei landen sie manchmal versehentlich an Deck eines Fischerbootes, erfahre ich von Mítsos. Die Tiere gelten als Delikatesse. Im Grundnetz landen sie eher selten, da sie meist an der Wasseroberfläche in Schwärmen unterwegs sind. Umso erfreuter blicken Mítsos und ich nun in den Eimer, in dem sich jetzt bereits sechs fliegende Fische befinden. Mítsos hat sie eilig eingesammelt. Die Netzwinde gurgelt unterdessen weiter und zieht beharrlich Fische heran. Jetzt folgen nur noch einige kleinere, nicht sehr schmackhafte Arten, dann noch ein, zwei Sargós.

»So, jetzt haben wir es gleich geschafft«, sagt Mítsos. »Kein schlechter Fang heute. Das Netz ist gleich komplett an Bord.« Kurz darauf greift er auch schon nach der leeren Plastikflasche die am Ende des Netzseiles als Boje Verwendung findet. Und dann greift er auch schon wieder nach seiner Glasflasche Amstel. Ist es eigentlich schon die zweite oder gar die dritte? Ich habe nicht mitgezählt. Mítsos kenne ich zu lange, als dass ich mich noch über seinen Bierbedarf wundern würde. Worüber ich allerdings überrascht bin, ist das Siebenhundert-Meter-Netz. Es liegt an Deck und ist zu einem Haufen aufgetürmt, der höchstens einen halben Meter hoch ist. Die feinen Maschen fangen gut und verwundern.

Als wir wieder am Anleger ankommen, wartet ein dicker Mann auf uns. Er kommt an Bord, während Mítsos und Andreas das Kaíki vertäuen. Der Mann ist Fischhändler, erfahre ich nebenbei von Mítsos. Er hat ihm die besten Fische im Vorfeld abgekauft und kommt, um zu sehen, was der Fischer ihm bringt. Mit blankem Oberkörper macht er sich bereits daran, die noch im Netz verbliebenen Fische herauszufriemeln. Einige wenige landen direkt wieder im Meer. Es sind geschmacklich nicht brauchbare Exemplare, die als Möwenfutter herhalten. Der dicke Fischhändler arbeitet sich Meter für Meter durch das komplette Netz, und Mítsos widmet sich in aller Ruhe seinem Amstel. An Deck liegt noch die riesige Muschel. Als Mítsos sich ihrer erinnert, greift er geschwind zu einer großen Plastikflasche. Ein ordentlicher Schluck in die Öffnung des etwa unterarmgroßen Exemplars und die blaue Plastikflasche verschwindet wieder unter Deck, wo Mítsos sie gegen sein Amstel tauscht. Dabei erhasche ich einen Blick auf den Aufdruck: Klorix. Die Meeresfrucht ist also präpariert für einen Platz im Regal. Die verbleibende Arbeit übernimmt nun der dicke Fischhändler. Ich kann mich guten Gewissens von Mítsos verabschieden. Ich danke ihm noch einmal dafür, dass ich in aller Herrgottsfrühe mit ihm zum Fischen fahren durfte. »Jederzeit, immer wieder gern!«, antwortet er und winkt mir noch lange mit der Flasche in der Hand nach, als ich bereits zurück zu Perikles' Terrasse schlendere. Dort beginnen wir den Morgen mit einem leckeren griechischen Kaffee, während ich vom Fischfang berichte. Einige Zeit später, wir haben gerade den Mokka geleert, spaziert Mítsos vorbei. In der rechten Hand sein Amstel, in der linken eine Plastiktüte. Der Fischhändler hat ihm nicht alles abgekauft. Die fliegenden Fische wollte er nicht. Spontan frage ich Mítsos, ob ich ihm welche abkaufen kann.

»Nein!« Er besteht darauf, sie mir zu schenken. Nun geht es hin und her; am Ende setze ich mich durch. Ich stecke ihm aufdrängend wenigstens einen 10€-Schein zu.

»Na gut«, willigt er schließlich ein. »Das reicht für mein Bier heute.«

Wir lachen gemeinsam aus vollem Herzen und ich schleppe die Tüte mit den Fischen zu unserem Tisch. Als meine Familie die fledermausähnlichen Kreaturen erblickt, sind sich alle, außer mir, spontan einig: »Das essen wir nicht!«

Am späten Abend schafft Perikles' Schwester Irini dann jedoch das schier Unmögliche. Als sie uns eine »fliegende Fischsuppe« serviert, deren Duft allen genug Mut einflößt, die Fische doch zumindest mal zu probieren, ist der Bann gebrochen. Nach einem zögernden Nippen am Suppenlöffel wird es hektisch am Tisch. Innerhalb kürzester Zeit wird alles aufgegessen und ich blicke in strahlende Gesichter.

»So eine herrliche Suppe habe ich noch nie gegessen«, sagt Opa Manfred zum Schluss und streicht sich wohlig über den Bauch. Eine Suppe aus dem Skorpionsfisch hätte sicher nicht besser sein können. Perikles bringt noch ein Bier.

»Damit kann kein deutsches Bier mithalten«, ruft Opa Manfred glücklich in die Runde und prostet uns zu. Mit seinem Mythos.

Mítsos schlummert derweil bereits in seinem Bett und träumt vom Fischen. Oder?

Fischsuppe gehört zu Griechenland, wie die Bulette zu Berlin. Wer die »fliegende Fischsuppe« nachkochen möchte, findet nachfolgend das Rezept. Da fliegende Fische im Handel nur sehr schwer zu bekommen sind, habe ich es abgewandelt. Opa Aristides hat seine Suppe auch gerne mal mit einer Art Kabeljau gekocht.

Opa Aristides Fischsuppe
Ψαρόσουπα του Αριστείδη

Zutaten:
 1 l Wasser, 1 fein gehackte Zwiebel, 2 Karotten in Scheiben geschnitten, 2 Tomaten in Würfel geschnitten, 3 Kartoffeln in Würfel geschnitten, Selleriegrün, glatte Petersilie, 1-1 1/2 EL Salz, 3-4 EL Olivenöl, Pfeffer, 1 Ei, Saft von 1 Zitrone, 1 kleiner Kabeljau oder wahlweise etwa 500 g Kabeljaufilet (ein ganzer Fisch ist zu bevorzugen, da der Kopf der Suppe das besondere Aroma verleiht)

Zubereitung:
 Die Zwiebel in der Hälfte des Olivenöls kurz anbraten. Karotten und Tomaten dazugeben. Mit dem Wasser auffüllen, salzen und zum Kochen bringen. Auf mittlerer Flamme etwa eine halbe Stunde köcheln lassen. Kartoffeln zusammen mit dem Fisch in die Suppe geben. Das Ganze eine weitere halbe Stunde köcheln lassen. Wenn Sie einen ganzen Fisch gekocht haben, nehmen Sie diesen nun vorsichtig aus dem Topf und stellen ihn beiseite.

 Kurz vor Ende der Kochzeit das Ei mit dem Zitronensaft schaumig rühren und nach und nach eine Kelle der Fischsuppe in die Ei-Zitronen-Masse gießen. Den Topf vom Herd nehmen und vorsichtig die Ei-Zitronen-Masse hineingeben und verrühren, bis die Suppe eine cremige, gold-gelbe Konsistenz angenommen hat. Nun den Fisch wieder in die Suppe geben, noch einmal mit Pfeffer und ggf. Salz abschmecken und mit der Petersilie anrichten. Fertig!

Mítsos liebt Fischsuppe. Aber er ist natürlich mindestens genauso sehr Anhänger eines guten Oktopusses. Ein Rezept, das ihm wirklich wie auf den Leib geschneidert ist, folgt hier:

Bier-Oktopus
Οχταπόδι με μπύρα

Zutaten:

1 mittelgroßer Oktopus, 1 Tasse Olivenöl, 4-5 kleingeschnittene Zwiebeln, 2 Tassen griechisches Bier, 3 kleingeschnittene Fleischtomaten, 2 Lorbeerblätter, Salz, ½ TL Pfefferkörner

Zubereitung:

Oktopus säubern, abspülen und in Stücke zerlegen. In einen Topf mit Salzwasser fügen und bei starker Hitze ca. 20 min gar kochen. Die Oktopusteile abtropfen lassen, Topf entleeren und wieder auf die Kochstelle stellen. Olivenöl, Zwiebeln und Oktopusteile darin für ca. 5 min anbraten. Mit Bier löschen, Tomatenstücke, Lorbeerblätter, Pfefferkörner zufügen, mit Salz abschmecken und ca. 15 min bei mittlerer Hitze köcheln lassen. Dazu Reis und ein kühles, helles Bier servieren. Opa Manfred empfiehlt ein Mythos, Mítsos selbstverständlich ein Amstel!

3

ZICKLEINHIRN IM EPÍRUS
Ein sarakatsanischer Spaziergang

Wir lernten uns bei einem Geschäftsessen kennen. Professor Briasoulis, Krebsforscher an der Universitätsklinik von Ioánnina, saß mir gegenüber und schwärmte schon von den Köstlichkeiten, die der Wirt gleich brächte. Der Teller mit den kleinen Stückchen von Leber, Herz und Lunge eines Lammes war vom Anblick her nicht sonderlich positiv beeindruckend, dafür letztlich ausgezeichnet lecker. Auch die gewickelten Lammdärme schmeckten köstlich. Doch als der Kellner schließlich eine Platte mit Zickleinzungen und Zickleinhirnen reichte, wurde selbst meinem geübten Magen etwas flau zumute. Dennoch: Es schmeckte gut. Insbesondere die knusprigen Zünglein hatten es mir und einigen meiner Kollegen angetan. Das Hirn zu probieren fiel mir jedoch schwerer. Etwa tischtennisballgroß, weißlich, mit tiefrot durchzogenen Äderchen, die Oberfläche marmorglänzend. Ein mutiger Happs und neugierig befühlte meine Zunge die glatte Oberfläche des Zickleinhirns. Weich und auf Druck nachgebend. Als die Zunge es am Gaumen zerdrückte, war die spezielle Konsistenz sehr gewöhnungsbedürftig. Wie angedickte Sahne ergoss sich das Innere des Hirns in meinem Mund. Aus den Augenwinkeln sah ich, wie sich mein bayerischer Kollege angeekelt schüttelte. Hatte nicht meine Oma immer behauptet, die Bayern würden Kuheuter essen?

Kurz darüber nachgedacht, das Bild eines labbrigen Euters vor Augen, schluckte ich tapfer die breiige Masse herunter. Nur langsam wich die Gänsehaut von meinem Körper. Und Professor Briasoulis beugte sich zu mir: Ich solle reichlich davon essen. Wann würde ich je wieder solche Köstlichkeiten vorgesetzt bekommen? Zicklein sei außerordentlich gesund und dieses hier außerdem natürlich-biologisch aufgewachsen. Einhundert Prozent Bio-Hirn von den auf den wilden Bergen des Epírus weidenden Ziegen.

»Kalí órexi (– Guten Appetit)!«, wünschte ich uns und kurz überlegte ich, zum zweiten zarten Zickleinhirn zu greifen. Das war im November. Professor Briasoulis lud mich damals ein, ihn im Mai zu besuchen, wenn sein Freund, der Schäfer, mit seinen Tieren auf die Berge ziehen würde.

Jetzt, Anfang Mai 2011, erinnere ich mich an das traditionsgeladene Essen in einer Taverne in Ioánnina, der Hauptstadt der Verwaltungsregion Epírus. Ich bin auf dem Weg zu meinem Freund Ioannis in Tsepélovo, dem größten Dorf der Zagorochória. Mein geplanter Besuch beim Professor muss leider kurzfristig ausfallen. Wegen des außergewöhnlich langen Winters verzögert sich in diesem Jahr der Almaufstieg der Hirten. Die Schafe und Ziegen seien noch in ihren Ställen oder bleiben auf den Winterweiden des Flachlands. Außerdem muss der Professor kurzfristig nach Kreta reisen. So freue ich mich umso mehr, dass ich mehr Zeit und Muße habe, mir Tsepélovo anzusehen, wo ich an diesem Wochenende auch mit Ioannis verabredet bin. Seinen Vater Dimitris werde ich hoffentlich ebenfalls wiedersehen. Er ist ein Kollege von Professor Briasoulis und leitet die Urologie des Uniklinikums. Dimitris ist Mitinitiator der Klinikpartnerschaft zwischen den Universitätskliniken Ioánnina und Marburg. Ihm haben wir das Zickleinhirn-Essen zu verdanken, bei dem ich ihn das letzte Mal gesehen habe. Dimitris ist ein lustiger, gutherziger Mensch. Seine schlanke, sportliche Figur, sein graumeliertes Haar, der kesse Schnauzbart und seine sympathische Ausstrahlung machen ihn zu einem interessanten Mann in den besten Jahren, der sicher nicht nur die Herzen der epirotischen Frauenwelt berührt.

»Wenn du das nächste Mal in der Gegend bist, musst du unbedingt zu uns nach Tsepélovo kommen«, hatte Dimitris damals zu mir gesagt. »Mein Heimatdorf ist das schönste im ganzen Epírus.«

»Unendlichkeit« bedeutet der alte Name des Epírus, der Region, die ganz im Nordwesten Griechenlands an Albanien grenzt. Das Zagóri ist Teil des Epírus Gebirges. Ein schier unendlich abgelegenes Bergidyll im nördlichen Pindos Gebirge. Hier befinden sich die weltberühmten Zagorochória. »Choriá« bedeutet »Dörfer«. Der Begriff »Zagóri« entstammt dem Slawischen und bedeutet »hinter den Bergen«. Die Zagorochória sind also – vom Balkan aus gesehen – die Dörfer hinter den Bergen. Die ersten von ihnen sind bereits im 9. Jahrhundert entstanden. Im 17. Jahrhundert waren es etwa 60, heute sind es noch 46 winzig kleine und zum Teil fast ausgestorbene Siedlungen. Die einst lebhaft pulsierenden Gemeinden sind durch die massive Landflucht im Laufe der Jahrhunderte nahezu entvölkert worden. Wilde Natur, bewaldete Berge und atemberaubende Schluchten zeichnen das bevölkerungsarme Zagóri heute aus. Die Dörfer des Zagóri verteilen sich über eine

Fläche von rund 1.000 Quadratkilometern. Die rechnerische Bevölkerungsdichte soll gerade einmal fünf Einwohner pro Quadratkilometer betragen. Das Gebiet der früheren Gemeinde Tymfi, die ihren Verwaltungssitz bis 2010 in Tsepélovo hatte, brachte es auf eine Einwohnerzahl von drei Personen pro Quadratkilometern, und das, obwohl Tsepélovo das größte Dorf der Zagorochória ist. Nur 130 Einwohner leben dauerhaft dort, in einer Höhe von 1.080 Metern über dem Meeresspiegel.

Ich habe Ioánnina bereits hinter mir gelassen und fahre auf Serpentinen in Richtung Zagorochória, als mich Ioannis auf dem Mobiltelefon anruft.

»Wo steckst du?«, will er wissen.

»Ich fahre gerade an Kapéseovo vorbei.« Kurz überlege ich, einen Stopp einzulegen, um meine Freunde Ioanna und Elli zu besuchen, die ich von einem früheren Besuch her kenne und die ich ins Herz geschlossen habe, aber Ioannis duldet keine weitere Verspätung mehr.

»Toll! Dann bist du in fünf Minuten hier. Du findest mich auf dem Dorfplatz. Ich sitze unter den Platanen im Schatten und warte mit einem kühlen Bier auf dich.«

Ioannis legt auf und ich wieder beide Hände ans Lenkrad. Das ist auch gut so, denn die eng gewundene Straße erfordert höchste Aufmerksamkeit. Unbeschadet erreiche ich kurz darauf Tsepélovo, wo ich leicht die Platía, den zentralen Dorfplatz, finde. Die zur Platía führenden, engen Wege sind alle typisch epirotisch mit groben Natursteinen gepflastert. Silbergraue Natursteinhäuser säumen den ebenfalls gepflasterten Platz. Ein kleiner Kirchturm ragt über die Häuserfronten hinaus und zwei riesige, uralte Platanen spenden den wenigen Tischchen vor den zwei Cafés Schatten.

Ioannis läuft mir mit ausgebreiteten Armen entgegen, als er meinen Wagen kommen hört. Schnell parke ich das Auto und schon sitze ich mit ihm im Schatten der Platanen. Zu uns an den Tisch gesellt sich eine mondäne Fünfzigjährige, die mir Ioannis als seine Mutter vorstellt. Eleni ist groß und schlank, ihr graues Haar attraktiv dunkel gefärbt und modern frisiert. Sie trägt einen schlichten, schwarzen Rock und ein einfarbiges, schwarzes Oberteil. Eleganter Schick. Ich freue mich, sie endlich auch kennenzulernen. Dimitris hat schon viel von seiner geliebten Frau erzählt, die als Lehrerin am Gymnasium von Ioánnina unterrichtet. Als ich Eleni frage, wann denn Dimitris komme, verändert sich ihr fröhlicher Blick ins Traurige.

»Takis ist im Krankenhaus. Diesmal operiert er aber nicht selbst, er hat es am Rücken und musste operiert werden. Nichts Schlimmes, aber er muss noch ein paar Tage liegen bleiben«, sagt Eleni und ruft Dimitris, den sie nur Takis nennt, vom Handy aus an. Dann reicht sie mir das Telefon.

Gewohnt fröhlich höre ich Dimitris am anderen Ende der Mobilfunkleitung. Dennoch spüre ich, dass er enttäuscht ist, nicht bei uns sein zu können.

»Ich wünsche euch trotzdem tolle Tage in Tsepélovo«, sagt Dimitris. »Ioannis und Eleni kennen sich gut aus, sie werden dir die schönsten Ecken zeigen.« Dann legen wir auf und wenden uns dem kühlen Bier zu.

Auf dem Dorfplatz sitzen außer uns noch drei Einheimische und abseits eine kleine Gruppe offensichtlich ausländischer Wandertouristen. Mit Wanderstöcken und Rucksäcken ausgerüstet, machen sie eine kurze Rast.

Eleni wendet sich wieder mir zu.

»Du warst doch sicher schon mal in der Vikos-Schlucht?«, fragt sie mich.

»Nein, leider noch nie.«

»Das gibt's doch nicht«, erwidert Eleni auf meine, sie verwirrende Antwort. »Dann musst du unbedingt noch mal wiederkommen, denn die Wanderung durch die Schlucht dort dauert etwas länger und man macht sie am besten im Frühsommer. Ich wollte mit euch zur kleinen Vikaki-Schlucht.«

»Unsere kleine Vikos-Schlucht«, ergänzt Ioannis. »Sie ist direkt hier um die Ecke und vom alten Kloster Rogkovou aus hat man einen fantastischen Blick hinab. Mama, ich hol schon mal den Wagen!«

Auch die Wandergruppe am Nebentisch macht sich wieder auf den Weg. Eine etwa 50-jährige Frau stutzt plötzlich und blickt irritiert zu uns herüber, dann kommt sie auf uns zu und spricht mich auf Deutsch an.

»Ich kenne Sie doch. Sie sind Andreas Deffner aus Gladbeck. Ich habe Ihr Buch gelesen und die Beschreibung des Epírus hat mir so gefallen, dass ich zu meinen Freunden gesagt habe: Kommt, da müssen wir mal wandern!«

Verblüfft blicke ich in die Runde, während neugierige Tsepelovóten aus dem Kafeneíon zu uns herüberschauen.

»Wir müssen jetzt leider weiter, sonst wird's zu spät«, sagt die Frau, und die Gruppe entschwindet rasch aus unserem Blickfeld.

Im gleichen Moment hält Ioannis mit dem Wagen am Dorfplatz. Er will wissen, was die Wanderer von mir wollten. Auch die Einheimischen aus dem Kaffeehaus spitzen interessiert die Ohren. Und als ich übersetze, geht ein Raunen durch die Reihen.

»Hey, der ist gut. Er bringt uns Touristen in unser Dorf«, ruft ein junger Mann.

Eine alte Frau beugt sich zu Eleni und sagt: »Das ist mal ein Deutscher! Wir brauchen diese ganzen Politiker nicht. Sollen Merkel und Papandreou doch am besten heiraten und zusammen auf eine griechische Insel verschwinden.«

Ja, die Finanzkrise fehlt im Jahr 2011 bei keiner Unterhaltung.

Wenig später, nur zwei Kilometer von Tsepélovo entfernt, parkt Ioannis den Mercedes vor dem verschlossenen Tor des heute unbewohnten Moní Rogkovú, dem Rogkovou-Kloster. Das heilige Gebäude wurde bereits in den Jahren 1028 bis 1034 aus Stein erbaut und später, im Jahr 1745, erweitert. Durch den ehemaligen Klostergarten mit den unkrautüberwucherten Wiesen wandern wir zwischen Kuhfladen hindurch zu einem winzig schmalen Pfad, der sich an den steilen Hängen entlang bis zu einem kleinen Aussichtspunkt schlängelt. Der Blick hinab ins Tal ist überwältigend. Vikaki klingt zu niedlich für diese schroffe, tiefe Schlucht mit ihren steilen Felswänden.

»So ähnlich, aber viel größer und tiefer, ist die richtige Vikos-Schlucht«, sagt Ioannis und deutet in nordwestliche Richtung. »Da drüben ist sie. Etwa zehn Kilometer von hier.«

»Die durchwandern wir dann mal im Sommer«, sage ich. Eine Wanderung dort ist anspruchsvoller. Immerhin ist die Vikos-Schlucht im Guinness-Buch der Rekorde als tiefste Schlucht der Welt vertreten. Ioannis nickt wissend. Fast 1.000 Meter Tiefe und eine Länge von knapp zehn Kilometern machen die große Vikos-Schlucht zu einem vielstündigen Erlebnis.

Eleni mahnt zum Rückzug. Es wird sonst zu spät. Und so sitzen wir gut zwei Stunden nach unserem ersten Bier wieder unter den Platanen von Tsepélovo. Wir lassen den kleinen Ausflug Revue passieren, reden über die einzigartige Landschaft des Epírus und bestellen noch ein Bier. Die sattgrünen, bewaldeten Hänge des Zagóri bilden mit den kahlen, schroffen Felswänden atemberaubende Ausblicke.

»Was willst du noch sehen?«, fragt Eleni während ich gedankenverloren an meinem Glas nippe. »Was sollen wir dir zeigen?«

»Ich lasse mich überraschen!« Entspannt erzähle ich ihr, dass ich mehr Zeit habe als geplant, da mein Ausflug mit dem Professor leider ausfallen musste. »Er wollte mich mitnehmen zum Almaufstieg der Hirten und mir etwas über die Schafzucht im Epírus erzählen.«

Eleni, die Professor Briasoulis auch kennt, lässt ihren Blick umherschweifen. Sie schaut in die Ferne und ich sehe einen besonderen Glanz in ihren Augen. Dann läuft sie plötzlich ins Kafeneíon.

»Kommt! Wir gehen zum Hirten«, sagt sie, als sie wieder herauskommt. »Wenn wir uns beeilen, schaffen wir es noch pünktlich zum Melken.«

Etwas außerhalb des Dorfes erreichen wir das Hotel Papigioti. Ein beeindruckendes, neues Haus, das in traditioneller epirotischer Bauweise errichtet worden ist. Silbergraue Natursteinwände, hölzerne Fenster und Türen, Steinplatten anstelle von Dachziegeln. Eleni ist mit den Besitzern befreundet, und so stört es niemanden, dass wir durch den Hotelgarten zum dahinter gelegenen Abhang laufen. Wenige Meter unter uns sehe ich am Hang einen hölzernen, knapp mannshohen Verschlag mit Blechdach und -türen. Als Eleni mit kräftiger

Stimme hinabruft, erscheinen urplötzlich zwei ältere Männer in abgewetzter Kleidung und mit mindestens Drei-Tage-Bärten. Zwei große, zottelige Hunde kommen zeitgleich wild bellend auf uns zugelaufen.

»Da seid ihr ja!«, ruft Eleni den Hirten zu und sie besänftigen ihre Hunde. »Andreas will euch beim Melken zusehen. Ihr seid doch noch nicht fertig?«, fragt Eleni etwas besorgt sich umschauend.

Es beginnt allmählich zu dämmern, und in der Ferne vernehme ich ein seltsames Heulen.

»Wir haben gerade die Tiere reingebracht«, sagt der Hirte. »Wir melken nachmittags so gegen fünf, sechs Uhr, danach müssen sie rein. Nachts ist es gefährlich.«

»Gibt es Wölfe hier?«, frage ich nach dem Grund der Besorgnis.

»Ja, aber dafür haben wir ja auch unsere Hunde. Mehr Sorge bereiten mir die Bären«, sagt der Hirte und deutet auf eine Blechtür am Schafstall, die wie der Deckel einer Sardinendose aufgerollt aussieht und den Blick ins Innere des Stalls freigibt. Davor sind notdürftig mehrere Eisenstangen quer zum Türrahmen angeschraubt.

»Ein Bär war kürzlich hier. Er hat die Tür aufgebogen und sich ein Schaf geholt.« Dann ergänzt der Hirte, dass ihm die Bären eigentlich lieber seien als die Wölfe. »Der Bär kommt, holt sich ein Tier und verschwindet. Die Wölfe aber reißen gerne gleich mehrere Tiere.«

Ich hatte zwar immer wieder davon gelesen, dass es auf der Autobahn regelmäßig zu Unfällen mit Braunbären kommt, aber so hautnah am Ort des Geschehens wie jetzt, war ich noch nie gewesen. Während es im Epírus langsam dunkelt, begebe ich mich in die Höhle des Löwen. Der Schäfer hatte mir angeboten einen

Blick in den Stall zu werfen und so stehe ich, aufgrund der geringen Höhe der Hütte, leicht gebückt, inmitten von blökenden Schafen und Ziegen. Ich kann sie in der Dunkelheit des Verschlages, der keine Fenster hat, kaum erkennen. Sie wittern in mir offenbar einen fremden Eindringling und sind entsprechend unruhig. Der Fußboden der Stallung ist mit schmalen Holzdielen ausgelegt. Zwischen den Dielen sind jeweils ausreichend schmale Schlitze, durch die Flüssigkeit nach unten ablaufen kann. Die Tiere sind in verschiedene Gruppen unterteilt, die wiederum in separaten Ställen untergebracht sind. Es duftet nach Schaf, Ziege, Stroh und Kot. Ich möchte die Tiere nicht zu lange stören und so werfe ich nur einen flüchtigen Blick in die einzelnen Ställe. Ich sehe in nervöse Zicklein- und Lämmeraugen. So ähnlich muss es dem Bär ergehen, wenn er sich eines der wehrlosen Opfer greift. Ich hingegen ergreife lieber die Flucht und stehe in Windeseile, tief durchatmend wieder an der frischen Luft des Epírus.

Wenig später sind wir wieder unter den Platanen auf der Platía von Tsepélovo.

»Ich zeig dir jetzt erstmal dein Zimmer. Du übernachtest hier vorne bei Thomas. Dann treffen wir uns so in einer Stunde in seiner Taverne zum Essen«, sagt Eleni und führt mich zum Gebäude gegenüber dem Kafeneíon. Hier erwartet uns bereits Thomas, der Besitzer der gleichnamigen Taverne. Über dem Gastraum vermietet er ein paar wenige Gästezimmer. Er führt mich in eines der Zimmer, das traditionell eingerichtet ist. In der Mitte des großen Wohn- und Schlafraums befindet sich an der Stirnseite ein großer, offener Kamin, daneben stehen zwei Betten. Kassettenförmige

Ornamente schmücken die Holzdecke, orientalisch anmutende Wandteppiche zieren den Kamin und die Stirnseite der Wand. Aus den kleinen Holzfensterchen blicke ich direkt auf den Dorfplatz mit seinen Platanen. Vom sternenklaren Himmel leuchtet der Mond auf die Platía. Ein Paradies. Ich genieße den Ausblick, bin hundemüde und würde mich eigentlich am liebsten hinlegen, aber Hunger habe ich auch.

Gegen halb zehn am Abend treffen wir uns in der gemütlichen Tavérna. Wein, Brot und Hackfleischbällchen, Salate, köstlicher Feta und Lamm in Tomatensoße. Das Essen schmeckt ausgezeichnet, der Wein ist süffig und meine Bettschwere nimmt nach dem Mahl kräftig zu. Als Eleni gegen halb zwölf das Signal zum Aufbruch gibt, bin ich so müde, dass ich Sorge habe, mein Bett zu erreichen. Aber ich habe die Rechnung ohne die Einheimische gemacht, denn sie will mir nun zeigen, wohin man am »noch frühen Abend« nach dem Essen geht. Auf ein »potó« (– ein hochprozentiges alkoholisches Getränk), in die Bar. Hier treffen sich die wenigen jungen und die junggebliebenen Einwohner Tsepélovos und plaudern bei Whiskey, Bier und Tsípouro. Erst gegen zwei Uhr in der Nacht liege ich völlig erledigt in meinem Bett. Und schon für neun Uhr am nächsten Morgen haben wir uns verabredet, denn Eleni will mir Gyftókampos zeigen.

Viel zu wenig Schlaf. Mit dieser Sorge schlummere ich wohlig und blitzschnell ein.

Noch bevor der Wecker klingelt, werde ich wach. Ausgeschlafen und erholt wie lange nicht, ist mein erster Gedanke. Der zweite: Verdammt, ich hab verschlafen! Doch beim Blick auf die Uhr stutze ich. Es ist kurz nach acht. Ich kann nicht glauben, wie ausgeruht ich mich fühle, obwohl ich nur vier Stunden Schlaf hatte.

Auf der Platía treffe ich Ioannis unter den noch mit Frühtau überzogenen Platanen. Eleni unterhält sich bereits im Café »Iris« mit der Besitzerin, die uns ein leckeres Frühstück an einem ihrer drei Tische auf der Platía serviert. Honig aus den Epírus Wäldern, selbstgemachte Marmeladen, frisch gebackenes Brot. Die warme Sonne verdrängt schnell die Morgenkühle und den Tau. Als ich Ioannis und Eleni erzähle, wie unglaublich ausgeruht ich mich trotz der wenigen Stunden Schlaf fühle, lacht Ioannis. Das gehe ihm auch immer so, wenn er in Tsepélovo ist. »Das Klima hier ist so gut, dass man mit ganz wenig Schlaf bereits sehr ausgeruht ist«, sagt er.

Ioannis scheint recht zu haben. Unendlich überraschendes Zagóri.

Nach dem Frühstück fahre ich mit Eleni Richtung Gyftókampos. Ioannis will seinen Vater im Krankenhaus in Ioánnina besuchen und kommt daher nicht mit uns. Wir verabreden uns für den Nachmittag mit ihm auf ein kühles Bier unter den Platanen von Tsepélovo. Dann fahren Eleni und ich los.

»Was genau erwartet mich eigentlich in Gyftókampos?«, frage ich sie während der Fahrt.

»Du weißt doch wer die Sarakatsanen sind, oder?«, fragt sie zurück.

Von dem traditionsreichen Hirtenvolk hatte ich bereits etwas gelesen. Als Nomadenvolk zogen sie seit dem 18. Jahrhundert durchs Epírus. Im Sommer ging es auf die Berge, den Winter verbrachten sie in den wärmeren Ebenen rund um die Küstenstadt Préveza.

»In Gyftókampos war ein Sommerlager der Sarakatsanen«, sagt Eleni. »Vor einigen Jahren hat man es originalgetreu nachgebaut und man kann es in den Sommermonaten besichtigen.«

Gyftókampos liegt fünfzehn Kilometer von Tsepélovo entfernt, in einem kleinen Tal auf 1.600 Höhenmetern. Eine große saftig-frischgrüne Wiese übersät mit Gänseblümchen an einem Hang des Tymfi-Bergmassivs. Ein hölzernes Schild weist am Straßenrand zum Eingang des »Sarakatsániki stani« (– zum Sarakatsanischen Pferch), wo sich heute die nachgebauten Strohhütten, pittoresk wie einst, in das Bild der Landschaft einfügen. Perfekte Idylle. Eleni erklärt, dass jährlich am ersten Augustwochenende hier das traditionelle Sarakatsanentreffen stattfindet. Dann kommen sie in Scharen aus allen Ecken der Welt, um zu feiern, zu singen und zu tanzen. Die Nachfahren der legendären, umherwandernden Hirten.

Jetzt wirkt alles so verlassen, als sei tatsächlich seit dem vergangenen Sommer niemand mehr hier gewesen. Die meist runden, kegelförmigen Hütten aus Holz, und Stroh stehen verlassen auf der Wiese. Eleni geht voran. Es gibt unterschiedliche Hütten für verschiedene Zwecke. An der ersten Strohhütte bleibt Eleni stehen und bittet mich, einen Blick hineinzuwerfen.

»Das war eine typische Wohnhütte. In einer solchen hat Takis auch noch gelebt«, sagt Eleni.

»Wie bitte?« Ich blicke verdutzt zu ihr.

»Wusstest du denn nicht, dass wir Sarakatsanen sind?« Jetzt sieht Eleni verblüfft zu mir.

Nein, das hatte ich nicht geahnt. Eleni lacht.

»Ja, Takis ist noch bis zu seinem zehnten Lebensjahr mit seinen Verwandten im Sommer immer auf die Berge gezogen und im Winter runter in Richtung Préveza.« Von Mai bis November schlugen die Sarakatsanen ihre »Zelte« in den Bergen des Zagóri auf. »Takis ist 1953 am Kanal von Préveza geboren. Dort hatten sie damals immer ihr Winterlager. Bis 1965 hat er mit seinen Eltern immer diesen Umzug mitgemacht«, sagt Eleni und guckt verträumt in den Himmel. »Ich würde es: ›Die traumhafte Reise‹ nennen.«

Eleni ist nicht nur Lehrerin, sondern auch stellvertretende Vorsitzende der »Adelfótita Sarakatsanéon Ipíru« (– der Bruderschaft der Sarakatsanen des Epírus). Also eine ausgewiesene Expertin, und während wir von einer Strohhütte zur nächsten spazieren, erzählt sie mir die Geschichte der Sarakatsanen. Die Hirten schlossen sich in einer Art Genossenschaft, dem »Tselikáto«, zusammen, die die Voraussetzungen dafür schuf, die Viehzucht sowie die Herstellung und Vermarktung ihrer Produkte zu optimieren. Eine oder mehrere dieser Genossenschaften bildeten jeweils eines der Hirtenlager, die »Stani«. Jede Genossenschaft wählte aus ihrer Mitte einen besonders angesehenen Mann zum »Tsélingas«, eine Art Vorsitzenden.

Vorm »Daskalokáliwo« (– der Lehrerhütte), bleibt Eleni zunächst stehen. Bis in die Mitte des 20. Jahrhunderts erhielten die Kinder Unterricht von mitwandernden Lehrern. In der Lehrerhütte stehen, im Kreis angeordnet, kleine Baumstammstücke, die den Kindern als Hocker dienten. Am hölzernen Wandgerippe aus dünneren Ästen, auf das von außen die Strohmatten angebracht sind, hängen kleine Schiefertafeln und sind Lehrbücher zwischen Stroh und Holzstreben gesteckt. Das Tselikáto organisierte jeweils einen Lehrer, der die Kinder der wandernden Sarakatsanen im Lager lehrte. Später wurden die Kinder in den Schulen der Umgebung unterrichtet. So ging Dimitris dann in Tsepélovo zur Schule. Eleni, die bereits im Nachbarort Koukoúli aufgewachsen war, ging dort zur Schule. Nachdem ab 1870 die türkischen Besatzer den Familien der Hirten das Mitumherziehen verboten hatten, nahm die Anzahl der wandernden Sarakatsanen nach und nach ab. Sie mussten fortan in ihren Dörfern bleiben. Im Jahr 1922 zählte man noch 52 Hirtenlager, in denen 528 Familien lebten. Bald sollte es keine mehr geben. Um das Jahr 1930 lebten in Koukoúli sechs sesshafte Sarakatsanen-Familien. Unter anderem Elenis Vorfahren. Ihr Großvater war einst der Tsélingas eines Sarakatsanenlagers gewesen und konnte es sich leisten, ein Haus in Koukoúli zu kaufen. Das war bereits im Jahr 1908. Die Zahl der wandernden Sarakatsanen nahm weiterhin stetig ab, bis Mitte der 60er Jahre als auch die letzten nomadisierenden Hirten sesshaft wurden. Im Jahr 1965 ließ sich die Familie von Dimitris in Tsepélovo nieder. Zu diesem Zeitpunkt war Eleni noch nicht wieder in den Zagorochória. Ihr Vater war früh nach Athen gegangen, um Medizin zu studieren. Anschließend heiratete er, ging zurück ins Epírus, in die Stadt Arta, rund siebzig Kilometer von Ioánnina entfernt, wo im Jahr 1958 schließlich Eleni geboren wurde.

Wir spazieren weiter über die Wiese, vorbei an einem Bach und an einer Vielzahl von Hirtenhütten. Etwa zwei bis vier Meter hoch sind sie alle. Eine halboffene Hütte unterscheidet sich von den übrigen. In ihr steht ein alter Webstuhl. Die Verarbeitung der Schafswolle war Frauensache, wie fast alle Arbeiten rund um das Lager. Die Sarakatsaninnen waren Meisterinnen an den Spindeln und Webstühlen und sie sorgten dafür, dass die Gemeinschaft funktionierte. Eleni führt mich vorbei an Hütten mit Koch- und Backstellen, an Vorratshütten und an einer »Wäscherei«. Die Sarakatsanenlager hatten alles, was man für ein gutes halbes Jahr in den Bergen benötigt. Im Mittelpunkt des Zeltes standen jedoch die Schafe und Ziegen. In der »Batsarió« wurde die Rohmilch verarbeitet. In der Hütte stehen Kessel und Töpfe, Platten und ein Butterstampfertrog. Nebenan befindet sich die »Siástra«, eine einfache Holzkonstruktion, die als Waage diente. Mit ihr wurde die Milch vor der Verarbeitung zu Käse gewogen. Am Rande des Lagers kommen wir zum »Gidomántri«, dem Ziegenpferch. Eine Art Stallung, deren Strohwänden ähnlich gebaut sind, wie die Wände der Wohn- und Arbeitshütten, bei denen jedoch das Dach fehlt. Sie sind nach oben hin offen, ebenso wie die größere Stallung, die uns direkt neben dem Ziegenpferch erwartet. Beim »Gréki«, dem Schafspferch, sind die Strohwände hingegen nach oben hin schräg zulaufend konstruiert. Etwas weiter befindet sich ein mit großen Natursteinen etwa hüfthoch umrandetes Areal, dessen Ende auf zwei trichterförmige Durchlasse zuläuft. Wir stehen vor der »Strúgka«. Ich übersetze es mit Melkpferch. In ihm wurden die Tiere zum Melken zusammengetrieben und einzeln gelangten sie eines nach dem anderen zu den beiden Durchlässen, an denen zwei Hirten mit geschickten Händen darauf warteten, die gesunde, frische Milch aus den Eutern zu melken. Eine stattliche Anzahl an Schafen und Ziegen waren zu versorgen. In den 60er Jahren wird die Zahl der Sarakatsanen auf bis zu 100.000 geschätzt. Sie weideten etwa 85.000 Schafe und 13.000 Ziegen.[3] Ein durchschnittliches Hirtenlager musste so auf etwa 2.000 Tiere gekommen sein. Rund zweihundert pro Familie. Während ich mir noch vorstelle, wie hier vor einigen Jahrzehnten noch echte Sarakatsanen auf Schemeln gesessen und ihre

Schafe und Ziegen gemolken haben, ruft Eleni zum Weiterwandern. Sie möchte mir ihr Heimatdorf zeigen. Und so machen wir uns auf den Weg zurück in Richtung Tsepélovo, und von dort über eine kleine Schotterstraße die letzten Kilometer weiter nach Koukoúli.

Im Vergleich zu Tsepélovo wirkt Koukoúli winzig. Auch hier gibt es zwar eine zentrale Platía, diese ist aber kleiner, und es gibt auch nur eine Platane. Dafür aber eine nicht zu übersehende. Sie muss uralt sein, wie ich bereits von Weitem am Umfang erahne. Während wir an dem Baum entlang schlendern, erzählt Eleni: »Koukoúli ist eines der ältesten Dörfer der Zagória.« Das genaue Gründungsjahr sei nicht bekannt, jedoch vermutet man, dass das Dorf vor etwa 650 Jahren gegründet wurde. Wahrscheinlich erfolgte im Jahr 1630 eine Neugründung. Darauf lassen Inschriften in der örtlichen Kirche schließen. Vielleicht hat man damals auch gleich die Platane auf dem Dorfplatz gepflanzt? Eleni meint, das könne sein. Eines sei sicher: Die Platane von Koukoúli ist ungefähr 350 Jahre alt.

Eleni geht die engen Fußwege voran. Vom Platz aus erreichen wir schnell das Ziel unseres Besuchs in Koukoúli. Hier wohnt also Elenis Cousine Alexandra. Von der Terrasse ihres Hauses bietet sich uns ein atemberaubender Blick über die Ortschaft mit den Zagóritypischen Steindächern, und auf das grüne epirotische Gebirge.

»Komm mit rein, ich will dir 'was zeigen!«, sagt Eleni und führt mich ins Wohnzimmer.

Ein alter hölzerner Webstuhl steht in voller Pracht in der Stube und auf ihm liegen mehrere Webteppiche.

»Meine Cousine webt und näht echte Sarakatsanentrachten«, sagt Eleni und zeigt auf die andere Ecke des Raumes. Eine Schneiderpuppe steht in Lebensgröße vor uns. In prachtvoller, schwarzer Sarakatsanenkleidung. Woher das Hirtenvolk seinen Namen hat, ist nicht genau überliefert. Eine wahrscheinliche Theorie besagt, dass die Türken ihnen den Namen gaben, weil sie bei der Eroberung Konstantinopels durch die Osmanen schwarze Kleidung als Ausdruck ihrer Trauer trugen. Man vermutet, dass sich der Name aus dem Türkischen Begriff »Karakatsan« (kara = schwarz, kaçak = Flüchtling) abgeleitet hat. Die Schneiderpuppe ist mit einem schwarzen, knöchellangen Faltenrock mit blauen und weißen Querstreifen, einem unifarbenen Oberteil und einer Art Schärpe, die von der Schulter bis zur Hüfte reicht und mit gestickten weißen Längsstreifen und einem Kreuzmuster versehen ist, bekleidet. Edel und stark haben die Sarakatsanenfrauen darin ohne Zweifel gewirkt. Eleni steht in ihrer schwarzen Kleidung daneben. Ich blicke auf zwei Sarakatsaninnen.

Nach unserem Besuch bei Alexandra schlendern wir über den Dorfplatz. An einem Tisch der einzigen Taverne sitzen vier alte Männer und eine Frau. Als sie Eleni sehen, winken sie uns zu sich heran. Sie freuen sich über den Besuch und wir sollen zumindest ein paar Happen mitessen und einen Tsípouro mit ihnen trinken. Es sind fast alle Dorfbewohner hier versammelt.

»In Koukoúli wohnen dauerhaft nur fünfzehn bis zwanzig Leute«, erklärt Eleni. Die Männer am Tisch haben einige »Mezédes« vor sich stehen und bitten uns flehentlich mitzuessen. Die bis dahin einzige Frau am Tisch wechselt ein paar Worte mit Eleni und zieht sich dann zurück. Sie war mit der Handarbeit beschäftigt und sammelt jetzt rasch ihre Strick- und Häkelsachen zusammen. Eleni und ich kommen nicht so schnell davon. Die Männer haben uns bereits Tsípouro eingeschenkt und die Teller vor die Nasen gestellt. Wir knabbern frisches Brot, tunken es in Tsatsiki, greifen nach Hackfleischbällchen und frittierten Kartoffelecken. Die Griechen lieben kleine Häppchen und besonders im Epírus auch den traditionellen Tresterbrand, den Tsípouro. Davon wird uns immer wieder wie von Geisterhand nachgeschenkt. Geselligkeit in der Einsamkeit der Zagorochória. Wir lachen und reden und immer wieder reicht man uns die Mezédes-Tellerchen. Immer dabei: Feta-Käse. Die Epiroten sind stolz auf ihren Weichkäse aus Schafs- und Ziegenmilch. Kein Wunder, dass Europas größter Käseexporteur aus dem Epírus kommt. Ein Happen Feta mit Olivenöl und Oregano und man meint das Blöken der Schafe auf den Hügeln des Zagóri zu hören.

Beschwipst brechen Eleni und ich nach einigen Gläschen Tsípouro auf. Wir machen uns auf den Heimweg nach Tsepélovo.

»Wir treffen uns dann gleich wieder hier im Kafeneíon«, sagt Eleni zu mir, dann verschwinden wir zu unseren Nickerchen. Gegen halb fünf sitzen wir wieder unter den Platanen. Auch Ioannis ist zurück und bringt uns die besten Grüße seines Vaters mit. Er leide schmerzlos in seinem Krankenhausbett. Zu gerne wäre er mit uns auf den Bergen unterwegs. Ein echter Sarakatsane eben. Wir schlürfen schnell unseren griechischen Mokka aus. »Sonst verpassen wir es noch!«, meint Eleni. Es wird Zeit zu gehen. Was hat sie vor?, frage ich mich und folge ihr erwartungsvoll.

Das Wetter schlägt plötzlich um. Wilde, dunkle Regenwolken schieben sich über die zuvor dunkelblaue Himmelsbühne. Das Epírus zeigt sich von seiner abwechslungsreichen, derben Seite. Beeindruckend zeichnen am Horizont Blitze ein gewittriges Bild in die bislang so friedliche Welt der Sarakatsanen. Regen ist zu sehen. Wie ein Vorhang grenzt er das vor uns liegende Tal von uns ab. Auf unserer Seite nieselt es nur. Dennoch ist der Boden schwer durchtränkt und matschig. Das Gewitter ist offenbar bereits hier vorbeigezogen.

Eleni ruft laut den Abhang hinunter, während wir an der schmalen Straße entlang gehen.

»Hier müssen sie irgendwo sein«, sagt Ioannis.

Eleni ruft und ruft, und irgendwann hören wir, erst leise, dann immer lauter, das Geläut weniger kleiner Glöckchen.

»Da sind sie ja! Hier entlang, da kommen wir runter. Aber beweg dich nicht zu hektisch, sonst erschrecken sie sich«, sagt Eleni und steigt in ihren dafür eigentlich unbrauchbaren, weil hochhackigen Schuhen den Abhang hinunter.

Auf dem vom Regen glitschigen Boden ist es nicht leicht, durch das kniehohe Buschwerk und das teilweise hohe Gras die kleine, mit Maschendraht eingezäunte Ebene zu erreichen. Wir blicken auf eine moderne »Strugka« – der Melkpferch des hiesigen Hirten.

»Gerade noch rechtzeitig. Sie melken schon«, sagt Ioannis.

»Siehst du sie?« Eleni wendet sich mir zu. »Das sind Kostas und Jorgos. Die zwei Brüder haben ungefähr zweihundert Schafe.«

In der Mitte der Weide ist ein provisorisches kuppelförmiges Zelt aufgestellt. Unter der Plane sitzen zwei Hirten auf Schemeln und melken Schafe und Ziegen. Der »Melkstand« hat einen Zu- und einen Ausgang, wie bei der sarakatsanischen Strugka. Im Rücken der melkenden Hirten treibt ein Schäfergehilfe nach und nach die Tiere einzeln unter die Plane. Geduldig warten sie darauf, gemolken zu werden. Nur die bereits fertigen Ziegen blicken uns argwöhnisch an.

»Kommt ruhig näher ran, die Tiere tun euch nichts!«, ruft uns einer der melkenden Hirten zu.

Mit den Ziegen hatten sie begonnen. Jetzt sind die Schafe an der Reihe, durch die melkenden Hände geschleust zu werden. Die gut zweihundert Schafe und Ziegen tummeln sich auf der Melkweide. Die Schafe sind in der großen Mehrheit. Ich bahne mir einen Weg über die matschige und mit Ziegen- und Schafsköttelchen übersäte Wiese, bis direkt vor den Auslass des Melkpferchs. Er ist etwa so hoch, dass die Hirten auf ihren Schemeln gerade noch sitzen können. Gebückt knie ich mich zwischen neugierige Schafe und Ziegen und bedanke mich bei Kostas und Jorgos, dass ich ihnen heute beim Melken zusehen darf. Geschickt greift sich Kostas das nächste Schaf. Mit zwei Händen packt er die Hinterläufe des Tiers und setzt es sich vor den Schoß, direkt über den großen Blechkessel, in dem die Milch aufgefangen wird. Der Duft frischer Schafs- und Ziegenmilch liegt in der Luft. Mit rasender Geschwindigkeit melkt der etwa 50-jährige Hirte jedes einzelne Tier per Hand. Wie oft die Tiere gemolken werden, will ich wissen.

»Wir müssen zweimal am Tag melken«, erzählt mir Kostas. »Es ist harte Arbeit. Morgens, bevor die Tiere über die Bergwiesen getrieben werden, melken wir sie. Und nachmittags, bevor es wieder in die Ställe geht, werden sie das zweite Mal gemolken.«

Strip-strap-strull, der Milcheimer wird immer voller. Es dauert keine Minute, dann ist der Euter leer und der Hirte greift wieder hinter sich und setzt sich das nächste Tier über den Eimer. Und weiter geht's.

»Einen guten Liter Milch gibt jedes Tier pro Tag. Also einen halben bei jedem Melken.«

Dicker, sahniger Schaum kräuselt sich auf den Milchkesseln. Sobald diese voll sind, wird die Milch in große, verschließbare Plastikmilchkannen umgefüllt. Nachdem alle Tiere gemolken wurden, sind die Milchkannen randvoll. Schnell werden sie auf den Pick-up geladen, um sie sofort zur Molkerei zu transportieren. Jorgos fährt die Milch weg. Kostas geht nach Hause, er hat dort auch noch zu tun. Und der Schäfergehilfe treibt die Herde zurück in die Ställe, die ein Stückchen vom Melkplatz entfernt liegen. Er muss sich beeilen, denn bald dämmert es. Ihm zur Hilfe stehen einige Hirtenhunde, die folgsam die Schafe und Ziegen dirigieren. Wir begleiten die Herde noch einige hundert Meter ihres Weges. Es geht über die im Frühjahr noch sehr saftigen Berghänge, mit den frischen Kräutern und dem saftigen Gras. Spätestens im Sommer wird es auch hier im Epírus karger.

»Der beste Feta ist der, der aus der Milch gemacht wird, die im Mai gemolken wurde«, sagt der Schäfer. »Achte auf das Produktionsdatum, wenn du Feta kaufst!« Dann greift er nach seinem Hirtenstock und macht sich auf den Weg, den Tieren hinterher, die vereinzelt bereits wieder am kräuterbedeckten Abhang grasen.

Wir verabschieden uns, und wünschen eine bären- und wolfsfreie Nacht.

Als wir wenig später wieder in Tsepélovo ankommen, hält Ioannis den Wagen am Ortseingang vor einem modernen Hotel. Es gehört den Hirtenbrüdern

Kostas und Jorgos. Eleni geht voran und im Gastraum treffen wir auf Kostas. Gerade frisch geduscht und umgezogen, hätte ich ihn fast nicht erkannt, aber als er mir seine Hand zur Begrüßung reicht, rieche ich wieder diesen zarten Schafsmilchduft, und die Haut fühlt sich noch sahnig-cremig an. Die Schafzucht betreiben sie inzwischen als Zuerwerbsbetrieb. Das Hotel und die Taverne tragen den übrigen Rest zum Überleben bei.

»Es ist nicht einfach«, sagt der Hirte. »Die Molkerei zahlt uns einen Euro pro Liter Milch. Doch der Aufwand der Schäferei ist immens. Die Einnahmen decken kaum die Kosten. Es geht nur, weil mein Bruder und ich auch selber melken. Es lohnt sich eigentlich nicht.« Der Hirte blickt aus dem Fenster in die Dunkelheit des Epírus. Und ich ahne, dass die Schafzucht für ihn eine Herzensangelegenheit ist.

Spät an diesem Abend, nach einem leckeren Tavernen-Essen und einem obligatorischen »potó« in der Bar nebenan, lege ich mich erschöpft und mit einem Kopf voller neuer Eindrücke ins Bett. Als ich meine rechte Hand unter den Kopf lege, steigt mir der Duft der frischen epirotischen Schafsmilch wieder in die Nase. So intensiv, so eindrucksvoll, und das nur von einem kurzen Händedruck mit dem melkenden Hirten. Ich beschließe, am nächsten Morgen nicht ohne eine Packung Mai-Feta abzureisen.

In Erinnerung an einen zauberhaften sarakatsanischen Spaziergang im Epírus habe ich mir zu Hause in Deutschland ein echt epirotisches Zicklein gekocht:

Zicklein-Päckchen
Αρνάκι κλέφτικο

Zutaten:

1 kg Zickleinfleisch aus der Keule in grobe Stücke geschnitten, Salz, grobgemahlener Pfeffer, frische Oreganozweige, 3 EL Zitronensaft, 200 g gebröckelter Kefalograviéra (Hartkäse aus dem Epírus), 250 g Karotten in dicke Scheiben geschnitten, 250 g grüne Erbsen, 5 große Kartoffeln in Stücke geschnitten, 3 große Fleischtomaten in dicke Scheiben geschnitten, 6 Knoblauchzehen, 1 Tasse Olivenöl, 12 Stücke Pergamentpapier ca. 40x40 cm

Zubereitung:

Die Zickleinstücke in einer Schüssel mit Salz, Pfeffer, Oregano, Zitronensaft und 3 EL Olivenöl mischen und für ca. 1 Stunde marinieren lassen. In einen Topf die Fleischstücke scharf in 1 EL Olivenöl von allen Seiten anbraten, danach die Knoblauchscheiben zufügen und den Topf von der Kochstelle entfernen. Zwei Pergamentpapierblätter aufeinanderlegen und darauf Fleischstücke, Kartoffeln, Karotten und Erbsen legen, Käsebröckchen und Tomatenscheiben obendrauf verteilen. Die Flüssigkeit aus dem Topf und zusätzlich je einen EL Olivenöl auf die Zutaten verteilen. Mit Salz, Pfeffer und Oregano würzen. Die Papierblätter, um die Füllung vorsichtig zu Päckchen formen, mit Garschnur oben fest zusammenbinden und die Päckchen auf ein Blech legen. Bei 175°C auf mittlerer Schiene für ca. 1 Stunde im Backofen fertigbacken. Die Zicklein-Päckchen auf Teller verteilen und mit frischem Brot, Salat und einer Scheibe Mai-Feta aus dem Epírus servieren. Über den Feta zwei EL bestes Olivenöl gießen und mit Oregano bestreuen.

Und dann: genießen wie ein Sarakatsane!

4

DER MANDARINEN-MASSEY MIT DEM
HUMPELNDEN FUß
Zur Obsternte in der Argólis

Vor der Olivenölpresse von Koutsopódi parke ich meinen Wagen und warte auf Michalis. Ich befinde mich mitten in der Argólis, einer landwirtschaftlich geprägten Präfektur im Nordosten der Peloponnes. Der 64-jährige Landwirt Michalis lebt hier in dem kleinen Ort mit dem seltsamen Namen. Koutsopódi bedeutet übersetzt in etwa »humpelnder Fuß«. Aber ein »koutsós« (– ein Humpelnder) ist Michalis nun wirklich nicht. In wenigen Monaten bekommt er seine staatliche Rente, doch er wird sicher noch lange weiter arbeiten. Viel zu fidel wirkt er, fast wie ein Vierzigjähriger. Und die Felder der Ebene um Koutsopódi bringen auch eher Lahme zum Gehen, als dass sie hinken würden. Die Gegend um die Präfekturhauptstadt Argos ist als besonders fruchtbar bekannt. Bereits Homer soll sie als »Rosse nährend« bezeichnet haben. Die Argólis war berühmt für ihre Pferdezucht. Heute ist sie die hellenische Fruchtkammer. Griechenland produziert pro Jahr fast eine Million Tonnen Orangen und 130.000 Tonnen Mandarinen. Weit mehr als die Hälfte davon kommt vom Peloponnes. Innerhalb der EU sind Spanien und Italien die größten Erzeuger von Zitrusfrüchten. Sie produzieren jeweils fast die dreifache Menge Apfelsinen. Griechenland hinkt nach wie vor an dritter Stelle hinterher, obwohl die Erntemengen in den letzten Jahren kontinuierlich gestiegen sind. Von 2008 zu 2009 immerhin um 15,5 Prozent bei Orangen und sogar um 24,7 Prozent bei Mandarinen! Michalis ist sich sicher: Mit dem Geschmack der griechischen Orangen und Mandarinen kann die Konkurrenz nicht mithalten.

Als der jugendlich-grauhaarige Michalis mir in seinen matschigen Gummistiefeln entgegengelaufen kommt, versprüht er einen sportlichen Ehrgeiz. Etwa 1,75 Meter ist er groß, kräftig aber nicht dick. Michalis hat den landwirtschaftlichen Betrieb von den Eltern übernommen. Sein Leben ist auf den Feldern der Argólis. Der Landwirt aus Leidenschaft freut sich diebisch, mir heute seine Plantagen zeigen zu können. In seiner Bauernkarriere hat er, früher gemeinsam mit seinen Eltern, so ziemlich alles angebaut, was in Griechenland wächst. Von Tomaten über Auberginen bis hin zu Melonen, Salat und Aprikosen. Rund zwanzig Jahre lang hat er von 1972 an seine Waren täglich auf dem zentralen Athener Markt verkauft. Damals habe er ungesund gelebt, verrät er mir. Zu viel Kaffee, zu viele Zigaretten. Bis er eines Tages sein Leben spontan verändert hat. Von jetzt auf gleich. »Ich hatte die volle Zigarettenpackung in den Händen und hab sie einfach in der Mitte durchgerissen«, erzählt er mit einem gesunden Lächeln. Und als dann routinemäßig der Kaffeeverkäufer zu ihm kam, sagte er zu ihm: »Vergiss den Kaffee! Ich trink' keinen mehr.«

Heute lebt er gesund in seiner Heimat Koutsopódi. Kaffee trinkt er hin und wieder, aber nicht mehr so übertrieben viel. Und sein landwirtschaftliches Hauptaugenmerk liegt inzwischen auf Orangen und Mandarinen. Zu ihnen will er mich führen. Im Sommer hatte er mich eingeladen, ihn zu besuchen, wenn die Ernte in vollem Gange ist. Jetzt, Mitte Dezember, freut er sich über unser Wiedersehen. Die Mandarinen sind reif und die Sonne strahlt beinahe wie damals im August. Es ist ungewöhnlich warm in diesen Tagen. Gestern noch war ich im Meer baden, und heute stehe ich in Koutsopódi. 23 Grad Celsius zeigt das Thermometer im Auto gerade an. Michalis hat seine warme, olivfarbene Lederjacke mit dem flauschig-dicken Kragen an.

»Komm, ich fahre mit dem Pick-up vor und du folgst mir bis zu den Feldern mit deinem Auto!« Er ist bereits dabei einzusteigen, als er sich noch einmal zu mir umdreht. »Oder willst du mal schnell einen Blick in die Olivenölpresse werfen?«

Michalis hat auch einige Olivenbäume in seinem Besitz. Hier, in seinem rund 4.000 Einwohner zählenden Heimatdorf, lässt er die Früchte zu Öl pressen. Gleich drei (!!!) Ölmühlen hat Koutsopódi. Das Fabrikgebäude der »Eleotrivío« (– der Ölmühle) ist schlicht. Als wir die Halle mit Wellblechdach durch das große, metallene Schiebetor betreten, ist die Begrüßung jedoch ebenso herzlich, wie der Geruch des frisch gepressten Olivenöls intensiv. Michalis kennt hier jeden. Schon steht er mit dem Rücken zu mir gewandt inmitten einer Gruppe Olivenbauern. Mit seinen markanten Falten im Gesicht und dem Emblem einer karibischen Piratentruppe auf der Rückseite seiner Lederjacke, sieht er aus, wie der Chef der Bande. Während die Olivenbauern lautstark fachsimpeln, mache ich einen kurzen Besichtigungsausflug zu den Edelstahlpressen, aus denen das argólische Olivenöl herausläuft. Zähflüssig, goldig-grün. Ein Fest für die Sinne, denke ich noch, und dann muss ich aufpassen, auf dem öligen Betonboden nicht auszurutschen.

Mehr humpelnd als gehend gleiten wir von der Eleotrivío über den ölgetränkten Vorhof zurück auf die Straße. Auch hier duftet alles nach Olivenöl. Noch einige Meter reichen die Ölspuren, die die Fahrzeuge beim Verlassen des Hofes der Ölpresse bis auf die Dorfstraße zeichnen, dann verlieren sie sich und zurück bleibt nichts als sonnengetrockneter, staubiger Straßenbelag.

Kurz darauf steigt mir bereits ein anderes Aroma erfrischend in die Nase. Wir sitzen beide in unseren Autos. Die Fenster offen, denn die Sonne erhitzt das Innere des Wagens rasant. Ich folge Michalis, der seinen Pick-up zügig zu den Mandarinenfeldern lenkt. Die Plantage liegt nur wenige Kilometer außerhalb der Ortschaft in einer fruchtbaren Ebene. Umrahmt von hohen Bergen stehen die ordentlich gepflegten Obstbäume im strahlenden Sonnenlicht des Vormittags. Es lässt die hochreifen Mandarinen fast tiefrot erscheinen. Sie sehen köstlich aus. Mir läuft das Wasser im Munde zusammen.

»Park deinen Wagen hier! Wir fahren jetzt mit meinem Pick-up weiter«, ruft mir Michalis aus seinem verbeulten, roten Landwirtschaftsfahrzeug zu. Ich steige in den staubigen Kleinlaster und Michalis tritt aufs Gaspedal. Der Pick-up springt über die Straße und durch eine tiefe, schlammige Pfütze in die Plantage hinein. Dicht an dicht stehen die Bäume. Über einen schmalen Weg erreichen wir die Stelle, an der heute die Arbeiter ernten.

»Hier, probier!« Michalis wirft mir eine Mandarine zu, die er beim Aussteigen aus dem Wagen souverän, fast unbemerkt, vom Baum gepflückt hat. Dort, wo die Mandarine am Stiel hing, hat die Schale nun ein kleines Loch. Aus diesem strömt mir ein Duft entgegen, wie ich ihn vielleicht von einem Parfümzerstäuber, aber nicht von einer Frucht erwartet hätte. Michalis grinst wissend. Das Aroma seiner Zitrusfrüchte ist mir bereits tief in die Seele gedrungen. »Ich esse jeden Tag bestimmt ein, zwei Kilo davon«, sagt Michalis.

Warum bloß nicht noch mehr?

Wir spazieren durch die Plantage.

»Vier Strémmata Mandarinen sind es. Orangen haben wir mehr, nämlich vierzig Strémmata.« Der Zitrusfruchtbauer deutet über die riesige Plantage. »Strémma« ist das gängige griechische Flächenmaß und Ein Strémma sind 1.000 Quadratmeter.

»Ich bin heute der Einzige in der Familie, der sich noch mit der Landwirtschaft beschäftigt«, sagt er. Seine Töchter haben studiert, ihre Männer haben ebenfalls andere Jobs. So betreibt er den landwirtschaftlichen Betrieb mit nur einem festen Mitarbeiter und Zeitarbeitskräften nach Bedarf als Erntehelfer. »Trotzdem, die meiste Arbeit bleibt an mir hängen.« Leichte Sorgenfalten zeichnen sich auf Michalis' Stirn ab. Gleichwohl sehe ich ihm an, dass er mit Herzblut bei der Sache ist. Er wirkt schnell wieder gelassen und ausgeglichen bei unserem weiteren Spaziergang durch seine, im Vergleich zu anderen landwirtschaftlichen Betrieben, kleine Plantage.

Fast vierzehn Millionen Orangen- und drei Millionen Mandarinenbäume gibt es in Griechenland. Die Fruchtkammer Argólis hat mit knapp acht Millionen Orangen- und 1,6 Millionen Mandarinenbäumen den weitaus größten Anteil. Im Vergleich dazu erscheinen die gut zweitausend Bäume, die Michalis bewirtschaftet, überschaubar. Doch allein die etwas mehr als einhundert Mandarinenbäume bereiten ihm genug Arbeit, wie ich heute hautnah erlebe.

Unter den etwa zweieinhalb Meter hohen Mandarinenbäumen erstreckt sich sattgrünes, frisches Unkraut. Der dunkle, rot-braune Boden ist fast nicht zu erkennen. Die Erde und das Grünzeug sind nass.

»Ich habe gewässert«, sagt Michalis. »Jede Woche muss ich etwa drei bis vier Mal gießen.«

Er erzählt mir, dass er zwei eigene Brunnen auf der Plantage hat, aus denen er das Wasser zur Bewässerung fördert. Während wir durch die fast sumpfige Plantage stapfen, sehe ich die ersten Erntehelfer. Sie knien im Matsch, um die tiefhängenden Früchte zu erreichen, oder sie machen es sich gleich auf dem Hosenboden bequem.

»Elf Rumänen arbeiten dieses Jahr für mich. Sie kommen seit einigen Jahren. Albanische Arbeitskräfte sind fast nicht mehr zu bekommen. Sie sind zu teuer.« Ein kurzes Schweigen, dann dreht sich Michalis zu seinem Vorarbeiter um.

»Habt ihr noch genug Kisten für die Mandarinen?«, fragt er den kantigen Rumänen mit Dreitagebart.

Ich sehe mich um.

»Ja«, ist die knappe, aber präzise Antwort des Rumänen. Überall liegen leere, weiße Plastikkisten unter den Bäumen verteilt. Jede fasst geschätzt zwanzig Kilogramm Früchte. Hunderte müssen es sein, die hier auf Füllung warten. Reiche Ernte – vermute ich.

»Wie viel Mandarinen produziert ihr?«, frage ich Michalis.

»Letztes Jahr haben wir gut fünfzehn Tonnen geerntet. Dieses Jahr wird es etwas weniger sein. Die Mengen schwanken von Jahr zu Jahr«, antwortet er. Wie viel er an den Mandarinen verdient, frage ich ihn. Michalis runzelt die Stirn. Etwas niedergeschlagen antwortet er, dass er dieses Jahr von der Großhandelsfirma 22 Cent pro Kilogramm bekommt. »Davon muss ich aber noch die Verpflegung der Erntehelfer zahlen.« Kein leicht verdientes Brot. Für die Landwirte bleibt unterm Strich kaum etwas über. Die Erntehelfer indes werden sicher noch viel weniger verdienen. Sie werden direkt vom Großhändler bezahlt. Auch Michalis weiß nicht, wie hoch ihr Lohn ist.

»Für Orangen zahlt uns die Firma noch weniger. 12 Cent sind es zurzeit«, ergänzt Michalis schulterzuckend. »Preise wie vor zwanzig Jahren.« Und während wir uns über den finanziellen Sinn der Feldarbeit unterhalten, pflücken die fleißigen Rumänen eifrig weiter. Kiste um Kiste wird gefüllt, und die Laune der Erntehelfer steigt mit jedem Kilo Mandarinen. Bald ist Mittag. Dann gibt es eine kurze Pause.

»Gehen wir zu den Orangen.« Michalis will mir nun die anderen Plantagen zeigen.

Auf dem Weg dorthin kommen wir an unzähligen Mandarinenbäumen vorbei. Dann plötzlich stehen wir vor einem etwa zehn Meter hohen eisernen Mast, von dem der Lack abblättert. Ganz oben ist ein zweiflügeliger Propeller angebracht. Ein Mechaniker klettert gerade herunter und legt dann sein Steigwerkzeug ab. Er hat die Funktionalität der Rotorblätter überprüft.

»Das ist ein ›Anemomíchtis‹«, erklärt Michalis. Ein »Luftmixer«, ein riesiger Ventilator. »Wenn die Temperaturen fallen, geht der Propeller automatisch an. So wird die Luft zirkuliert. Das bringt bis zu drei Grad.«

»Die Mandarinen dürfen keinen Frost bekommen, richtig?«, frage ich nach.

»Ja, genau. Mit dem Propeller können wir sie bis drei Grad unter null schützen, ohne dass etwas passiert. Darunter allerdings wird es kritisch.«

Für die nächsten Tage haben die Meteorologen einen extremen Temperatursturz für ganz Griechenland vorhergesagt. Nachts könne es sogar auf dem Peloponnes Frost geben, hieß es. Also kam die Kontrolle der Anlage gerade rechtzeitig.

Michalis öffnet einen Stromkasten am Fuße des rostigen Mastes. Der erfahrene Landwirt drückt auf einen Knopf und mir fällt vor Schreck eine Mandarine aus der Hand. Michalis hat die Maschine angeworfen, um mir den Effekt vorzuführen. Ein warmer Wind fegt mir um die Ohren. Der Motor verursacht einen ohrenbetäubenden Lärm und der altersschwache Mast wackelt bedenklich mit jeder der rasend-schnellen Umdrehungen des zweiblättrigen Propellers. Ein gigantischer Fön. Die Mandarinenbäume biegen sich im Wind und ihre Blätter rascheln. Mandarinenduft durchweht den Hain. Ich bin beeindruckt. Michalis lacht und stellt die Höllenmaschine aus.

»Hast du dich erschreckt?«

»Ja, ich hätte nicht gedacht, dass das alte Ding so kräftig pusten kann.«

Nicht weniger beeindruckt bin ich kurz darauf in Michalis' Pick-up, als dieser über die landwirtschaftlichen Pfade zwischen den Orangenplantagen hindurchfegt. Die auf den Armaturen des Wagens festsitzende Staubschicht aus ockerfarbenem Ackerboden hält sogar dem extremen Fahrtwind stand. Michalis biegt in einen Weg ein, der so eng ist, dass sich kein deutscher Autobesitzer mit seinem Fahrzeug hier hineinwagen würde. Ich muss sehr vorsichtig sein, dass mich keiner der immer wieder durch das geöffnete Seitenfenster hineinschlagenden Äste der dichtgereihten Orangenbäume ohrfeigt. Die Kratzer im Lack des Autos nehmen mit jedem

Meter durch die Orangenhaine zu. Mich beeindruckt nicht nur Michalis Gelassenheit, während sein Pick-up zerkratzt wird, sondern vor allen Dingen die Fülle an Orangen an den Bäumen. Als Michalis den Wagen an einer Kreuzung inmitten der Plantage parkt, steigen wir aus, um die »Portokália« zu probieren. Wenig später stehen wir mit orangegefärbten Händen unter den Bäumen. Die Orangen sind so saftig, dass einem beim Abpellen der Saft an den Armen herunterläuft. »Portokalí« heißt die Farbe Orange auf Griechisch. Von den Früchten hat sie ihren Namen.

»Letztes Jahr haben wir einhundertfünfzig Tonnen Orangen geerntet.« Michalis deutet auf ein kleineres Feld etwas abseits. »Das da drüben sind Navelínias. Sie sind früher reif als die richtigen Orangen.«

»Doch sie sind nicht so schmackhaft, oder?«, frage ich.

»Genau!«, sagt Michalis. Und als ich bereits wieder im Pick-up sitze, pflückt er noch schnell etwas von einem Baum und reicht es herein. Eine echte Orange, in der Größe einer Pampelmuse!

»Siehst du, das sind richtige Orangen!« Mit einem saftigen Lächeln und stolz geschwellter Brust steht er neben der Fahrertür. Dann setzt er sich hinters Steuer und wir sind bereits wieder auf dem Weg zu den Mandarinen.

»Wir müssen nun langsam die LKW beladen. Die Mandarinen sollten verladen sein, bevor es dunkel wird.«

Als wir an einem baufälligen, gemauerten Schuppen vorbeikommen, bleibt Michalis stehen.

»Das hier ist einer der beiden Brunnen. Warte, ich mach mal schnell die Pumpe an, damit du siehst, wie es funktioniert.«

Schnell ist er in dem etwa drei mal drei Meter kleinen Häuschen verschwunden.

»Das Wasser kommt aus etwa zweihundertfünfzig Metern Tiefe!«, ruft mir Michalis von innen heraus zu. Dann brummt die Pumpe, und über einen porösen, breiten Feuerwehrschlauch spritzt Wasser über mich hinweg in das angrenzende Feld. Michalis erscheint und deutet auf einen Absperrhebel »Wenn ich den hier umlege, dann läuft das Wasser über ein Bewässerungssystem direkt zu jedem einzelnen Baum.« Bevor wir nun mit unseren Füßen in dem sich rasch bildenden Grundwassersee versinken, stoppt Michalis die Pumpe. Er lacht, als er halb durchnässt wieder aus dem Pumpenhaus ins Freie tritt. Die intensive Sonne wird uns sicher schnell trocknen.

Es ist kurz vor ein Uhr mittags, als wir wieder bei den rumänischen Erntehelfern sind. Gleich gibt es Mittagessen. Doch der Vorarbeiter will unbedingt noch die erste Ladung Mandarinenkisten einsammeln. Sie stehen verteilt in der Plantage. Jeweils sieben bis acht volle Kisten unter jedem abgeernteten Baum. Vor einigen aufgestapelten Kisten steht der Vorarbeiter und ruft zu Michalis herüber: »Der LKW ist noch nicht da, aber lassen Sie uns schon mal die ersten Kisten auf den Traktor schaffen.« Der fleißige Rumäne drängt Michalis zur Eile. Und dieser lässt sich nicht lange bitten: »Ok, ich hole den Traktor.«

Ich folge Michalis an das Ende der Mandarinenplantage. Hier steht er: Der alte Massey Ferguson. Ein Kultobjekt im Traktorenbereich. Michalis und seine Maschine sind wie füreinander gemacht. *»Alle Traktoren (…) von Massey Ferguson zeichnen sich durch hervorragende Leistung und Zuverlässigkeit sowie außergewöhnlichen*

Komfort und höchste Qualität aus«, schreibt die Traktorenfirma auf ihren Internetseiten. Und genauso kraftvoll wie einen solchen habe ich Michalis heute bereits kennengelernt. Ein wenig älter als sein Traktor ist er schon, aber mindestens genauso zuverlässig.

Schon sitzt er auf dem harten, ungepolsterten Sitz seines roten Oldtimer-Treckers und hat den Motor angeworfen. Er will seine Erntehelfer nicht warten lassen und so knattern Mensch und Maschine geschwind in die Plantage, damit die Rumänen die Obstkisten auf den Hänger wuchten können. Angesichts der warmen Wintersonne und den ungewöhnlichen Temperaturen schwitzt Michalis auf seinem Traktor. Er hat sich die Jacke ausgezogen. Mir hingegen laufen Schweißperlen über die Stirn, als das Traktorenungetüm rasant zwischen den Mandarinenbäumen auf mich zugestürmt kommt. Die Bäume stehen so dicht beieinander, dass sich Michalis gut am eisernen Lenkrad festhalten muss, um nicht von den zurückschlagenden Ästen von seinem Sitz gefegt zu werden. Der alte Massey Ferguson pflügt sich tapfer durch das Dickicht. Ein Fahrzeug für Extreme.

Ich erinnere mich, dass ich einmal etwas über Sir Edmund Hillarys Reise zum Südpol gelesen habe. Im Jahr 1958 war er es, der als erster Mensch die Antarktis mit Fahrzeugen bereiste. Auch er fuhr einen Massey Ferguson Traktor. Drei davon hatte er dabei, und er schrieb später über die Reise: »*Trotz ungünstiger Bedingungen mit weichem Schnee und großen Höhen, schlugen sich unsere Ferguson-Traktoren prächtig, und letztendlich hat erst ihre extreme Zuverlässigkeit unsere Expedition zum Südpol ermöglicht.*« Die Hillaryschen Antarktis-Traktoren waren speziell für den Schnee- und Eiseinsatz präpariert, aber aus einer ähnlichen Baureihe wie Michalis' Trecker. Auch sein Massey Ferguson ist etwa fünfzig Jahre alt. Das genaue Alter kennt Michalis jedoch nicht. Er hat ihn vor circa dreißig Jahren gebraucht gekauft. »Und da war er schon alt.« Er blickt stolz zu seinem Traktor und klopft ihm zärtlich auf den Sitz, den er mit seiner Jacke »gepolstert« hat. Er kann sich auf seinen Trecker verlassen. Ebenso auf seine rumänischen Erntehelfer, die den Anhänger bereits nach wenigen Minuten mit gefüllten Mandarinenkisten beladen haben. Michalis verschnürt nun noch schnell die Ladung mit zwei Seilen und schon rappelt der Massey Ferguson von der Plantage hinaus auf die Straße. Hier erwartet er den LKW des Obstgroßhändlers. Doch dieser verspätet sich etwas. Unserem gemeinsamen Mittagessen steht daher nichts mehr im Wege.

Michalis parkt den Traktor eilig am Straßenrand. Dann ruft er dem Vorarbeiter etwas zu. Michalis bedeutet mir, schnell mitzukommen. Und schon sitzen wir wieder in seinem Pick-up. Ich bin gespannt, wohin es geht.

»Wir fahren ins Dorf und holen das Mittagessen ab. Es gibt bei uns in Koutsopódi eine kleine Taverne, die für uns kocht.« Michalis tritt aufs Gaspedal.

Wenig später betreten wir das kleine Grillrestaurant. Als uns der Chef sieht, blickt er verdutzt von seinem Gyrosgrill auf.

»Aber mein Kollege ist doch gerade zu euch aufs Feld gefahren. Er bringt euch das Essen«, sagt er zu Michalis. Wir haben ihn scheinbar knapp verpasst.

So aber komme ich in den Genuss einer Portion Gyros mit Pita. Michalis besteht darauf, auch für mich etwas zu essen mitzunehmen. Als wir gerade mit der

Pita im Gepäck die Taverne verlassen, kommt der Auslieferungsfahrer zurück.

»Ach, Michalis, hattest du auch Wein bestellt? Hab ich völlig vergessen mitzubringen!«, ruft er uns zu. Michalis ist überrascht. Der Auslieferungsfahrer steht bereits am Getränkekühlschrank.

»Nein«, sagt Michalis »Wein nicht, nur Wasser. Wieso?«

»Na, die Rumänen haben gesagt, du hättest auch fünf Liter Wein bestellt.«

Fleißig und findig die Erntehelfer. Beinahe hätte es geklappt. Jetzt aber rast Michalis zurück in Richtung Plantage. Sein spitzbübisches Lächeln deutet darauf hin, dass er eine spontane Idee hat.

An Michalis' Haus machen wir ganz kurz Halt. Michalis springt wie ein Leichtathlet aus dem Wagen und sprintet in die Küche. Als er zurückkehrt, hält er zwei Flaschen Cola in den Händen.

»Die Arbeiter sollen schließlich nach der Mittagspause weiter ernten«, sagt er und grinst.

Auf dem Feld erwarten uns bereits die hungrigen Erntehelfer. Sie haben es sich bereits gemütlich gemacht. Umgedrehte Mandarinenkisten bilden aneinander gereiht eine lange Tafel, an der wir alle Platz finden. Michalis verteilt das Essen und schenkt Cola ein. Es gibt Hühnchen in Zitronensoße mit Backofenkartoffeln. Und Gyros Pita. Während alle ausgezerrt zuschlagen, fragt Michalis einen der Arbeiter, wie viel ihnen die Firma zahlt. Sie arbeiten im Akkord, erläutert der Rumäne. Pro Kilo gepflückte Mandarinen gibt es einen geringen Betrag. Ich schlucke verblüfft, als ich erfahre, wie niedrig er ausfällt. Der sehnige Rumäne ist Anfang dreißig und Vater zweier Kinder. Wenn alles gut läuft und sie richtig viel ernten, dann kann er auf fünfunddreißig Euro am Tag kommen. »Wenn alles gut läuft«, wiederholt er.

Michalis wendet sich mir zu: »Sie arbeiten von Sonnenauf- bis Sonnenuntergang, also von etwa sieben Uhr am Morgen bis fünf Uhr am Nachmittag.«

Der zweifache Vater fragt mich, ob es nicht Arbeit für sie in Deutschland gebe, als Erntehelfer auf den Feldern. »Vielleicht zur Spargelernte«, rätsele ich laut vor mich hin. Noch nicht ganz ausgesprochen springt einer der Männer euphorisch auf und ruft: »Prima, dann arbeiten wir im Winter hier und im Frühling kommen wir zum Spargelstechen nach Deutschland.« Die Mandarinenernte dauert von November bis Anfang Mai. Das könnte also passen.

Zum Nachtisch pflücken sich einige Teilnehmer der Mittagstafelrunde noch ein, zwei Mandarinen. Dann ist die Pause auch schon vorbei und es geht wieder an die Arbeit. Der LKW ist endlich da und wartet auf seine Mandarinenladung. Eilig läuft Michalis zum alten Massey Ferguson und schon biegt er knatternd wieder auf die Plantage ein. Zwei Erntehelfer beladen erneut in Windeseile den Anhänger am Traktor mit den gefüllten Obstkisten, während ich Richtung Straße schlendere. Die Obstkisten werden auf den Traktoranhänger geladen und vom alten Massey Ferguson sicher zum LKW transportiert. Dort warten zwei Erntehelfer und hieven die Kisten auf den Sattelschlepper. So geht es nun die nächsten Stunden weiter.

Ich will mich langsam von Michalis verabschieden. Die Erntehelfer haben bereits in Windeseile die achtundneunzig Kisten, die hochgetürmt auf den Traktoranhänger passen, verladen. Schon stehen sie wieder zur Abfahrt bereit. Auf dem Anhänger des Massey Ferguson. Der bullige Rumäne wedelt mit dem Arm. Ich solle auch schnell aufspringen. Die Zeit eilt. »Halt dich gut fest!«, sagt er zur mir, dann geht es auch schon los. Bereits in der ersten Kurve, als Michalis von der Straße in das Feld einbiegt, werde ich fast vom Anhänger gefegt. Die beiden Erntehelfer lachen.

»Siehst du, der alte Mann und sein Traktor stecken noch voller Kraft«, rufen sie gleichzeitig aus, und dann lachen wir zu dritt. Michalis bekommt von all dem nichts mit. Zu laut ist das Gebrüll des Massey Ferguson, als dass er hören könnte, was hinter seinem Rücken geschieht. Zudem ist sein Blick besorgt gen Himmel gerichtet. Am Horizont erblicke ich nun auch die schwarze Unwetterfront, die langsam näher kommt. Der angekündigte Wetterumschwung ist deutlich zu erkennen, und es setzt schlagartig ein kühler, schnittiger Wind ein. Der Traktor parkt bereits wieder zur Beladung zwischen den Bäumen. Die Erntehelfer legen noch einen Zahn zu. Sie wollen vor dem großen Regen fertig werden. Michalis verschwindet wieselflink zwischen den Mandarinenbäumen und kurz darauf drückt er mir zwei riesige Plastiktüten in die Hand. Randvoll und zum Bersten gefüllt mit hochreifen Mandarinen. »Komm, wir pflücken dir noch ein paar Tüten«, sagt er. Nur schwer kann ich ihn überzeugen, dass mir die etwa dreißig Kilo Mandarinen genügen. Wie soll ich die bloß mitnehmen, wenn ich in wenigen Tagen mit dem Flugzeug zurück nach Deutschland fliege? Aber ich versuche es, denn die Früchte rund um den alten Massey Ferguson im Bauerndorf »Humpelfuß« sind zu köstlich!

Am nächsten Tag erwache ich nur wenige Kilometer entfernt in meiner Bleibe am Meer und blicke entsetzt auf die Temperaturen. An der Küste sind es gerade noch 4 Grad. Wie ist es wohl in der Nacht in Koutsopódi gewesen? Haben die Orangen überlebt? In den Bergen oberhalb von Koutsopódi hat es geschneit und die Quecksilbersäule fiel sogar auf -8 Grad! Solche Temperaturen wären der sichere Tod für Michalis' verbliebene Mandarinen und Orangen. Als ich den Landwirt anrufe, freut er sich sehr über meine Besorgnis. Ich sehe ihn am Telefon vor mir, wie er mit seinem Handy auf dem alten Massey Ferguson thront. »Wir ernten gerade unsere letzten Oliven«, ruft er mir vom Feld aus via Mobiltelefon zu. Und: »Nein!« Der Frost habe keinen Schaden angerichtet. »Wir hatten Glück mit der Kälte. Hier bei uns war es nicht ganz so kalt und der Anemomíchtis hat gute Arbeit geleistet.«

In wenigen Tagen ist Weihnachten. Michalis' Obst ist in bestem Zustand, sein Olivenöl wird pünktlich zum Fest fertig und das Wetter hat sich auch beruhigt. Um die 20 Grad haben die Meteorologen für die Weihnachtstage angesagt. Was für ein Fest! Ich verabschiede mich am Telefon von Michalis und wünsche ihm und seiner Familie Frohe Weihnachten und schöne Feiertage!

Sein Weihnachtsgeschenk habe ich bereits gekauft. Es ist ein Modell eines alten Massey Ferguson als Schlüsselanhänger.

Zu meinem Abschied hat mir Michalis fünf riesige Tüten Orangen und Mandarinen in mein Auto gehievt. Wenn man diese fantastisch aromatischen Früchte nicht nur essen will, empfiehlt sich, sie zu verflüssigen. Hierzu finden Sie nachfolgend ein Rezept:

Mandarinen-Likör
Λικέρ Μανταρίνι

Zutaten:

30 kleine Mandarinen, 30 Gewürznelken, 2 L Tsípouro, 500 g Zucker, 1 großes Glasgefäß mit Verschluss (z.B. Einmachglas)

Zubereitung:

Mandarinen abspülen und mehrmals mit einer Gabel einstechen. Alle Zutaten in ein hohes Glasgefäß geben, Öffnung gut verschließen und für ca. 20 bis 30 Tage auf eine sonnengeflutete Fensterbank stellen. Ab und zu den Inhalt durchschütteln, damit sich der Zucker auflösen kann. Danach den fertigen Likör durch eine Filtertüte oder ein Filtertuch in Glasflaschen abfüllen. Eventuell einige Mandarinenschalen als Dekoration in die Flaschen geben. Likörflaschen gut verschließen und in einem dunklen Raum aufbewahren. Servieren Sie den Likör auf Eiswürfeln oder pur.

5

VULKANSEIFE UND WELLNESSBAD
Méthanas Vorzeigeprodukte

»Agia Triados 18«, antwortete Aspasia mir am Telefon, als ich nach ihrer Adresse gefragt hatte. Seltsamer Straßenname. Straße der Heiligen Dreifaltigkeit.

»Da wohne ich. Ruf einfach an, wenn du in Méthana angekommen bist! Dann hole ich dich an der Promenade ab.« Zuvor hatten wir lange über ihr neues Steckenpferd geplaudert. Aspasia stellt Seife her. Handgemachte Öko-Seife. Nicht irgendein Bioprodukt, sondern etwas ganz Besonderes. »Komm vorbei, wir machen gemeinsam ein paar Stücke Seife!«, hatte Aspasia ergänzt. Und ich kann es kaum erwarten, nach Méthana zu kommen.

Die Vulkanhalbinsel Méthana, die an der abgelegenen nordöstlichen Küste des Peloponnes nur durch eine schmale Verbindung mit dem Festland verbunden ist, ist ebenso einsam wie unbekannt. Kaum ein Tourist verirrt sich heute hierher, obwohl die Insel einst als einer der bedeutendsten Kurorte Südeuropas galt. Von Athen aus dauert es maximal zwei Stunden, bis die Fähre den winzigen Hafenanleger von Méthana erreicht. Von meinem »Heimatdorf« Toló ist die Halbinsel rund achtzig Kilometer entfernt.

Als ich bei Perikles sitze und ihm erzähle, dass ich morgen nach Méthana fahren wolle, ist das nichts Besonderes für ihn. Schon oft habe ich einen Abstecher auf die wunderschöne Vulkanhalbinsel im Saronischen

Golf gemacht, wenn ich in Toló war. Doch als ich Perikles von meinem Vorhaben mit Aspasia erzähle, wird er hellhörig.

»Ihr wollt Seife machen?«, fragt er begeistert, mit gleichzeitig etwas Melancholie im Blick. »Als ich klein war«, fährt er fort, »hat meine Mutter auch regelmäßig Seife hergestellt. Viele hier haben das damals gemacht. Meist die Älteren in der Familie.« Und er erzählt, wie seine Mutter, meine »Oma Vageliό«, in den 60er Jahren des 20. Jahrhunderts ihre Seife auf der Terrasse der Taverne hergestellt hat. »Meine Eltern haben das alte Olivenöl gesammelt. Das, was nicht mehr frisch war und deshalb nicht gegessen wurde. Aber auch die Ölreste von den Tellern der Gäste hat meine Mutter in der Taverne gesammelt.« Perikles' Blick schweift über die alten Schwarz-Weiß-Fotos an den Wänden seiner Fischtaverne. Auf dem Tisch vor uns stehen noch unsere leeren Teller mit den Resten der gegrillten Fische, die wir zum Abendbrot hatten. Daneben das obligatorische Schälchen mit Olivenöl und Zitrone. Goldig-duftend.

»Aspasia verwendet frisches Olivenöl für ihre Seife«, sage ich, und Perikles runzelt die Stirn. »Und sie benutzt auch noch andere wunderbare Sachen. Zitronen zum Beispiel. Ich werde dir berichten!«, ergänze ich.

»Aber pass auf!«, warnt er mich mit hochgezogenen Augenbrauen. Über den Rand seiner Brille blickt er mich mit seinem typischen stirnrunzelnden Blick und leicht gesenktem Kopf an. »Trag auf jeden Fall eine Schutzbrille!«

Jetzt runzle ich fragend die Stirn.

»Ja, die Lauge ist höllisch gefährlich! Ein Tropfen ins Auge und du bist blind«, sagt Perikles.

Auf was habe ich mich da bloß wieder eingelassen?

Am nächsten Morgen werde ich durch einen faszinierenden Sonnenaufgang geweckt. Die tiefstehende Sonne scheint intensiv-orange durch die Äste der im November fast kahlen Bäume direkt in mein Zimmer am Meer. Es scheint ein sommerlicher Tag zu werden, Mitte November. Ich kann es kaum erwarten, nach Méthana aufzubrechen. Die morgendliche Dusche lasse ich ausfallen. Schnell werfe ich ein paar Sachen in meinen Rucksack und schon geht es los. Mit dem Auto sind die achtzig Kilometer in allerhöchstens zwei Stunden zu schaffen. Seit vor einigen Jahren die neue Küstenstraße zwischen Epidaurus und Galatás fertig gestellt wurde, entfällt der mühsame Weg über die einsamen Berge mit seinen furchteinflößenden Serpentinenstraßen. Die Fahrzeit hat sich seitdem halbiert. Gut so! Ich beeile mich, denn aufgrund des Wetters hat sich in mir spontan der Wille verfestigt, auch heute mein Lieblings-Méthana-Erlebnis zu wiederholen, bevor ich Aspasia treffe. Ich kann es kaum erwarten.

Ich trete aufs Gaspedal. In Windeseile geht es vorbei am antiken Theater von Epidaurus, an den Orangenplantagen der Ebene und an Ziegenherden, die die Berge abgrasen. Auch die folgenden Serpentinen nehme ich rasant. Um zehn Uhr bin ich mit Aspasia auf Méthana verabredet. Die Eile tut also Not, wenn ich vor unserem Seifensieder-Treffen noch baden will. Kurz vor halb zehn fahre ich über die schmale Landzunge, die Méthana mit dem Festland verbindet. Nach der letzten Kurve der Küstenstraße eröffnet sich vor mir das Panorama Méthanas. Links das Hauptkurhaus, im klassizistischen Stil erbaut, daneben der kleine Yachthafen, in dem einige Segelboote festgemacht haben und rechts daneben die Promenade von

Méthana-Stadt. So oft habe ich diesen Ausblick erlebt, doch jedes Mal bin ich aufs Neue fasziniert. Traumhaft, wie sich die Wellnessperle an die Vulkanhänge der Insel schmiegt. Wie ein chillender Jugendlicher nach durchtanzter Nacht. Windstille über dem Saronischen Golf. Gleißendes Sonnenlicht taucht die Hauptstadt mit ihrem Hafen in ein brillantes, ein warmes Bett aus unberührter Natur. Während der Anblick zum gemächlichen Einschlafen verleitet, treibt mich meine Erinnerung an.

Neben dem Agios Nikoláos Heilbad am Ortsende von Méthana-Stadt parke ich schließlich den Wagen am Straßenrand. An der gegenüberliegenden Seite schwappen sanft vereinzelte Wellen an die mit dicken, dunkelgrauen Vulkansteinen befestigte Küste. Hier befindet sich ein kleines Natursteinbecken. Direkt am Meer. Es ist nicht viel größer als eine große Badewanne. Etwa zwei mal drei Meter. Schnell ziehe ich mich aus. Einsam und nackt stehe ich im Morgensonnenlicht, spüre die wärmenden Sonnenstrahlen auf meinem Körper und schlüpfe in meine Badehose. Dann steige ich in das kleine Becken mit seinem speziellen Heilwasser. Das Wasser ist gerade so tief, dass ich bequem wie in einer Wanne liegen und entspannen kann. Genau unter einem flachen Stein, den ich als Kopfstütze benutze, hat das Becken einen unterirdischen Zulauf, und dieser macht das Becken so besonders. Denn durch ihn fließt vulkanisches Heilwasser. Dasselbe Wasser, das auch das Agios Nikoláos Heilbad speist, füllt an dieser Stelle stetig die kostenfreie Badewanne für eingeweihte Kurgäste. Die Temperatur des Badewassers schwankt je nach Intensität des Zulaufs zwischen etwa 30 bis 40 Grad Celsius.

Mein Freund Tobias hatte mir vor Jahren die Stelle gezeigt. Seitdem nehme ich oft und gerne ein Vulkanbad. Das Wasser der Vulkanquelle bei Agios Nikolaós ist, anders als das der Hauptquelle am Ortseingang von Méthana, schwefelarm, dafür ist es chlorreich und salzhaltig. Außerdem enthält es Radon, ein natürliches radioaktives Edelgas, dessen Heilwirkung weltweit in Kurbetrieben geschätzt wird. Das Wasser wirkt entzündungshemmend und schmerzlindernd. Und hier auf Méthana soll es insbesondere auch gegen Frauenleiden und bei Kinderwunsch helfen. Mir verschafft es immer wieder totale Entspannung. Nach einem fünfzehnminütigen Bad in diesem Zauberbecken, fühle ich mich üblicherweise um fünfzehn Jahre verjüngt. Heute bleibe ich eine gute halbe Stunde einfach liegen.

Ich verbringe die Zeit abwechselnd vor mich hindösend und das tiefblaue Meer beobachtend, bis ich schließlich an Aspasia denken muss, die sicher schon irgendwo an der Promenade auf mich wartet. Schnell trockne ich mich ab. Mein Körper fühlt sich vom Heilwasser ganz weich an. Ich schlüpfe in meine Sachen und fahre beschwingt und vom Bad gekräftigt zum Ortszentrum, wo ich Aspasia vermute. Da ich sie nicht auf Anhieb erblicke, parke ich den Wagen.

Ich steige aus und stehe neben zwei fliegenden Händlern. Der eine verkauft allerlei Obst und Gemüse, der andere Fisch. Alles beste Méthana-Ware. Kerngesund und knackig frisch. An der Promenade hat ein Fischer festgemacht, der direkt von seinem Boot aus seinen an der méthanischen Küste gefangenen Fisch zum Verkauf anbietet. Er hat reichlich Kunden. Ein reges Treiben jetzt am Vormittag. Vorwiegend Männer und Frauen im Rentenalter kaufen ihren Fisch beim fliegenden Händler oder beim Fischer, oder sie sitzen einfach nur zum Zeitvertreib in einem der Kafeníos und trinken griechischen Mokka. Ich beobachte das munter-träge Treiben und warte auf Aspasia.

Wenig später knattert die jugendlich wirkende 52-Jährige auf einem Motorroller heran. Weiße Turnschuhe, lässige Jeans und ihre weiße Bluse flattert im Fahrtwind. Schon von Weitem sehe ich ihr gut gelauntes Lachen. Sie freut sich, dass ich endlich da bin.

»Ich bin schon ein paar Mal auf und ab gefahren«, ruft sie mir noch während des Bremsvorgangs zu. Aspasia hüpft von ihrem Gefährt, lacht dabei fröhlich-frisch und parkt den weißen Flitzer am Straßenrand. Dann kommt sie auf mich zu, um mich herzlich zu drücken, während der schnittige Motorroller am Gehsteig vor sich hinknattert. »Komm, wir fahren zu mir! Und dann machen wir endlich Seife«, sagt sie und dreht am Gasgriff. Nach nur wenigen hundert Metern Fahrt erreichen wir die Agia Triádos Straße. Das Haus mit der Nummer 18 hat ein kleines Eingangsportal zum Garten, mit einem mit bunten Blumen umrankten, gemauerten schmalen Torbogen. Auf der Mauer nebenan liegt eine kleine Katze gemütlich im Sonnenschein. Sie wedelt aufgeregt mit ihrem Schwanz, als ich mit Aspasia die kleine Tür zum Garten öffne und wir das Grundstück betreten, während mehrere Katzenkinder um unsere Füße herumflitzen.

Ein großer, durchtrainierter Mittfünfziger, der mich ein wenig an meinen Schwiegervater erinnert, kommt uns entgegen. Mit freundlichem Gesichtsausdruck begrüßt er mich. Es ist Ioannis, Aspasias Mann, wie ich jetzt von den beiden erfahre. Er arbeitet als Mechaniker in einem Motorradgeschäft in der Nähe. Wenn er allerdings frei hat, wie jetzt am Wochenende, dann hilft er auch gerne Aspasia bei ihrer Seifenproduktion. Er führt mich zu einer kleinen gemütlichen Terrasse im Innenhof, während Aspasia noch mit den Katzenkindern kuschelt.

»Trinken wir einen Kaffee?«, fragt Ioannis. »Einen griechischen?«

»Sehr gerne!«, antworte ich.

»Soula, mach bitte zwei Mokka! Mittelsüß«, ruft er seiner Frau daraufhin zu. Er und viele ihrer Freunde nennen Aspasia nur bei ihrem Spitznamen.

Während Seifensiederin Soula in die Küche geht, um uns einen Kaffee zu bereiten, zeigt mir ihr Mann das hübsch eingerichtete Natursteinhaus. Der Kamin, in dem offenbar noch vom Vorabend die Asche liegt, ist das einzig unordentliche im ganzen Haus. Ansonsten glänzt es picobello sauber, sowohl im großen offenen Wohn- und Essbereich, wie auch in der sich daran anschließenden Küche. Dort steht Aspasia bereits am kleinen Gaskocher und rührt fröhlich grinsend im Briki, dem langstieligen Mokkatopf. Zwischen Kamin, Couchecke und Gasherd plaudern wir über das beschauliche Leben auf Méthana, das sommerliche Wetter im November, Mopeds und über Kaffee, dessen Duft bereits aus dem Töpfchen steigt. Als ich kurz auf der Toilette verschwinde, wird mir klar, dass Soulas Faible für Seife mehr ist, als nur ein Hobby. Das Badezimmer ist übersät mit Seifen in den unterschiedlichsten Farben und Formen. Alle aus eigener Produktion. Daneben Cremes und unzählige Aromafläschchen. Ich bin gespannt, wie Aspasia all dies hier in ihrem Zuhause herstellt.

Im Briki steigt nach dem Duft nun auch der Mokkaschaum auf. Das untrügliche Zeichen, dass der Kaffee fertig ist. »Kommt! Wir setzen uns nach draußen«, schlägt Aspasia vor. Und so folgen wir den drei Mokkatassen auf die Terrasse. Die Morgensonne strahlt und lässt die Sitzecke wie ein sommerliches Kleinod erscheinen. Gemütlich in die Sonne gefläzt nippe ich an meinem kleinen Tässchen.

»Wie seid ihr auf die Idee gekommen, Seife herzustellen?«, frage ich.

»Mein Sohn ist schuld. Er studiert und ich wollte etwas Geld hinzuverdienen, um ihn zu unterstützen. Du weißt, die Krise macht uns allen zu schaffen«, sagt Aspasia und für einen kurzen Augenblick verlässt sie ihr stetiges, fröhliches Lächeln. Nur kurz. Nur für wenige Augenblicke sehe ich sie nachdenklich. Und schon kehrt dieses lebenslustige Lächeln zurück auf ihr gutmütiges, fröhliches und sonnengebräuntes Gesicht.

»Ich wollte eigentlich häkeln und Decken und so was verkaufen. Aber mein Sohn sagte: ›Mama, das kauft doch kein Mensch. Mach etwas Gescheites, etwas was die Menschen täglich brauchen und das gleichzeitig Tradition hat‹. So kamen wir auf die Seife.« Und Aspasia lacht auf ihre herzlich-fröhliche Art.

Erst im Sommer 2011 hat sie das Online-Geschäft eröffnet. In ihrem Garten produziert sie seitdem Seife nach alter Tradition und verkauft sie über das Internet. Inzwischen sogar weltweit. Die Zutaten für ihre Seifen findet sie auf Méthana. Selbstgepresstes Olivenöl aus eigenem Anbau, Kräuter und Blüten von den Hügeln der Vulkanberge und Heilwasser aus den Quellen des Vulkans. Das kleine Geschäft mit ihrer »100% handmade soap« geht gut.

»Ich verkaufe nach Europa, China und Amerika. Vor wenigen Tagen erst haben Kunden aus den USA wieder bestellt. Die erste Nachbestellung aus Amerika.« Aspasia blickt stolz zu ihrem Mann, dann wirft sie einen Blick auf meine Kaffeetasse. »Wollen wir nun endlich Seife machen?«, fragt sie.

»Gerne«, erwidere ich und frage nach: »Gehen wir noch Kräuter sammeln?«

Aber Aspasia war an diesem Morgen schon fleißig und hat alles vorbereitet.

»Wir haben alles, was wir brauchen. Ich war heute Morgen sogar schon die Ziegen meiner Mutter melken.« Aspasia hält mir eine 1,5 Liter-Flasche mit frischer Ziegenmilch entgegen. »Wir machen heute Seife mit unserem selbstgepressten Olivenöl, mit der Zickleinmilch, mit Honig, Kokos- und Rosenöl und natürlich mit diesen Rosenblüten hier.« Sie hält mir einen großen Korb gefüllt mit bunten Rosenblüten entgegen. »Die habe ich im Garten und in der Nachbarschaft gepflückt.« Ihre Hand greift in die Blüten und hebt sie in die Höhe. Dann rieseln rote, gelbe, weiße, rosa-, orangefarbene und rot-gelbe Blütenblätter sanft zurück ins Körbchen und verbreiten ihren zarten Duft. Aspasia sieht meinen träumerischen Blick und lacht ihr ansteckend-fröhliches Lachen. Dann verschwindet sie über eine winzige Treppe in einem kleinen Kellerraum. Ihr Lager. Kurz darauf trägt sie sämtliche Zutaten für die heutige Produktion heraus auf die Terrasse.

Die Seifensiederin breitet zunächst ein rotes Wachstischtuch am Boden aus, auf das sie sorgfältig alle Zutaten abstellt. Ioannis bringt derweil das Natriumhydroxid (NaOH), die wichtigste Grundzutat für jede Seife. In Wasser gelöst, wird aus den weißen Körnchen, die auch als Soda bezeichnet werden, Natronlauge – die Basis jeder guten Seife.

Aspasia verschwindet erneut im Lager. Es klappert in einem Schränkchen, dann kommt sie gebückt durch den niedrigen Türrahmen wieder ans Tageslicht. »Hierin machen wir die Seife!« Stolz präsentiert sie uns ihr silberglänzendes Schätzchen. Ein großer Schnellkochtopf mit langem Stiel, aber ohne Deckel glänzt vor uns im Sonnenschein. Worin früher Linsen, Rindfleisch oder Suppe gekocht wurde, entstehen heute also Seifen.

»Es ist ein echter Fissler.« Einem perfektionistischen Gesamtkunstwerk gleich, blickt mich Aspasia mit glänzenden Augen und vor Stolz geschwellter Brust an.

Ich blicke verdutzt. Ich verstehe nicht recht, was sie mir sagen will.

»Na, der Topf! Er ist von Fissler.«

Erst jetzt begreife ich. Die Griechen haben ein Faible für Qualitätsprodukte Made in Germany. Ob Mercedes, Audi, Opel oder eben Töpfe aus der Fissler-Schmiede. Erst kürzlich hatte mich mein Freund Michalis gebeten, ihm ein Messer aus Solingen mitzubringen. Er brauche ein »richtig gutes Messer zum Fischen«. Und ich darf mich also auf richtig gute Seife freuen.

Soula gibt zunächst das Soda in den Topf und gießt vorsichtig die entsprechende Menge Méthana-Wasser hinzu. Eine Schutzbrille trägt sie nicht, dafür dicke, schwarze Gummihandschuhe. Mit einem langen Holzstiel rührt sie sachte in der ätzenden Lauge, die sich aufgrund der chemischen Reaktion rasch auf fast 100 Grad Celsius erhitzt. Große Vorsicht ist geboten, doch Soula ist geübt und schwingt den Holzstiel geschickt durch den Fissler. Nachdem die Lauge sich abgekühlt hat, gibt Soula nun nach und nach erst die Ziegenmilch und dann das Olivenöl dazu. Nun muss ständig gerührt werden. Wir wechseln uns ab.

Als wir so zu dritt um den Fissler-Schnellkochtopf stehen, muss ich wieder an den Namen der Straße denken, in der Aspasia und Ioannis wohnen: »Agia Triada«. Die Straße der Heiligen Dreifaltigkeit. Wie Vater und Sohn sehen Ioannis und ich uns an, als er den Schlegel durch den Seifentopf rührt und Soula uns mit Rat und Tat zur Seite steht, als sei sie der Heilige Geist. Die Heilige Dreifaltigkeit auf dem Weg zur göttlichen Seife. Nachdem die Mischung langsam beginnt dickflüssig zu werden, gibt Soula die übrigen Zutaten bis auf die Rosenblüten hinzu. Ioannis rührt und rührt, ich fotografiere unterdessen den Seifenproduktionsablauf und die ständig fröhlich lachende Soula, die jetzt mit mehreren Plastikformen auf die Terrasse kommt. Die bunten Förmchen stellt sie direkt neben dem Fissler. Herz- und Blütenformen, runde und eckige Varianten. Erst jetzt streut Soula einen Teil der Rosenblüten in den Topf und rührt selber noch mal kräftig um, bevor sie die Seifenmasse mit einer Suppenkelle in die Förmchen gießt. Dann dekoriert sie jedes künftige Seifenstück in den Förmchen noch mit ein bis zwei zusätzlichen Rosenblütenblättern. Fertig!

»Jetzt müssen die Seifen trocknen. Das dauert etwa einen Tag. Danach müssen sie noch bis zu sechs Wochen lagern. Bis dahin ist die Seife von der Natronlauge her noch zu aggressiv.« Aspasia legt über jede Form ein Tuch. Ioannis will ihr beim Aufräumen helfen und trägt den Fissler und den Rührstiel weg. Dabei erwischt er mit der Rührseite des Stiels, von dem noch Seifenmasse tropft, Aspasias dunkelblaue Jeans.

»Vielen Dank Ioanni«, raunzt sie ihn an. »Die Hose war neu. Jetzt ist sie hin. Die Seife ist noch so frisch, sie zerstört meine Jeans.« Soula blickt ihn kurz mit einem mürrischen Blick an und wiederholt ironisch: »Echt gut gemacht!« Doch dann lacht sie bereits wieder ihr fröhliches Lachen. Lange kann Aspasia wohl niemandem böse sein. Verständnisvoll sieht sie noch einmal zu ihrem Mann, dann trägt sie die künftigen Seifen ins Lager zum Trocknen. Schade, ich hatte gedacht, ich könnte gleich ein paar Stücke unserer selbstgemachten Seife mitnehmen. Aber jetzt verstehe ich, warum Perikles unbedingt wollte, dass ich Schutzkleidung trage.

»Jetzt hab ich aber Hunger bekommen«, sagt Aspasia, als sie aus dem Lager zurückkehrt. »Ich mache uns schnell was zu essen.« Während Ioannis den Tisch deckt und Wein heranträgt, brutzelt Aspasia in Windeseile etwas in der Küche und erscheint schon bald mit einer Schüssel Salat, einer Platte gegrillten Würsten und Lammkoteletts und einer Auflaufform mit Pastítsio, einem Nudel-Hackfleisch-Auflauf. Nach einem ausgiebigen Mittagessen am frühen Nachmittag, sind wir satt, gut gelaunt und zufrieden.

Die Sonne verschwindet allmählich hinter den vulkanischen Bergen Méthanas und ich muss mich bald von der Seifensiederin Soula verabschieden. Aber nicht ohne Seife!

»Aspasia, lass uns doch mal in dein Lager gehen, ich will dir noch ein paar Seifen abkaufen. Was hast du denn für Sorten da?«, frage ich sie und folge ihr in den Kellerraum.

In den Regalen stehen unzählige Kartons mit Seifen und allem erdenklichen Zubehör. In großen Gläsern hat die Seifensiederin ihre selbstgesammelten Kräuter aufbewahrt. Kamille, Basilikum, Lavendel, Oregano und so weiter. Ein ganzes Regal voller Vulkankräuter. »Komm!«, sagt sie. »Ich bringe die Seife mal nach draußen, hier unten ist es zu eng.« Auf dem Tisch, den Ioannis inzwischen nach dem Essen abgeräumt hat, breitet Aspasia ihre Seifenkreationen aus. Herzen, Rechtecke, große und kleine Quader, Blütenformen. Nacheinander stellt sie mir ihre Variationen vor, die alle Olivenöl enthalten: Verbena-Seife, Seife mit Basilikum, Haarwaschseifen mit Orange und Zitrone oder mit Salbei, Rosmarin, Lorbeer und Brennnesseln, Seifen mit Patchouli oder Rosmarin und Wilde Minze und dem Heilwasser der Vulkanquelle Agios Nikoláos, Seifen mit Geranien aus Soulas Garten, Seifen mit Kamille und vulkanischem Heilwasser, Honigseife mit Kamille und Rose, Jasminseife oder Rasierseife mit Basilikum, Lavendel, Minze und Vitamin A. Bei der Vielzahl der unterschiedlichen Seifen wird mir ganz schwindelig. Aspasia lacht, als sie meine Verwirrung sieht, dann hilft sie mir meine Auswahl zu treffen. Jedes Stück Seife wird von ihr persönlich handverpackt. Liebevoll in einem mit Blütenblättern dekorierten Klarsichttütchen und mit einem Kärtchen ihres Onlineshops versehen. »Saponopoiisis« steht auf der Karte, zusammen mit der Internetadresse. »Seifenpoesie« heißt ihr Shop übersetzt. Sehr passend!

Schweren Herzens verlasse ich an diesem Abend Méthana. Gerne wäre ich länger geblieben, aber ich muss zurück nach Toló. Doch kurz vor der Ortsausfahrt mache ich kurzerhand kehrt. Ich fahre viel zu schnell an der Küstenstraße entlang, noch einmal zum Badebecken an der Vulkanquelle von Agios Nikoláos. Ein schnelles letztes Bad im Heilwasser. Ich steige schnell in meine Badehose und lege mich ins Wasser. Dann blicke ich auf den dunklen Saronischen Golf, den sternenklaren Himmel und den vom warmen Wasser in die jetzt kühle abendliche Luft aufsteigenden Dampf. Was für ein herrlicher Tag, doch ich muss nun wirklich schnell zurück zu Perikles, der in seiner Taverne mit gegrilltem Fisch auf mich wartet. Er ist neugierig und will unbedingt erfahren, wie wir die Seife hergestellt haben und ob ich wohlbehalten zurückgekommen bin. Nach diesem zweiten Vulkanbad an diesem Tag fahre ich durch die Nacht wie ein Jungspund. Alles bestens! Der Ausflug nach Méthana hat sich wie immer gelohnt, und die herzensgute Aspasia werde ich möglichst bald wieder besuchen. Dann dürfte auch die Seife mit Zickleinmilch, Honig, Olivenöl, Rosenöl und –blüten fertig sein.

Wer nach diesem Seifensieder-Spaziergang auch so viel Hunger bekommen hat wie Aspasia, der findet nachfolgend das Rezept für das leckere Pastítsio.

Pastítsio
Παστίτσιο

Zutaten:

1 kg Kalbhackfleisch, 500 g Makkaroni (dicke, lange Röhrennudeln), 2 fein gehackte Zwiebeln, 2 gehackte Knoblauchzehen, 5 EL Olivenöl, ½ Tasse Retsína, 5 große passierte Fleischtomaten, 1 EL Tomatenmark, 5 EL gehackte Petersilie, 1 Prise Zimtpulver, Salz, Pfeffer, Oregano, 200 g zerbröckelter Feta, 50 g geriebener Hartkäse (Kefalograviéra oder ersatzweise Parmesankäse), 1 EL Paniermehl

Für die Béchamelsoße: 3 EL Butter, 3 Tassen Milch, 4 EL Mehl, 1 Prise Muskatnuss, Salz, weißer Pfeffer, 3 verquirlte Eier, 3 EL fein zerbröckelter Feta

Zubereitung:

Makkaroni in reichlich Salzwasser ca. 7-8 min kochen und abtropfen lassen (nicht zu weich werden lassen). In einem Topf oder einer großen Pfanne das Olivenöl erhitzen, Zwiebeln und Knoblauch hineingeben und darin das Hackfleisch scharf anbraten und weitere 4-5 min brutzeln lassen. Tomatenmark dazugeben, kurz aufkochen und mit Retsína löschen. Die passierten Tomaten in den Topf fügen, mit Salz, Pfeffer, Oregano und Zimt würzen. Das Ganze für ca. 10 min zugedeckt köcheln lassen und gelegentlich umrühren. Den Topf von der Feuerstelle nehmen und die Petersilie unter die Hackfleischmasse rühren.

Béchamelsoße:

Milch erhitzen (nicht kochen!). In einem Topf Butter zerlassen, Mehl zufügen und unter ständigem Rühren Farbe annehmen lassen. Den Topf vom Herd nehmen und vorsichtig und unter ständigem Rühren die heiße Milch in die Mehlmasse gießen. Mit frisch geriebener Muskatnuss, Salz und schwarzem Pfeffer würzen. Den Topf wieder auf die Feuerstelle setzen und unter ständigem Rühren die Soße zum Kochen bringen. Anschließend den Topf vom Herd nehmen, die Eier unter die Soße geben und nochmals gut umrühren.

Die Hälfte der Makkaroni in eine gefettete und mit 1 EL Paniermehl bestreute Auflaufform verteilen. Mit 100 g Feta bestreuen und die Hälfte der Hackfleischmasse darauf verteilen. Diesen Vorgang mit den restlichen Makkaroni, Feta und Hackfleischmasse wiederholen. Den geriebenen Hartkäse auf die Masse verteilen und darüber die Béchamelsoße auf den Auflauf gießen. Die Oberfläche glattstreichen und den Rest des fein zerbröckelten Fetas über die Béchamelsoße bestreuen. Den Auflauf auf die mittlere Schiene des vorgeheizten Backofens stellen und bei 200 Grad Celsius ca. 45 min goldgelb backen. Die Béchamelsoße muss fest (steif) werden.

Den Auflauf aus dem Ofen rausnehmen und ca. eine halbe Stunde ruhen lassen. Erst dann in Quadrate schneiden und auf Teller verteilen. Dazu einen griechischen Bauernsalat servieren.

Und nach dem Essen waschen wir uns die Hände mit einem Stück von Aspasias Seife!

6

POMAKOCHÓRIA
In den Dörfern der Pomaken

»Weißt du, wer die Pomaken sind?«

Ich schaue fragend über den Rand meiner Kaffeetasse in der »Espressoambulanz« in Berlin. Hier treffe ich mich manchmal mit meinen griechischen Freunden Christina und Fótis.

»Du solltest unbedingt zu Fotis nach Hause fahren. Seine Familie wohnt in einer kleinen Stadt zwischen Xánthi und Komotiní.«

Christinas Idee begeistert auch Fótis:

»Mein Vater hat bei der Bank gearbeitet. Die Pomaken haben dort wohl nur ihm richtig vertraut, und immer wenn es um Bankgeschäfte ging, dann kamen sie zu ihm. Er hat viele von ihnen kennengelernt.«

Wer also sind diese Pomaken?

Als ich mich wenige Wochen später auf den Weg nach Thrakien mache, habe ich mir einige der spärlich vorhandenen Texte über die Pomaken zur Lektüre eingepackt. Thrakien ist die nordöstlichste und ärmste Region Griechenlands. Wilde Gebirgszüge und weite landwirtschaftliche Ebenen zum Meer hin prägen das Bild. Rhodopi, das Grenzgebirge zwischen Griechenland und Bulgarien, ist das Hauptsiedlungsgebiet der Pomaken. Hier, nördlich der beiden Universitätsstädte Xánthi und Komotiní leben sie noch wie vor Ewigkeiten. Zur weiteren Vertiefung meines diesbezüglich rudimentären Wissens greife ich zum ersten kurzen Text meiner Reiselektüre: Ein Zwei-Seiten-Papier der Gesellschaft für bedrohte Völker. Dort erfahre ich, dass die Pomaken im Prinzip eine staatenlose Volksgruppe sind, die auf einem Gebiet leben, das heute zu Griechenland und Bulgarien gehört. Die allermeisten Pomaken leben in Bulgarien, einige wenige in der Türkei und immerhin noch eine stattliche Anzahl von ihnen in Griechenland, wo ihr Siedlungsgebiet in der politischen Verwaltungsregion »Ostmakedonien und Thrakien« liegt.

Der östliche Teil der Verwaltungsregion ist Thrakien, wo sich das Hauptsiedlungsgebiet der Pomaken in Griechenland befindet. Sie leben in den gebirgigen Regionen nördlich der Städte Xánthi und Komotiní. In Griechenland schätzt man ihre Zahl auf unter 50.000, während für Bulgarien Zahlen von 250.000 bis 300.000 geschätzt werden. Ich lese in meiner Reiselektüre: »*Bei vielen Pomaken herrscht Verwirrung über ihre eigene ethnische Zugehörigkeit. Während sich viele eher mit Türken oder allgemein mit der ›muslimischen Minderheit‹ identifizieren, legen andere Wert auf ihre besondere pomakische Abstammung und Kultur. Nur wenige haben begonnen, sich mit dem griechischen Staat zu identifizieren.*«[4]

Nun bin ich vollends neugierig geworden. Ein Aufsatz von Emmanuel Sarides dient mir als ergänzende Information mit einer umfangreichen Faktensammlung zu den Pomaken. Je mehr ich darin lese, desto mehr freue ich mich auf meinen Ausflug in die »Pomakochória« (– die Pomakendörfer). So werden die abgelegenen Bergdörfer in den Rhodopen genannt, in denen die slawischsprachige, muslimische Minderheit der Pomaken seit Generationen lebt. Ihr Siedlungsgebiet ist seit 1923 durch die willkürlich mit dem Lausanner Vertrag gezogene neue Grenzlinie zwischen Bulgarien und Griechenland geteilt.

Wie kam es dazu?

Nach dem Zusammenbruch des Osmanischen Reiches als Folge des Ersten Weltkrieges wollte Griechenland die Gelegenheit nutzen, seine Idee eines Großgriechenlands, die »Megáli idéa«, umzusetzen. Es sollte Teile Kleinasiens umfassen, die seit der Antike von Griechen besiedelt waren. Es kam zum griechisch-türkischen Krieg, der von 1919 bis 1922 andauerte. Im Sommer 1922 wurden die Griechen vernichtend geschlagen. Als Folge der griechischen Niederlage kam es zu Vertreibungen und Massakern. Die Griechen sprechen in diesem Zusammenhang von der »kleinasiatischen Katastrophe«. Als Symbol des Untergangs wird die Zerstörung der kleinasiatischen Stadt Smyrna durch türkisch-nationalistische Truppen genannt, die die rund 3000-jährige griechische Siedlungsgeschichte im kleinasiatischen Raum beendete. Große Teile der Stadt wurden niedergebrannt, Häuser der christlichen Bevölkerung geplündert und selbst christliche Kirchen, in die sich Menschen geflüchtet hatten, wurden in Brand gesteckt. Von holocaustscher Zerstörung ist in historischen Quellen die Rede. Fast die gesamte nichttürkische Bevölkerung musste fliehen. Viele starben. Es begann ein gigantischer Bevölkerungsaustausch, der später in einer Konvention festgeschrieben wurde. Der Vertrag von Lausanne besiegelte im Sommer 1923 als Friedensvertrag das Ende des griechisch-türkischen Krieges. In ihm wurden sowohl die neuen Grenzverläufe festgeschrieben, als auch Vorschriften über den Minderheitenschutz aufgenommen, und auch die Konvention zum Bevölkerungsaustausch fand Eingang in den Vertrag. Während die Grenzziehung das Siedlungsgebiet der muslimischen Pomaken durchschnitt, regelte die Konvention zum Bevölkerungsaustausch die Umsiedlung von knapp 1,5 Millionen griechisch-orthodoxer türkischer Staatsbürger aus Kleinasien nach Griechenland, und umgekehrt musste fast eine halbe Million griechischer Staatsbürger mit muslimischem Glauben in die Türkei zwangsimmigrieren. Für beide Seiten gab es jedoch Ausnahmeregelungen. So durften unter anderem die »Westthrakien-Türken« in Griechenland verbleiben. Die Konvention machte die Religionszugehörigkeit zum entscheidenden Kriterium für die Bestimmung der ethnischen Zugehörigkeit. Die Pomaken wurden so zu »Türken«, und da sie in Westthrakien lebten, verblieben sie mehrheitlich in Griechenland.[5]

Von Westen kommend befahre ich die Egnatía Odós. In der einen Hand das Lenkrad, in der anderen einen Frappé, den ich mir an einer Raststätte gekauft habe. Die neue Autobahn ist inzwischen, von Igoumenítsa ganz im Westen Griechenlands bis zur türkischen Grenze im Osten, durchgängig bequem befahrbar. In Thrakien verläuft sie parallel zum Meer auf der rechten Seite und dem Rhodopengebirge auf der linken Seite. Es ist Ende Mai. Die Sonne scheint an diesem Sonntagmittag von einem strahlendblauen Himmel. An der Autobahnausfahrt »Iasmos« fahre ich ab und rufe Apóstolos an. Fótis' Vater nimmt sofort ab und ruft mir freudig entgegen, dass er mich sofort an der Kreuzung abhole, damit ich den Weg auch finde. Nur wenige Minuten später erscheint ein weißer Jeep am Horizont, der sich schnell auf mich zubewegt. Der 60-jährige Apóstolos winkt mir zu und deutet an, dass ich ihm folgen soll.

Keine fünf Minuten später parken wir in einer ruhigen Straße von Iasmos vor dem Haus der Familie Tefos. Der vertrauenswürdig, entspannt aussehende und deutlich jünger wirkende Mann begrüßt mich mit einer herzlichen Umarmung.

»Hier wohnen wir also. Und gleich da vorne ist die Filiale der Nationalbank, wo ich bis vor kurzem noch gearbeitet habe. Vierzig Jahre lang.« Er deutet mit seiner coolen Sonnenbrille in der Hand auf seine, auf der gegenüberliegenden Seite der Straße liegende, ehemalige Arbeitsstätte. »Mit 58 bin ich dann gegangen. Zwar mit Rentenabschlägen, aber wegen der Krise hab ich mir gedacht, besser jetzt als vielleicht später gar nicht mehr. Ich hab immer gerne gearbeitet. Ohne die Krise wäre ich jetzt noch bei der Bank.« Apóstolos steht im Licht der Mittagssonne und wirkt tiefenentspannt. Kariertes Hemd, volles dunkles Haar, sportliche Figur. Ein Hauch von Miami Vice. Ich hätte ihn höchstens auf fünfzig geschätzt. »Lass uns reingehen«, sagt er und geht in seinem typisch lässigen Gang voran. »Anna hat was gekocht. Du musst hungrig sein nach der langen Fahrt.«

Als er das Gartentor öffnet, wuselt mir ein Hund um die Füße. Auf der Terrasse erscheinen seine Frau Anna und Tochter Georgia.

»Wir haben schon auf dich gewartet«, ruft mir Georgia zu meiner Überraschung auf Deutsch zu. Ihr gefällt die Sprache und sie hat an der Schule ein bisschen Deutsch gelernt. Aber ihre eigentliche Leidenschaft sind Hunde. In ihrer Freizeit engagiert sie sich in einem Hundeschutzverein. Am liebsten würde sie später einmal in Deutschland als Tierpflegerin arbeiten. Auch ihr Vater interessiert sich für Tiere, allerdings aus einem anderen Grund: Sein Hobby ist die Jagd. Meistens jagt er Hasen und ein gut abgerichteter Jagdhund kann da sehr hilfreich sein, erklärt mir Apóstolos. Viel mehr noch als das Jagen, fasziniert ihn jedoch das Fischen. »Seit ich in Rente bin, habe ich das kleine Angelboot da draußen.« Er deutet zur Einfahrt, wo auf einem Trailer ein etwa fünf Meter langes, weißes Kunststoffboot mit Außenbordmotor parkt. »Bis zum Meer ist es nicht weit und so haben wir immer genug Fisch im Haus. Wir haben drei Kühltruhen. Alle randvoll mit Doraden, Wolfsbarsch und so weiter.« Stolz führt mich der Hobbyangler zum Esstisch. Frau Anna bringt eine große Platte. Natürlich Fisch!

»Heute gibt's frische Seezungen und rote Meerbarben«, sagt Anna und platziert den duftenden Teller in der Mitte des Tisches.

Nach dem exzellenten Mahl fühlen wir uns gut gestärkt und nicht zu müde, um zu einem kleinen Bummel aufzubrechen. Apóstolos möchte mit mir einen Kaffee trinken gehen. »Ich zeig dir die Stadt und die Gegend, damit du einen ersten Eindruck bekommst.« Und schon steht er im Türrahmen, gibt das Zeichen zum Aufbruch und spurtet zum Auto. »Wir nehmen den Jeep, steig ein!«

Apóstolos lässt den Motor an. Leise. Er sieht meinen verwunderten Blick und erzählt: »Ich hab den Jeep auf Gasbetrieb umrüsten lassen. Jetzt als Rentner muss ich ja etwas sparen. Gas ist viel billiger als dieses teure Benzin und außerdem verbraucht man davon auch viel weniger. Das lohnt sich richtig.«

Wir fahren durch die jetzt am Nachmittag wie ausgestorben wirkende Kleinstadt am Fuße der Berge. Apóstolos nimmt eine Straße, die eine Anhöhe hinaufführt, und deutet auf ein altes Haus: »Hier war früher unser

Zuhause. Hier bin ich groß geworden. Heute wohnen in diesem Teil der Stadt fast ausschließlich Muslime.«

Etwas oberhalb des Dorfes erreichen wir ein Ausflugslokal. Wir setzen uns auf die gemütliche, schattige Terrasse, von wo aus man das gesamte Städtchen überblicken und bis zum Meer sehen kann. Im Ortskern fällt mir zuerst das weiße Minarett auf. Nicht weit entfernt die gelb gestrichene orthodoxe Kirche.

»In Iasmos leben heute ungefähr 3.500 Menschen. Je etwa zur Hälfte Orthodoxe und Muslime. Nimmt man die mit der letzten Verwaltungsreform eingemeindeten Nachbardörfer dazu, sind es etwa 72 Prozent Muslime und 18 Prozent Orthodoxe. Auch der Bürgermeister ist muslimischen Glaubens«, sagt Apóstolos. Ich bin überrascht über die Zahlen, hatte ich doch vorher von den Pomaken als ethnische Minderheit gelesen.

»Es ist so: wir haben hier Muslime und Pomaken, aber die Unterscheidung macht kaum jemand im alltäglichen Umgang. Früher haben sie, insbesondere die Pomaken, fast ausschließlich in den Bergdörfern gelebt, aber in den letzten Jahren sind immer mehr von ihnen heruntergezogen. Hier finden sie leichter Arbeit und die Landwirtschaft in der Ebene ist auch einfacher. Aber es ist eigentlich schade. Wir leben gut zusammen, es gibt keine Probleme. Und dennoch merkt man den Menschen an, dass etwas anders ist. Sehr viele Orthodoxe sind weggezogen. Es gibt Dörfer, da leben heute fast gar keine von uns mehr.« Apóstolos nippt an seinem Frappé und blickt etwas gedankenverloren über seine Heimatstadt. »Die jungen Leute ziehen weg und zurück bleiben die alten«, ergänzt er und dann trinkt er den letzten Schluck seines Kaffees. »Jetzt zeig ich dir ein wenig die Umgebung. Komm!«

Kaum wieder im Jeep haben wir auch schon die Stadtgrenze von Iasmos erreicht. Im Nachbardorf Polyantho hält er kurz an einer Tankstelle neben einem muslimischen Friedhof.

»Na, fällt dir was auf?«, fragt er mich, steigt aus und geht zum Tankwart, um Kaugummis zu kaufen. Ich schaue mich kurz auf dem winzigen Friedhof um. Mit einer kleinen Mauer umfriedet liegt das mit wildem Unkraut überwucherte Grabfeld vor mir. Viele scheinbar durcheinander und teilweise schief aufgestellte, flache und mit grünen Blumen und Baummustern verzierte Grabsteine unterscheiden den Friedhof deutlich von einem orthodoxen mit seinen üppigen steinernen Gräbern und Kreuzen.

»Na?« Wieder im Jeep blickt er mich an.

»Ja, es sieht tatsächlich anders aus«, antworte ich knapp.

»Und jetzt schau da!«

Hinter einer Kurve erreichen wir den Dorfkern. Hohe Mauern umgeben die Wohnhäuser. Versiegelte Straßenfronten. Das Dorf wirkt leblos. Keine Menschenseele ist zu sehen. Einsam biegt ein Traktor um die Ecke, sonst nichts. Selbst die Traktoren haben hier alle etwas Sonderbares, das ich zuvor so noch nie gesehen habe: Rechts und links des Motors befinden sich zwei Fässer, scheinbar provisorisch angebracht. Ersatztanks, damit man nicht so oft zur Tankstelle muss?

Apóstolos deutet auf den Straßenzug: »Merkst du den Unterschied? Die Muslime hier leben zurückgezogener. Sie sind nicht so laut und offen wie wir Griechen.«

Wir fahren weiter auf der Landstraße, die parallel zum Gebirgszug in Richtung Komotiní verläuft. Im nächsten Dorf, in Sóstis, sieht es genauso aus wie im vorherigen. Hier biegen wir in einen schmalen Schotterpfad ein, der zu einer Art Stallung führt. Mehrere kleine Holzbaracken sind im Rechteck angeordnet. Hinter einem Verschlag sehe ich Ziegen und Schafe. Wir steigen aus und Apóstolos läuft zu einem hageren jungen Mann mit Schnauzbart. Er steckt in einem verdreckten, beigefarbenen Arbeitsoverall und lächelt freundlich, als er uns sieht. »Hallo Mustafa!« Apóstolos geht auf ihn zu und drückt ihn herzlich an sich. Mustafas Frau sitzt neben einem der Ställe auf einem wackligen Plastikstuhl. Lächelnd sieht sie zu uns. Die Muslimin trägt Kopftuch, und als wir nach einer kurzen Unterhaltung mit Mustafa aufbrechen, sagt sie irgendetwas auf Türkisch, das ich nicht verstehe. »Güle güle!«, sagt der Banker im Ruhestand. Ich sehe verblüfft zu ihm.

»Ja, ein bisschen Türkisch kann ich auch«, sagt er. »Ein bisschen nur. ›Güle güle‹ heißt Tschüss!« Und wir steigen wieder in den Jeep.

Wenig später fährt mich der fidele Rentner durch ein schäbiges Außenviertel von Komotiní. Langsam biegen wir um eine Straßenecke, die von einer mannshohen, weißgetünchten Mauer gesäumt ist. Nach etwa fünfzig Metern der Mauerfront ist ein schmaler Durchgang zu erkennen, vor dem ein Lieferwagen mit offenen Türen halb auf dem Gehweg, halb auf der Straße parkt. Hinter der Mauer befindet sich ein »Tsingáni-Lager (– ein Zigeunerlager)«.[6]

Als wir uns in Schrittgeschwindigkeit dem Durchgang nähern, zucke ich kurz zusammen. Im Eingang hängt ein totes Kalb und zwei an Schwerkriminelle erinnernde Gestalten sind gerade dabei, es zu schlachten. Sie stehen in einer riesigen Blutlache, und aus einer klaffenden Schnittwunde am Hals des Tiers läuft konstant dickflüssiges Blut in die rote Pfütze nach. Neben der Lache hockt eine junge Frau mit wallendem Rock und nackten Füßen auf dem sandigen Boden neben ihrer Wohnhütte. Apóstolos ist vom Anblick des Open-Air-Schlachtens nicht sonderlich beeindruckt und steuert seelenruhig den Wagen weiter durch Komotiní und kurz darauf zurück in Richtung Iasmos.

Bevor es nach Hause geht, will der Hobbyangler noch einen kurzen Abstecher ans Meer machen, und so lenkt er den Jeep nach Porto Lagos, einem kleinen Küstenort rund zwanzig Kilometer südlich von Iasmos. Im wenig beschaulichen Hafen von Porto Lagos liegt ein marode wirkendes Transportschiff mit zypriotischer Flagge, das gerade von rostigen Karren und Kränen beladen wird. An der holprigen Hafenstraße am Kai reihen sich kleine Geschäftslokale aneinander. Zum Teil ärmliche Baracken mit schattenspendenden Wellblechvordächern. Vor einem Angelladen hält Apóstolos an. Er ist mit dem Besitzer befreundet, der uns zur Begrüßung irgendwo in seinem mit Netzen und Angelzubehör vollgestopften kleinen Laden einen griechischen Mokka kocht. Den Kaffee serviert er uns vor der Tür an einem kleinen Plastiktisch. Dann geht er eilig wieder rein. Kescher, Angelruten und Schnüre hängen an Tür und Schaufensterscheibe und machen einen Blick ins Innere des Ladens fast unmöglich. Ein chaotisches Durcheinander, dennoch findet der Besitzer auf Anhieb das, wonach er gesucht hat: eine alte, abgegriffene Karte. Er schenkt sie mir:

»Die ist von unserem Jagdverein. Sie umfasst auch das Pomakengebiet. So kannst du dir schon mal einen Überblick verschaffen, wo es morgen hingeht.

Apóstolos kennt sich wirklich gut aus dort oben. Er kann dir viel zeigen.«

Ich breite die Karte auf dem Tisch aus und Apóstolos fährt mit dem Finger von Xánthi – das in der Mitte der Karte verzeichnet ist – nach Norden.

»Hier liegen die Pomakendörfer«, sagt er und umkreist ein Gebiet mit etwa dreißig eingezeichneten kleinen Siedlungen. Dann klappt er die Karte des Jagdvereins »Artemis« zu. Der Kaffee ist ausgetrunken. Er will los. Auf der Außenseite der Karte sind Hasen, Rebhühner, Fasane und Wildenten abgebildet. Die Hauptjagdbeute in der Bergregion rund um die »Pomakochória«.

»Dann bis später, wir sehen uns heute Abend beim Essen.« Die beiden Jagdfreunde verabschieden sich, und der Angelladenbesitzer sagt zu mir: »Wir sind mit unseren Familien in Iasmos verabredet.«

Am Abend fährt Apóstolos mit mir etwas früher als zur verabredeten Zeit los. Er will mir auf dem Weg zum Restaurant noch etwas zeigen. Als wir durch Iasmos fahren, ist wummernd laute, gewöhnungsbedürftige Musik zu hören. Fragend schaue ich zu meinem Fahrer.

»Das ist eine Zigeunerhochzeit. Das wollte ich dir ganz kurz zeigen«, sagt er und kurz darauf parkt der Jeep am Straßenrand.

Aus allen Winkeln der Stadt scheinen Menschen hierher an den Stadtrand zu drängen. Die bunte Menschenmeute macht sich zu einem kleinen, ungepflasterten Platz auf. Der Menschensog zieht uns mit auf das staubige Areal, wo improvisierte Bierbuden und Weinstände stehen und einfache Lautsprecher wild verteilt herumliegen, aus denen es bis zum Anschlag laut und scheppernd plärrt. Man versteht sein eigenes Wort nicht mehr. Menschen springen und tanzen wie wild durcheinander.

»Wir bleiben nur mal ganz kurz, damit du einen Eindruck bekommst«, brüllt mir Apóstolos ins Ohr. Dann schreit er wieder: »Warte kurz, ich bin gleich zurück!« Er macht sich auf, einen Freund zu begrüßen. In der wilden Menschenmenge verliere ich ihn aus den Augen. Stattdessen fliegen mir wilde, scheinbar türkisch-orientalische Klänge um die Ohren und es drehen sich bunte flatternde Kleider vor mir, hinter mir, neben mir im Tanz. Immer schneller, immer wilder. Schwindelerregend. Nach wenigen Minuten schält sich Apóstolos aus einem Menschenbündel. Er grüßt hier und da, schüttelt Hände und ich sehe fröhlich-freundliche Gesichter um ihn herum. Es sind muslimische Zigeuner in dieser Gegend und viele von ihnen sind Kunden der Zweigstelle der Nationalbank in Iasmos. Sie lieben ihren ehemaligen Ansprechpartner in Finanzfragen. Er ist wahrlich ein erstaunlicher Multikulti-Banker im Ruhestand.

Wenig später sitze ich mit den beiden befreundeten Familien zur verabredeten Zeit auf der ruhigen Terrasse des Restaurants, das neben dem Café liegt, in dem wir am Nachmittag unseren Frappé getrunken hatten. Mir dröhnen noch die Balkanklänge in den Ohren, während Apóstolos das Essen bestellt. Er ist, wie auch der Rest der Gruppe, gerne hier, von wo wir einen wunderschönen Blick auf das abendliche Iasmos haben. Es wird ein geselliger Abend mit leckerem Essen, gutem Wein und angenehmen Gesprächen über die Gegend und die Pomaken. Eine Geschichte aber verursacht mir ein mulmiges Gefühl: Der Angelladenbesitzer berichtet, dass das

Gebiet der Pomaken bis 1995 militärisches Sperrgebiet war. Die Griechen hätten sogar eine eigene Geheimpolizei unterhalten, die die Gegend observierte. In die Pomakendörfer ließen sie nur die Einheimischen, Politiker und natürlich das Militär. Für alle Normalsterblichen hingegen war die Gegend absolut unzugänglich. Die griechischen Behörden hätten so versucht, einen möglichen illegalen Schwarzhandel zwischen Bulgarien und Griechenland zu unterbinden. Inzwischen bin ich sehr neugierig auf die Dörfer der Pomaken.

Nicht allzu spät verlassen wir das Lokal. Anna ist es etwas kalt geworden in ihrer dünnen Bluse, und ihr Mann und ich wollen morgen früh ohnehin zeitig aufstehen, um uns auf den Weg in die Berge zu den Pomakendörfern zu begeben.

Als ich am nächsten Morgen aufwache, hantiert mein Gastgeber bereits in der Küche herum. Seine Frau ist schon zur Arbeit gegangen und so beschließen wir, unseren Morgenkaffee in der Stadt zu trinken, bevor wir weiter in die Berge fahren. Apóstolos lotst mich in ein winziges Kafeneíon, wo wir zwei griechische Mokkas bestellen. Während er sich mit dem befreundeten Wirt unterhält, beobachte ich die Szenerie. Am Nebentisch trinkt ein Automechaniker seelenruhig seinen Kaffee im Blaumann. Am dritten Tisch grübeln zwei alte Männer über einer verrosteten, kleinen Schraube, ob es besser sei, nach Komotiní zu fahren und eine neue zu kaufen, oder ob das gute, etwa zwei Zentimeter lange Stück nicht noch zu reparieren sei. Eines scheinen hier alle gemein zu haben: viel Zeit. Nur Apóstolos ist voller Tatendrang und fordert mich zum Gehen auf. Jetzt geht's in die Pomakochória!

In Xánthi biegt der umtriebige Rentner in eine Landstraße ein, die in Richtung des gewaltigen Rhodopi-Gebirges den Berg hinaufführt. Linker Hand liegen die Ausläufer des 1.400 Meter hohen Achladóvouno, des »Birnenberges«, wie ich in der Karte des Jagdvereins lese. Von Xánthi aus sind es bis zur bulgarischen Grenze rund fünfzig Kilometer. Nach nur wenigen Fahrminuten biegen wir in eine kleinere Straße nach rechts ab, die uns durch ein Tal führt, an deren Seitenrändern alle paar Kilometer alte, verrostete Schilder stehen, die darauf hinweisen, dass hier mit Mitteln aus den EU-Fördertöpfen Infrastrukturprojekte finanziert worden sein sollen. Zu sehen ist davon indes nichts. Eine ärmliche, karge Gegend. Unseren ersten Stopp machen wir in der Ortschaft Smínthi. Das weiße Minarett der Stadt ragt über die niedrigen Häuser deutlich hinaus.

»Hier leben noch echte Pomaken.« Apóstolos hält vor einer Bäckerei auf der Hauptstraße. Bei der jungen Verkäuferin bestellen wir zwei Blätterteigtaschen mit Schafskäse, dazu zwei Säfte, mit denen wir uns an einen kleinen Plastiktisch auf dem Gehweg setzen. »Die Verkäuferin ist Pomakin«, sagt Apóstolos. Er sehe das an den markanten Gesichtszügen und er höre es am Akzent, wenn sie griechisch spricht. Kurz darauf tritt sie zu uns an den Tisch und bringt die Blätterteigtaschen. Die Pomakin trägt ein buntes Kopftuch. Rund ein Viertel der muslimischen Bevölkerung Thrakiens sollen Pomaken sein. Die meisten von ihnen leben hier in den abgeschiedenen Bergdörfern nördlich von Xánthi. Apóstolos erzählt, dass die Pomaken hauptsächlich von Landwirtschaft und Schafzucht leben. Das Hauptanbauprodukt sei nach wie vor der Tabak, obwohl es immer schwieriger werde, seinen Lebensunterhalt damit zu bestreiten. »Die Tabakfelder zeig ich dir später. Weiter oben in den Bergen.«

Dann deutet Apóstolos plötzlich in Richtung Straße. Auf dem Gehweg nähert sich uns ein altes Paar. Die bucklige Frau trägt eine rote Pumphose, darüber eine bunte Schürze und ein ebenso farbenfrohes Kopftuch. »So sehen die typischen pomakischen Trachten aus«, sagt Apóstolos. Lautes Gekicher dann plötzlich von der anderen Straßenseite. Eine kleine Gruppe junger Pomakenmädchen nähert sich uns. Sie tragen zwar keine Tracht, aber alle die typischen bunten Kopftücher. Die der jungen Mädchen sehen modern und stylisch aus. Sie sind teilweise mit Glitzersteinchen bestückt und kunstvoll gewickelt. Was anderswo der Lipgloss oder das Piercing, scheint für die jungen Pomakinnen das Kopftuch zu sein.

Von Smínthi aus geht es nach der leckeren Blätterteigtasche weiter gen Norden. Nach wenigen Kilometern biegt Apóstolos rechts ab. Die Ortschaft Myki liegt in einem kleinen Tal, durch dessen Mitte ein Flüsschen fließt. Bereits von der Landstraße aus ist das Minarett der im Ortskern liegenden Moschee zu erkennen gewesen. Im Gegensatz zu Smínthi wirkt es hier ärmlicher. Schmuddelige Straßenzüge mit teilweise unverputzten Hausfronten. Fliegende Händler verkaufen aus alten, rostigen Lieferwagen heraus am Straßenrand billige Kleidung und allerlei Haushaltsgegenstände. Auf dem Vorplatz der Schule inmitten des Dorfes, steht ein Maulesel mit Sattel. Ich bin nur wenige Meter entfernt auf einer engen Brücke, die über den schmalen Fluss führt. In einem Internetforum hatte ich gelesen, dass die Abwässer der Stadt hier ungeklärt hineinfließen würden. Zumindest der erste Eindruck bestätigt, dass hier kein ökologisches Kleinod vor mir liegt. An den Rändern des Flussbetts hängen Abfallreste verteilt im Ufergestrüpp. Fast trocken ist das sandige Flussbett zurzeit. Und das wenige Wasser ist auch nicht gerade kristallklar. Ein trostloses Bild. Wie auch der Rest der kleinen Ortschaft. Noch nicht Bergdorf, aber auch nicht mehr richtige städtische Gemeinde. Auf einer Bank am Straßenrand sitzt eine alte Frau, eine Pomakin. Die gleiche typische Tracht mit Schürze, Kopftuch und Pumphose. Gedankenverloren blickt die Alte in die öde Wirklichkeit des Straßenzuges.

Als wir gerade in den Jeep steigen wollen, sehe ich mehrere Pomaken vor einer ärmlichen Werkstatt am Straßenrand hocken, die sich angeregt miteinander unterhalten. Zwei ältere Frauen in bunter Pomakentracht, ein älterer Mann mit Dreitagebart, der einen Kaffee trinkt und ein junger Mann mit pinkfarbenem T-Shirt, grüner Mütze und Zigarette in der Hand. Ein fröhliches Bild. Als ich die vier kurzentschlossen frage, ob ich sie fotografieren darf, sind sie begeistert. »Sehr gerne!«, ruft mir der junge Mann in seinem pomakischen Akzent zu. Dann posieren sie ernsten Blickes für das Foto. Ich bedanke mich bei den freundlichen Pomaken aus Myki und steige in den Jeep.

Als wir Myki verlassen, steht die Sonne fast im Zenit. Tiefblau der Himmel und sattgrün die Felder in der Ebene. Unser Blick streift den Gebirgszug der Rhodopen, der an dieser Stelle bis auf 1.600 Meter emporragt. Es ist eine bizarre, eine bezaubernde Welt, scheinbar abseits jeglicher Zivilisation. Wären da nicht ständig am Straßenrand die stetig wiederkehrenden gleichen Schilder über angebliche EU-Förderprojekte. Die Straße windet sich durch urige Täler und bewaldete Ebenen, fast immer entlang eines Flusslaufs. Inzwischen sind es echte Gebirgsbäche oder -flüsse mit kristallklarem, reinem Quellwasser.

»Wir kommen jetzt gleich nach Echínos«, sagt Apóstolos. Die Stadt ist mit gut 2.000 Einwohnern die größte im Umkreis, eine Art Kreisstadt der Pomaken. Sie liegt ebenfalls an einem Flusslauf, in einer grünen, weideartigen Ebene. Die Häuser erstrecken sich vom Ufer aus den Hang hinauf. Bereits von Weitem erkennen wir die Minarette der Moscheen. Zwei stechen mir ad hoc ins Auge. Ich bin überrascht. In einer Kleinstadt wie dieser hätte ich nur ein Gotteshaus erwartet. Doch die Religion spielt hier scheinbar eine noch herausragendere Rolle als im übrigen Griechenland. Gerüchteweise soll zudem die Türkei Moscheen und Prediger massiv mit Geld unterstützen, um so die muslimischen Pomaken zu türkisieren. Die türkische Staatsreligion soll auch in den Pomakochória durchgesetzt werden. Die ethnische Eigenständigkeit der Pomaken wird dies sicher nicht befördern, zumal auch die griechischen Offiziellen scheinbar nur geringes Interesse zeigen, diese Minderheit entsprechend zu unterstützen. Schulen mit Pomakisch-Unterricht gibt es beispielsweise nicht. Unterrichtet wird auf Griechisch, Türkisch und Arabisch, nicht aber in der Sprache der Pomaken, obwohl nur sie in den abgelegenen Dörfern leben. Hinzu kommt, dass viele Lehrer aus der Türkei kommen und so den Unterricht entsprechend mit beeinflussen können.

An der Brücke am Ortseingang wartet gerade eine Gruppe pomakischer Schüler auf den Schulbus. Ob ihnen Pomakisch im Lehrplan fehlt? Das Minderheitenproblem ist jedenfalls nicht zu leugnen. Die griechische Regierung wird immer wieder ermahnt, sich stärker um die Minderheitenrechte zu kümmern. Andererseits begleitet auch viel Propaganda die Diskussion. So findet sich auf der Internetseite des türkischen Außenministeriums ein Text über »Die türkische Minderheit in Westthrakien«[7], in dem es unter anderem heißt, dass »auch Staatsangehörige von EU-Ländern, die diese Region besuchen wollen, bei den örtlichen Sicherheitsbehörden eine Genehmigung beantragen müssen«. Wir sind jedenfalls ohne eine solche hier. Und als ich meinen Begleiter frage, ob es stimme, was in dem Text noch zu lesen ist, lacht er.

Der »türkischen Minderheit in Westthrakien (…) werden keine Bankkredite gewährt« heißt es dort.

»Das sind Lügen«, sagt der Ex-Banker. »Ich habe dreißig Jahre bei der Bank gearbeitet. Natürlich haben sie Kredite bekommen. Nicht nur für ihre Häuser und Wohnungen, für alles.«

Minderheiten als Spielball der Politik?

Echínos ist keine pittoreske Stadt. Und die Übersetzung des Ortsnamens verwundert: »Seeigel«. Seltsam für ein Bergdorf. Wie alle Dörfer der Umgebung erhielt auch diese Ortschaft ihren heutigen griechischen Namen erst in den 20er Jahren des 20. Jahrhunderts. Noch heute werden im Alltag oftmals die alten türkischen oder slawischen Ortsbezeichnungen verwendet. Für Echínos erscheint mir der türkische Name »Şahin« *passender als der heutige:* »*Der Falke*«.

Wir durchfahren die wenig sehenswerte Hauptstraße in Flussnähe. Kleine Krämerladen, Gemüsegeschäfte und Werkstätten. Ein Stopp erscheint uns entbehrlich. Wir nehmen die Straße in östlicher Richtung und erreichen nach etwa zehn Kilometern Sátres. Ein kleines Dorf mit einer winzigen Platía auf der ein großer, schattenspendender Baum zum Verweilen einlädt. Das Dorfkafeneíon hat hier vier Metalltische und Plastikstühle aufgestellt. Neben dem Kafeneíon kümmert sich Recep mit seinem Fast-Food-Grillimbiss um das leibliche Wohl der vermutlich nur wenige hundert Einwohner zählenden Ortschaft. Apóstolos deutet auf das Schild über dem Eingang des Grillimbiss. »Taka Taka Mam (– Schnell-schnell Mampf)!« Wir grinsen respektvoll und setzen uns an einen der leeren Tische. Außer uns ist kein Gast hier. Früher kannte der Ex-Banker viele Pomaken, die hier lebten. Seine Kunden. Doch inzwischen sind alle entweder verstorben oder aber in die Städte weggezogen. Die Landflucht hat die Einwohnerzahl der Pomakochória in den letzten Jahrzehnten deutlich reduziert. Mit einer Ausnahme: In *Echínos* blieb die Einwohnerzahl konstant.

Apóstolos bestellt Mokka und beginnt ein Gespräch mit dem freundlichen Wirt. Ich schaue mich währenddessen kurz um. Wenige Meter vom Kafeneíon entfernt überspannt eine uralte Steinbogenbrücke den Fluss, an dessen Ufern Sátres liegt. Von der Mitte der Brücke aus blicke ich ins Flusstal. Eine Kuh schlendert frei vorbei und grast die Uferböschung ab. Auf der anderen Seite tut eine Ziegenherde es ihr nach. Von hier aus sehe ich auch auf eine moderne Brückenkonstruktion. Ein Neubau, der scheinbar nicht fertig gestellt wurde, denn die Zuwege sind abgesperrt. So, als würde auch nie mehr weitergebaut werden. Auch hier harrt noch das alte Schild aus, das den Betrag der EU-Fördermittel für den Brückenbau angibt. Auf der alten Brücke stehend mache ich einige Fotos von der Landschaft und den wenigen Häusern, als ich plötzlich überrascht feststelle, dass ein Armeefahrzeug jetzt neben unserem Jeep parkt. Als ich zur Platía zurückkehre, sehe ich Apóstolos mit zwei griechischen Mokkatässchen vor sich. In direkter Nähe zu ihm und unserem Kaffee sitzt am Nachbartisch die uniformierte Besatzung des Armeejeeps. Unwillkürlich muss ich an das denken, was der Angelladenbesitzer gestern Abend über die Geheimpolizei erzählt hat, die die Pomakendörfer und unerwartete Besucher observieren würde. Zufall, oder haben wir tatsächlich das Interesse der Armee geweckt? Als wir gehen, beäugt man uns zwar, jedoch werden wir nicht verfolgt. Zumindest bemerken wir nichts dergleichen.

Wenig später am Ortsausgang von Sátres halten wir am Rande eines Tabakfeldes. Frauen mit bunten Kopftüchern stehen gebückt über den Tabakpflanzen und arbeiten, teils mit den Händen, teils mit Handgeräten im Acker. »Siehst du, die Frauen packen hier kräftig mit an. Die Arbeit auf den Tabakfeldern ist hart«, sagt Apóstolos. Der Tabakanbau ist ein Knochenjob. Schon in der Frühe gehen die Bauern hinaus auf die Felder, um die Tabakblätter zu ernten, wenn sie vom Morgentau noch geschmeidig sind. Später werden die Blätter dann zum Trocknen aufgehängt. Wenn sie getrocknet sind, werden sie zu Packen verschnürt und zum Verkauf angeboten.

Im Jahr 2000 entfielen noch 75 Prozent der gesamten Tabakproduktion innerhalb der Europäischen Union auf Griechenland. Gefolgt von Italien waren die Hellenen unangefochtene Spitzenreiter beim Tabakanbau. Insgesamt produzierten nur 1,3 Prozent aller landwirtschaftlichen Betriebe der EU Tabak. Und diese Betriebe waren Kleinbetriebe mit einer durchschnittlichen Anbaufläche von nur 1,6 Hektar. 64 Prozent der Tabak anbauenden Betriebe befanden sich damals noch in

Griechenland, wobei die dortigen Betriebe eine weitere Besonderheit hatten: Sie waren selbst im Vergleich zu den übrigen europäischen Kleinbetrieben äußerst klein und ihre Rentabilität war bereits die niedrigste im Vergleich aller Agrarbetriebe, und auch im Vergleich mit den Tabak anbauenden Betrieben der übrigen EU-Länder. Dennoch brachte es Griechenland zu Beginn des Jahrtausends auf eine Tabak-Jahresproduktion von über 130.000 Tonnen.[8] Nicht erst mit der EU-Erweiterung hat sich das Bild gewandelt. Bereits von 1993 bis 2001 war ein Rückgang der Tabakanbaufläche in Griechenland um fast 18.000 Hektar zu verzeichnen gewesen. Im Jahr 2005 betrug die Anbaufläche in Griechenland zwar noch knapp 49.000 Hektar, 2010 waren es aber bereits nur noch gut 15.500 Hektar. Ein gigantischer flächenmäßiger Rückgang, der sich auch prozentual deutlich niedergeschlagen hat. In der erweiterten EU ist Bulgarien, das 2007 EU-Mitglied wurde, zum Spitzenreiter der Tabakbauern aufgestiegen. Im Jahr 2010 betrug Bulgariens Anteil an der Tabakanbaufläche der EU 36 Prozent. Griechenland rangierte mit 11 Prozent nur noch auf Platz vier, hinter Italien, die es auf 20 Prozent brachten, und Polen mit 12 Prozent der Anbaufläche. Interessant ist auch der Blick auf die Gesamtproduktion. Mit fast 90.000 Tonnen Rohtabakernte war Italien 2010 Spitzenreiter, gefolgt von Bulgarien mit knapp 84.000 Tonnen. Selbst Spanien mit fast 36.000 Tonnen und Polen mit gut 31.000 Tonnen konnten Griechenland deutlich hinter sich lassen. Die griechische Produktion betrug nur noch etwas über 21.000 Tonnen.[9]

Wir schauen den fleißigen Tabakbauern bei ihrer Arbeit zu. »Basmas bauen sie hier an.« Und der Ex-Banker erklärt mir, dass es sich dabei um eine spezielle Tabaksorte handelt. Ein süßlich-aromatischer Orienttabak, der in der Vergangenheit zu besonders teuren Zigaretten verarbeitet wurde. Heute wird der Tabak nur noch als Bestandteil von American Blend-Zigaretten genutzt. Die große Zeit der pomakischen Tabaktradition scheint zu Ende zu gehen und ein Strukturwandel ist nicht in Sicht.

»So, jetzt zeig ich dir zur Entspannung noch die heißen Quellen von Thérmes«, sagt Apóstolos und wir steigen in den Jeep.

Zunächst geht es zurück. Wir durchfahren wieder Echínos und folgen der schmalen Straße von dort aus in Richtung der Grenze. Während der Fahrt erzählt mein Begleiter, dass er Anfang der 90er Jahre mal ins damals noch komplett abgeriegelte Sperrgebiet gefahren ist. »Ich hab mir eine Sondergenehmigung von der Polizei geholt«, sagt er. »Ich habe darauf bestanden, dass sie mir eine ausstellen.« Er verblüfft mich. Ja, sie wollten ihn nicht ins Sperrgebiet hineinlassen, aber er sei doch wohl auch Einheimischer. Oder? Und so hat ihm die Polizei schließlich doch eine Zugangsberechtigung erteilt. Er grinst, während er den Jeep durchs heute frei zugängliche Pomakengebiet lenkt.

Kurz vor Bulgarien erreichen wir die Ortschaft Thérmes. Ausgestorben wirkt es hier. Keine Menschen sind zu sehen, stattdessen triste, karge Wohnhäuser. Thérmes liegt auf einer kleinen Anhöhe. Wir folgen dem Straßenverlauf einen Hügel hinab. Die Straße führt nach Káto Thérmes (–Unteres Thérmes). Nach eineinhalb Kilometern biegen wir in einen matschigen Trampelpfad ab, der durch eine saftig-grüne, hügelige Wiesenlandschaft führt. An einer scheinbar halbfertig gemauerten Viehtränke parken wir den Jeep und steigen aus. Die gemauerte Umrandung beinhaltet jedoch ein kleines Wasserbecken, eine Art einfachstes offenes Schwimmbad, das von den Heilquellen gespeist wird. Vor unseren Füßen mäandert ein winziges Rinnsal. An einer steinigen Stelle blubbert heißes Thermalwasser aus dem Boden. Wir sind an den Heilquellen von Thérmes angekommen. Wenige Meter neben dem »Schwimmbad« befindet sich eine flache Vertiefung in der Wiese. Ein natürliches, winziges Badebecken in der Größe einer kleinen Wanne. Das Felsgestein, aus dem das Wasser gluckert, ist mit giftgrünen Algen bedeckt. Kristallklar läuft das Wasser über den Rand des Beckens hinaus einen kleinen Abhang hinunter. Für ein Bad unter diesem »Wasserfall« reicht es nicht. Zu spärlich fließt die Heilquelle. Stattdessen sitzt Apóstolos bereits barfuß auf einem Findling am Rande des Naturbeckens.

»Pass auf!«, sagt er. »Das Wasser ist sehr warm. Bis zu 53 Grad Celsius kann es sein. Aber es ist heilsam und gut für den Kreislauf.« Man sagt, es helfe bei Gastroenteritis ebenso, wie bei Nierensteinen und Stoffwechselerkrankungen. Der Rentner taucht seine Füße ein. Sie röten sich wie zwei Hummer im Kochtopf. Nach zwanzig Sekunden zieht er sie wieder raus. Fast gar. Nur nicht zu lang am Stück baden! Ich tu es ihm nach.

»Ach, herrlich!«, sagt er. »Ich komme öfter hierher. Ich habe Probleme mit meinem einen Bein und wenn ich hier so ungefähr fünfzehn Minuten bade, sind die Schmerzen weg.«

Wenig später treten wir den Rückweg an. Die Füße halbwegs trocken in jetzt leicht feuchten Socken, erblicken wir neben dem Jeep einen Maulesel. Ein uralter

Holzsattel liegt wenige Schritte entfernt im hohen Gras eines Feldrandes. Eine Pomakin arbeitet gebückt auf dem winzigen Acker, der keine hundert Meter lang ist. Ein hagerer Mittvierziger in zerfransten Jeans und mit sonnengegerbtem Gesicht mit Schnurrbart kommt dazu, um den Maulesel zu satteln. Apóstolos spricht ihn an. Ja, ein harter Job sei das hier. Nein, der Ertrag reiche eigentlich nicht zum Überleben. Nein, einen Traktor wolle er sich nicht zulegen, schließlich hätten sie immer schon so gearbeitet. Er steht lässig, eine Hand in die Hüfte gestützt, die andere mit einer filterlosen Zigarette bestückt, entspannt auf seinem Feld und blickt zu seiner Frau, die mit einer Hacke den fruchtbaren Boden pflügt. Er könne doch die Quellen nutzen, um damit die Pflanzen zu wässern, schlägt der Ex-Banker dem Bauern vor. Dieser blickt uns fragend an. Eine Bewässerung würde ihm das Gießen von Hand ersparen, erklärt Apóstolos ihm. Doch der Bauer winkt ab, so als wolle er sagen: Lasst mich mit diesem neumodischen Kram in Ruhe. Dann entschuldigt er sich. Sie müssten jetzt den Heimweg antreten. Er wuchtet den Sattel auf das Maultier und ich wundere mich, dass das uralte Museumsstück eines Sitzes das aushält. Dann ziehen Frau und Herr Tabakbauer von dannen. Apóstolos schlägt vor, dass wir jetzt in Thérmes etwas essen. Er habe da eine Taverne gesehen.

»Du hast doch sicher auch Hunger bekommen«, sagt er, und ich nicke.

Auf der Terrasse der Taverne »O Kalemtsis« sind wir die einzigen Gäste. Der junge und freundliche Besitzer Kemal präsentiert stolz sein noch recht neues Lokal. Es liegt direkt gegenüber dem staatlichen medizinischen Zentrum mit kleinem Kurhaus. Kemal hatte die Idee, seine Taverne hier zu eröffnen und jetzt hofft er auf den einen oder anderen Touristen. Sogar einen Swimmingpool hat er im Garten gebaut, der, wie das Kurhaus auch, mit Wasser aus den Heilquellen gespeist wird. Ringsherum laden einige Fremdenzimmer, die er zusätzlich vermietet, zum Urlaub ein. Während mein Begleiter bei Kemal bestellt, gehe ich zum Kurhaus auf der gegenüberliegenden Straßenseite. Ein unscheinbares, beigefarbenes Gebäude von dem der Putz abblättert. Ein kleines Schild hängt an der Wand neben der Eingangstür, aus der gerade eine ältere Dame heraustritt und abschließt. Ob das eine offizielle Badeeinrichtung sei, frage ich sie. »Jetzt nicht mehr, wir haben Krise«, sagt sie. Die Regierung habe die Einrichtung vor Kurzem aus Kostengründen schließen müssen, erzählt mir die etwa Fünfzigjährige. Sie betrachtet erst die Schlüssel in ihrer Hand und blickt dann abwesend über das leerstehende und modernisierungsbedürftige Areal. Nicht nur die Zukunft der Tabakbauern sieht trübe aus. Nur Kemal schöpft noch Hoffnung. Apóstolos hat sich gerade die Zimmer zeigen lassen und will im Sommer ein, zwei Wochen hierherkommen, um einen entspannten Urlaub zu verbringen. Die Preise sind ausgesprochen günstig, die wildromantische Lage in den Bergen fasziniert den passionierten Jäger und das trostlose Äußere des Ortes stört ihn nicht weiter. Vollends überzeugt ist er schließlich, als Kemal uns das Essen serviert und ich überlege, ob ich nicht auch hier meinen Sommerurlaub verbringen sollte. In bester griechischer Manier wandern Bauernsalat, frisches Weißbrot, Oliven und Fetakäse auf den Tisch, ehe der Hauptgang gebracht wird: ein erstklassiges Zicklein aus dem Backofen mit Kartoffeln.

Satt und gut erholt machen wir uns wenig später auf den Rückweg. Ich genieße jede Sekunde der Fahrt. Vorbei an wilden Schluchten, dichtgrünen Wäldern, rauschenden Gebirgsbächen und saftigen Wiesen. Immer wieder begegnen uns Kühe, die alleine frei durch Flussläufe streifen, und Ziegen, die auf den Uferwiesen grasen. Wilde Hunde streunen durch die Wildnis, die nur durch wenige Straßen, dafür aber durch umso mehr EU-Förderprojektschilder gestört wird. Nur selten begegnen uns Menschen in dieser Idylle. Einsame pomakische Bauern auf Pferdekarren oder Eseln, die ihre Ernte einfahren.

»Tha xanártho síntoma!« heißt auf Griechisch »Ich werde bald wiederkommen!«

Als ich mich an diesem Abend von dem überaus sympathischen Hobbyangler, Jagdfreund, Ex-Banker und Rentner Apóstolos verabschiede, verspreche ich auch ihm, bald wiederzukommen. Seine besondere Gastfreundschaft hat mir außerordentlich gut gefallen, besonders, als er mir zum Abschied mehrere Flaschen Tsípouro in die Hand drückt. Die habe sein Freund Mustafa gebrannt. Ein türkischer Tsípouro aus der Gegend der Pomaken. Danke, Multikulti-Apóstolos!

Die wenige Zeit, die mir heute noch bleibt, reicht zum Glück für eine kurze Kaffeepause in Xánthi. Hier treffe ich Emine, die ich bislang nur vom Telefon kannte. Emine ist Pomakin. Auf der Platía setzen wir uns in eines der vielen Cafés. Die Innenstadt rund um den Platz ist bunt, wirkt orientalisch angehaucht und multikulturell. Hier leben nicht nur »echte« Griechen und viele Türken, sondern auch Pomaken, die es in ihren Dörfern nicht mehr ausgehalten haben. Bei Frappé und

Freddo erzähle ich Emine von meinem Ausflug in die Pomakochória, und sie schildert mir aus ihrem Leben.

Die 30-jährige, blonde Pomakin ist, wie so viele andere, aus dem Dorf in die Stadt gezogen.

»Ich bin in Dimarion geboren«, sagt Emine, und ich sehe an ihrem Blick, was es für sie bedeutet. Dimarion liegt am äußersten nordwestlichen Rand des Siedlungsgebiets der Pomaken. Der Grenzposten zu Bulgarien ist nur noch einen Steinwurf entfernt. Eine Zukunft sieht die Jugend hier nicht.

»Meine Kindheit war einfach wundervoll«, sagt Emine und blickt gedankenverloren über den belebten Platz von Xánthi, so als wolle sie sagen: Aber wir bleiben nicht ewig Kinder. Ihre Verwandten leben wie alle Pomaken in den Dörfern, von der Landwirtschaft und der Viehzucht.

»Meine Eltern bauen Tabak an und halten Schafe und Kühe«, erzählt Emine weiter. Ein Kindheitstraum, auf dem Land aufzuwachsen, doch die Nachteile liegen auf der Hand. Emine hat nicht einmal Griechisch gelernt.

»Wir sprechen alle Pomakisch untereinander. Die Kinder lernen es von den Eltern. Pomakischunterricht an den Schulen gibt es nicht. Und Griechisch habe ich erst 2006 richtig gelernt.« Und als ich Emine frage, wie es dazu kam, erzählt sie weiter: »Kurz vor meinem vierzehnten Geburtstag habe ich geheiratet.« Sie sieht mich ernst an.

Fast verschlucke ich mich am Frappé. »Mit dreizehn?«, frage ich.

»Ja, zwei Monate später bin ich vierzehn geworden«, erwidert sie. Es sei schon so etwas gewesen, was wir Zwangsheirat nennen würden, aber sie hatte Glück. Sie liebt ihren Mann und er liebt sie. Beide wollten weg aus dem Dorf. Ausbrechen aus dem alltäglichen Zwang. »Noch am Tag, an dem wir geheiratet haben, bin ich nach Xánthi gezogen«, sagt Emine stolz. Hier lebt sie nun mit ihren zwei Kindern und erst hier hat sie angefangen, Griechisch zu lernen. Außerdem besucht sie seit 2008 das Gymnasium. Sie will einen Abschluss machen, vielleicht noch studieren.

»Bislang bin ich nur Hausfrau und Mutter gewesen«, sagt sie. Und zwar de facto alleinerziehend. Ihr Mann hat in Hamburg einen Job gefunden und schickt ihnen Geld. Geld, das sie angesichts der Krise sehr gut gebrauchen können. Es gibt schon für gut Studierte fast keine Jobs in Griechenland, die Jugendarbeitslosigkeit liegt bei etwa fünfzig Prozent. Schlechte Aussichten also für eine Pomakin, die noch die Schulbank drückt. Doch Emine nimmt ihr Schicksal in die Hand. Nächstes Jahr will sie die Schule beenden.

Sie seien nach Xánthi gegangen, um ein neues Leben zu beginnen. Als ich frage, wie denn das Alltagsleben der Pomaken in den Dörfern aussehe, antwortet sie: »Die Frauen machen morgens den Kaffee, dann geht es auf die Felder zum Tabak. Anschließend häkeln und stricken sie.« Ja, die Frauen arbeiten hart, kümmern sich um den Haushalt und helfen auf den Feldern. Das alles, um das Überleben zu sichern. Das Dorfleben ist heute vielleicht sogar härter als früher, als der Tabak noch gute Preise erzielte.

»Und wie ist euer Verhältnis zu den Türken?«, frage ich.

»Gut. Wir reden miteinander, wir haben keine Probleme. Nur gemischte Hochzeiten gibt es nicht.«

Ich muss los. Dankbar für den Einblick in das pomakische Leben, verabschiede ich mich von Emine, die mich einlädt, einmal ein paar Tage in ihrem Dorf zu verbringen.

»Se miya drago pak da doydam«, sage ich zu Emine. Sie hat mir beigebracht, was »Ich freue mich sehr, wieder herzukommen« auf Pomakisch heißt. Und, ich solle nicht vergessen:

»Wir sind Pomaken und keine Türken!«

Ein traditionelles Gericht in Griechenland ist die Pita, ein Blätterteigauflauf, der meist mit Schafskäse oder Spinat zubereitet wird. Bei den Pomaken ist eine Variante mit Reis sehr beliebt:

Klin-Pita
Πίτα Κλιν

Zutaten:

1 Packung Blätterteig (12 Teigblätter), 1 Tasse zerlassene Butter, 5 Eier, 300 g zerbröckelter Schafskäse, 300 g Quark, 2 Tassen gekochter Reis, 1 Prise Salz

Zubereitung:

Reis, Schafskäse, Quark, Eier und Salz in einer Schüssel mischen. Eine flache Auflaufform mit Butter ausstreichen und den Boden mit 3 Teigblättern auslegen. Die Teigränder sollen über die Form überlappen; sie werden später über die Füllung geschlagen. Die einzelnen Teigblätter immer mit Butter bepinseln. Einige Esslöffel der Reismasse über die Teigblätter verteilen und so lange fortfahren, bis alle Teigblätter und die Reismasse aufgebraucht sind. Bevor die Oberfläche der Auflaufform mit den letzten 3 Teigblättern zugedeckt wird, die überlappenden Teigränder darüber schlagen. Die Butter über die Oberfläche verteilen und mit einem scharfen Messer die Reis-Pita in Portionen schneiden. Dabei darauf achten, dass das Messer nicht bis zum Boden der Auflaufform durchdringt. Dies dient dazu, dass die Hitze beim Backen durch die Schnittflächen ausdringen kann. Die Auflaufform auf die mittlere Schiene des vorgeheizten Ofens stellen und bei 180 Grad Celsius für ca. 45 Min ausbacken, bis die Oberfläche eine gold-braune Farbe annimmt. Aus dem Backofen herausnehmen und die Reis-Pita etwa eine halbe Stunde ruhen lassen. Erst dann mit einem Messer durch die vorgeschnittenen Schnittflächen bis zum Boden der Auflaufform eindringen, um die Pita in Stücke zu schneiden.

Tipp:

Servieren Sie die noch warme, aber nicht zu heiße Reis-Pita mit einem gemischten Wild-Blattsalat, eingelegten getrockneten Tomaten und Oliven. Als Getränk passt hervorragend gekühlter Ayran dazu.

7

CABRIO, KOBOLD, KORFU-KRIMI
Argentinisch-deutsche Wahlheimat im Ionischen Meer

Eine der schönsten und spannendsten Inseln Griechenlands liegt im Ionischen Meer, im Nordwesten Griechenlands, nahe der albanischen Küste. Kérkyra, auf Deutsch Korfu genannt, ist angeblich die griechische Insel mit den meisten Olivenbäumen.

Es ist Ende Mai.[10] Die ohnehin grüne Insel scheint allerorten um das saftigste Grün zu wetteifern. Von grasgrün bis olivgrün. Grün, die Farbe der Hoffnung, passt gut zu meinem Anliegen, mehr über Roberto Bardéz in Erfahrung zu bringen. Ich habe mich mit dem Schriftsteller der erfolgreichen Korfu-Krimis zum Spaziergang verabredet. Ich hatte seine Bücher in den trüben deutschen Wintermonaten fasziniert gelesen. Spannende, perfekt inszenierte Kriminalgeschichten mit erfreulich authentischen Griechenlandbildern. Ich wollte den Autor und Ich-Erzähler persönlich kennenlernen, um zu sehen, woher er sein offenbar gutes Wissen über die griechische Lebensweise hat. Die Reihe um den deutschen Ex-Kommissar »Harko« ist nicht nur für Krimifreunde ein Genuss, sie bietet auch realistische Eindrücke in das Alltagsleben der Korfioten. Viele der Orte und Personen der Handlung gibt es tatsächlich. Also auf zu einem »kriminalistischen« Spaziergang mit Roberto Bardéz durch die Dörfer und Landschaften seiner Krimireihe. Ich möchte wissen, warum es immer wieder Autoren zum Schreiben und Leben nach Griechenland zieht.

Ich wusste bisher, dass der Argentinier Roberto Bardéz sowohl Autor als auch Figur zugleich ist. Der Ich-Erzähler Roberto berichtet in einer erfrischenden Sprache über sich selbst. Gemeinsam mit seinem Freund und Partner Hartmut Kolbe, genannt »Harko«, löst er schwierige Kriminalfälle. Zusammen mit dem örtlichen Reviervorsteher, einem lokalen Bauunternehmer und vielen anderen erleben sie in einem kleinen Dorf namens Afiónas spannende Abenteuer. Das griechische Alltagsleben kommt dabei nicht zu kurz.

Also mache ich mich auf den Weg nach Agios Geórgios. In dem kleinen Badeort im Nordwesten Korfus habe ich mich bei Dinos eingemietet. Seine Taverne liegt direkt am feinen Sandstrand unterhalb des Kaps, auf dem die kleine Stadt Afiónas liegt. Ich sitze auf der Terrasse mit Meerblick und genieße die warme Vormittagssonne. Die sanfte Dünung lässt mich an die Krimi-Leiche aus Band 1 der Korfu-Krimis denken. Irgendwo hier wurde sie angespült. Mitten in diese Gedanken fährt, Staub aufwirbelnd, ein altes Cabrio vor und hält neben der Terrasse. Der stämmige Fahrer steigt aus und kommt winkend auf mich zu. Das alte Auto erhebt sich erleichtert. Nun lerne ich ihn also persönlich kennen: Roberto Bardéz. Aber wer ist dieser deutlich übergewichtige und sympathisch aussehende Mann mit Bart, dem ich nie zuvor persönlich begegnet bin? Beim Lesen der Krimis hatte ich ihn mir noch als sportlich-umtriebigen, jungen Mann vorgestellt. Hat mich meine Vorstellungskraft tatsächlich so getäuscht?

Freundlich begrüßen wir uns, und Tavernenwirt Dinos bringt uns erst einmal zwei duftende, griechische Kaffees. Ich erinnere mich, dass auch Roberto und Harko in den Krimibüchern oft diese kleinen, starken »Ellinikó« trinken. Mit einem dieser beiden Kaffeeliebhaber sitze ich nun entspannt in der Morgensonne.

Inzwischen lebt der Argentinier seit fast zehn Jahren auf Korfu. Er liebt die Insel, ihre Bewohner und deren Eigenarten. Als recherchierender Kriminalbuchautor hat er fast die ganze Gegend erkundet und die Einheimischen kennengelernt.

»In meinen Büchern vermischt sich Realität mit Fiktion«, sagt Roberto. Das ist ihm wichtig. So gelingt es Roberto, den manchmal obskur wirkenden Alltag der Korfioten realistisch darzustellen. Auch sein eigener Alltag ist durchaus spannend. Eine Leiche wurde hier in Agios Geórgios tatsächlich einst angeschwemmt. Aus diesem Erlebnis entwickelte Roberto den Krimi. Und so flexibel, wie aus der echten eine Krimileiche wurde, so unterschiedlich ist auch er. Der Krimiautor schreibt unter einem Pseudonym!

Aus dem deutschen Robert Bäurle wurde der Argentinier Roberto Bardéz. Robert erzählt mir, dass er immer schon den Eindruck hatte, sein Nachname sei kaum dafür geeignet, als Autor erfolgreich Bücher zu verkaufen.

»Spanisch gefällt mir, aber ein Spanier als Figur erschien mir zu plump. Da jeder zweite Afionite mit Nachnamen Bardis heißt, war naheliegend, dass aus Robert Bäurle der Argentinier Roberto Bardéz werden würde.«

Mit dem Wahlkorfioten Robert und der Romanfigur mache ich mich also auf den Weg, die »kriminelle«

Welt um Afiónas zu erkunden. Mit dem durchtrainierten Argentinier Roberto zu Fuß, mit dem schwergewichtigen deutschen Robert in dessen Auto.

»In meinen Büchern vermischt sich Realität mit Fiktion«, wiederholt Robert. Dann lachen wir und Robert startet den Motor. Sein ansteckendes, sympathisches Lachen hallt durch die Agios Geórgios Bucht und sein Bauch bebt dazu im Takt.

Ich spaziere mit Roberto alias Robert an der Strandpromenade entlang. Nach einigen hundert Metern zeigt Roberto an einer Ecke auf ein Café.

»Hier sitze ich oft stundenlang und feile an neuen Buchideen.« Nur wenige hundert Meter weiter kommen wir an einer Goldschmiedewerkstatt vorbei, deren Inhaber auch in den Korfu-Krimis mit von der Partie ist. Ich fühle mich, als würde ich mit Harko und dem Reviervorsteher Katsatopoulos auf Verbrecherjagd gehen. So viel Bekanntes entdecken wir auf unserem Marsch, der jetzt, außerhalb der Agios Geórgios Bucht, immer anstrengender wird. Die Straße schlängelt sich serpentinenartig an der Südseite der Bucht den Berg hinauf. Auf unserer kleinen Wanderung passieren wir uralte Olivenbäume, von denen Roberto schwärmt. Die korfiotischen Oliven hätten einen ganz besonders würzigen Geschmack, berichtet er. Dem »echten« Robert hingegen sind sie relativ egal, obwohl auch in seinem Garten viele alte Olivenbäume stehen. Er macht sich nichts aus der gesunden, griechischen Nationalfrucht.

Nach langem Marsch vorbei an schattenspendenden, knorrig-alten Olivenbäumen, erreichen wir genau die Stelle, von der aus das Foto für das Titelbild des ersten Korfu-Krimis aufgenommen wurde. Der Ausblick über die gesamte Agios Geórgios Bucht lässt die Strapazen der langen Wanderung vergessen.

Robert blickt durchgeschwitzt und schwer atmend, aber dennoch überglücklich auf seine Wahlheimat. Die unzähligen, wie aus Hochglanzbroschüren der Werbewirtschaft anmutenden Ausblicke auf tiefblaue Meeresbuchten und malerische Olivenhaine sind es wohl, die so viele Ausländer dazu treiben, sich auf Korfu niederzulassen oder zumindest ein Ferienhaus hier zu erwerben. Rund 45.000 Deutsche leben in Griechenland. Und einer von ihnen ist »Roberto Bardéz«. Ich frage Robert, was ihn eigentlich in die Abgelegenheit der korfiotischen Provinz getrieben hat.

»Warum bin ich nach Korfu gezogen? In meinem Garten sollen Palmen wachsen, mich zog's ans Mittelmeer und nach einem Urlaub auf Korfu 1998 tat es weh, mit der Fähre aus dem Hafen auszulaufen. Ich komme wieder, sagte ich mir. Und ich kam wieder.« Robert blinzelt verliebt in die Sonne.

Der Wahlkorfiote schlägt vor, auch der nördlichen Küste Afiónas einen Besuch abzustatten. Mit seinem Cabrio machen wir uns auf zur Agios Stéfanos Bucht. Unterwegs müssen wir tanken und so machen wir einen Abstecher zur Tankstelle von Aríllas. Während der Fahrt reden wir über Roberts Wahlheimat. Ich möchte wissen, welche Rolle die griechische Mentalität in seinen Krimis spielt und wie Roberto seine griechischen Züge angenommen hat.

»Das Wichtigste ist, einfach zu beobachten. Die Augen aufhalten und das Beobachtete festhalten«, sagt Robert und lenkt den Wagen an die Zapfsäule. Während wir auf den in Griechenland obligatorischen Tankwart warten, werden wir zufällig Zeuge eines echten griechischen Schauspiels: Neben uns steht eine verzweifelt dreinschauende Engländerin, die dem gelassenen Tankwart aufgeregt den Platten am Vorderrad ihres Geländewagens zeigt. Dieser setzt in aller Ruhe einen Pressluftschlauch auf das Ventil und füllt den Reifen in Sekundenschnelle prallvoll. Wir sehen uns schmunzelnd an und sind uns sofort einig: Das ist die typische Art der griechischen Reparatur. Ein Provisorium, das vorerst genügen sollte. Und genau so ist es. Die Engländerin tritt kurz darauf, noch sichtlich verdutzt, ob der von ihr anders erwarteten Reparatur, ihre weitere Fahrt an.

Noch während wir über das Erlebte lachen, haben auch wir einen Schlauch im Auto. Den anderen, den großen. Zügig gurgelt das Benzin in den Tank und dann fahren wir weiter. Auf der Dorfstraße von Aríllas winkt uns ein junger Mann zu. Er kennt Robert und gibt sich alsbald als großer Fan des alten Cabrios zu erkennen: »Robert, ich bin so neidisch. Ich hätte auch gern deinen Wagen!«, ruft er uns aufgeregt zu. Einem unerfahrenen Griechenlandbesucher hätte diese Interessensbekundung sicherlich fragende Runzeln auf die Stirn gezeichnet, denn das Cabrio ist gut fünfzehn Jahre alt und dürfte beim nächsten TÜV-Besuch eine längere Mängelliste präsentiert bekommen. Doch in Griechenland zählen andere Werte. Beulen im Kotflügel sind normal, ein Autorencabrio hingegen eine Rarität. Von jetzt an fährt es sich feudaler. Zumindest imaginär sitzen wir nach diesem Erlebnis in einer königlichen Sänfte. Sie kutschiert uns nun in den alten Hafen von Ágios Stéfanos. Von hier aus geht es zu Fuß weiter. In der langgezogenen Bucht kann man mehrere Kilometer weit ins flache Wasser hinauswaten.

Eine wunderbare und für lange Strandtage einladende Bucht, deren Sandstrand sich ganz seicht ins warme Meer erstreckt. Auch diese Bucht war bereits Schauplatz in den Korfu-Krimis.

Roberto zitiert sich jetzt selbst aus einer Krimiszene. Während er mit einem Deutschen am Strand von Ágios Stéfanos badet, sagt er zu diesem: *»Wenn du nur ein paar Tage im Urlaub hier bist, glaubst du, die Menschen auf Korfu hätten keine Probleme. Was natürlich nicht stimmt. Die kämpfen genauso ums Überleben wie andere auch und manchmal glaube ich, sie kämpfen sogar härter. Denn objektiv gesehen gibt es hier auf der Insel nicht viele Möglichkeiten. Tourismus im Sommer, Oliven im Winter, doch es gibt keine Industrie, keine Fabriken, keine Jobs. Die Menschen hier haben andere Probleme, als du sie wahrscheinlich kennst. Doch das, was du beobachtet hast, stimmt schon: Man legt hier wenig Wert auf Statussymbole. Ein Auto ist ein Gebrauchsgegenstand und wird so lange gefahren, wie es geht, dann wird ein anderes gekauft.«*

Hier auf Korfu, in der Abgeschiedenheit von Afiónas, ist das griechische Denken noch unverfälscht und man sieht noch viele alte Autos. Rostig, verbeult, gebraucht. Doch das ist nicht mehr überall in Griechenland so. Gerade bei jungen Leuten und in gewissen Kreisen, insbesondere natürlich in Athen und auf den Schickimicki-Inseln, sind schnelle, teure Autos heute hoch begehrt und angesagt.

Roberto verrät mir unterdessen, wo er in schriftstellerischen Schaffenspausen gerne seinen Kaffee trinkt. An der Strandpromenade von Aríllas reihen sich Cafés, Restaurants und Imbissbuden an den cappuccinoschaumfarbenen Sandstrand. Der Ort bereitet sich auf den sommerlichen, touristisch geprägten Alltag vor. Jetzt im Mai sitzen wir gemütlich im Schatten eines noch fast leeren Cafés, trinken Frappé und erholen unsere Beine von den Spaziergängen des Vormittags. Wir beobachten das bereits muntere, aber keineswegs überfüllte Treiben am Strand und lassen unsere Blicke auf die westlichste Spitze Korfus schweifen.

Das Kap Kefáli liegt direkt am Ende der Bucht von Aríllas und trennt diese von der Agios Stéfanos Bucht. Ich stelle mir vor, wie Harko und Roberto hier in dieser scheinbaren Idylle immer wieder auf Verbrecherjagd gehen. Mir scheint, dass Roberto doch einiges an Fiktion einbauen muss, damit die Gegend in seinen Büchern so kriminell wird. In Realität gleicht sie einer perfekten Fotokulisse. Ruhig und beschaulich. Vor dieser erzählt mir Robert von seiner zweiten großen Leidenschaft neben der Schriftstellerei. Obwohl er am neuen Band des Korfu-Krimis schreibt, zieht ihn neuerdings die moderne Form der Fotokunst mehr und mehr in seinen Bann. Manchmal verbringt er Stunden vor dem Computer, um die modernen Möglichkeiten der Bildbearbeitung am PC auszuloten. Er verliert sich in Details, von denen ich kaum etwas verstehe. Es ist offenbar mehr als eine leidenschaftliche Affäre mit Photoshop und Co. Akribisch bastelt der Perfektionist tage- und nächtelang an seinen Ideen. Über diesen Umweg kommen wir auf ein anderes Alltagsproblem zu sprechen. Robert erzählt mir von den Schwierigkeiten, in der Einsamkeit von Afiónas einen Internetanschluss zu bekommen. Es hatte ihn einige Mühen und Überredungskünste gekostet, sein Haus entsprechend ausstatten zu lassen, aber seit kurzem läuft es reibungslos, schnell und sogar kabellos. Mittels W-LAN kann er jetzt auf seiner Terrasse hinterm Haus die warmen Abende Korfus am Computer verbringen. Das und seine Computerkunst will er mir später zeigen, wenn wir unseren jetzt bevorstehenden Ausflug beendet haben und bei ihm zu Hause einkehren werden.

Es geht nach Afiónas. Hier ist Robert seit zehn Jahren zu Hause. Das 400-Seelen-Dorf liegt malerisch auf einem Kap zwischen der Agios Geórgios Bucht und Aríllas. Robert parkt sein Cabrio an der Dorfkirche, mangels anderweitigen Parkraums direkt auf dem Stellplatz des Popen. Er wird sicher nichts dagegen haben, meint Robert. Neben seinem Cabrio steht ein Fahrzeug der Bardìs-Brüder. Von Manousos, dem in den Korfu-Krimis vielzitierten Bauunternehmer, einem der Bardìs-Brüder, ist allerdings nichts zu sehen. Da es inzwischen Mittag ist, liegt der Verdacht nahe, dass er sich in der Taverne »Three Brothers« einen Ellinikó oder einen kleinen Mittagssnack gönnen könnte. Das »Three Brothers« ist seine Lieblingstaverne. Sie liegt nur wenige Meter von der Kirche entfernt an der Dorfstraße und man genießt von hier eine phantastische Aussicht auf die Bucht von Aríllas bis zum Kap Kefáli. Aber Roberto will mir einen noch schöneren Ausblick verschaffen und so begeben wir uns, an der Kirche vorbei, eine schmale Gasse hinauf.

Wir erreichen ein am Hang gelegenes Haus, dessen zwei Ebenen architektonisch so geschickt gebaut sind, dass man einen einzigartigen Blick auf die Bucht hat. Doch die Villa ist offensichtlich noch nicht einzugsfertig.

»Das hier«, sagt Robert, »ist das neue Sommerhaus der Pumuckl-Zeichnerin.« Auch sie verbringt gerne viel Zeit auf Korfu und hat sich hier ein wahrlich zauberhaftes Zweitheim geschaffen. »Kennst du Pumuckl noch?«, fragt Robert.

»Na klar!« Wer vergisst den kleinen Zeichentrickkobold aus dem bayerischen Fernsehen mit der Stimme von Hans Clarin? Auch Pumuckl hätte es hier sicher gut gefallen, obwohl das wertvolle Anwesen keinerlei Ähnlichkeit mit Meister Eders Schreinerei hat. Vom Gedanken an den kleinen Spaßvogel erfreut, klettern wir koboldhaft über einen versteckten Seitenaufgang in den Garten hinauf. Auf der unteren Terrasse legen wir einen kurzen Stopp ein und laben uns an köstlichen, tiefrot-schwarzen Maulbeeren. Hunderttausende von ihnen hängen an einem alten Baum, hunderte liegen bereits unter ihm. Sie sind überreif. Gierig umrunden wir den dicken Stamm und zupfen uns ein paar dieser köstlich süß-saftigen Früchte. Pumuckl hätte seine wahre Freude daran, uns hier zu sehen.

Während wir naschen, erzählt Roberto: »Weißt du eigentlich, dass es drei Arten Maulbeeren gibt? Weiße, rote und schwarze. Doch an der Farbe der Früchte kann man die Sorte nicht unbedingt erkennen. Die schwarzen jedoch sollte man vorsichtig verwenden. Ihre Früchte sind sehr stark schwarz färbend. Schwarze Maulbeeren wurden einmal einem Einbrecher zum Verhängnis, nachdem dieser eine Strandvilla in Agios Geórgios ausgeräumt hatte. Er hatte nicht gemerkt, dass er auf dem Weg zum Einbruch über am Boden liegende Maulbeeren lief. Katsatopoulos hatte es leicht, ihn zu finden. Die schwarzen Fußabdrücke erleichterten die Verfolgung immens.«

Wir lachen über die Trotteligkeit des Ganoven.

Frisch maulbeergestärkt gehen wir nebeneinander die breite Treppe hinauf, zur Terrasse auf der oberen

Ebene. Eine grandiose Aussicht bietet sich uns. Hier oben kann man sicher einen der schönsten Sonnenuntergänge Griechenlands erleben. Wir blicken über die Dächer von Afiónas hinweg auf das spiegelglatte tiefblaue Meer. Ich lasse meinen Blick schweifen. Das »Three Brothers« liegt unter uns, nebenan steht die kleine Kirche im Sonnenlicht und den teilgeplünderten Maulbeerbaum kann ich beinahe mit den Händen erreichen.

»Oh mein Gott!«, rufe ich entsetzt aus. Am liebsten würde ich mich in diesem Moment unsichtbar machen wie Pumuckl. Jetzt bin ich leider zur Sortenbestimmung des Maulbeerbaumes in der Lage.

Die gerade frisch schneeweiß gestrichene, noch nie zuvor betretene obere Terrasse und die zu ihr hinaufführende Treppe sind mit rotschwarzen Fußtapsen übersät. Auch Robert blickt mit großen Augen auf das Malheur. Dann sehen wir uns ratlos gegenseitig an; das kriminalistisch-stümperhafte Duo dieses Spaziergangs. In Windeseile haben wir zwei cleveren Spürnasen jedoch die Täter ausfindig gemacht. Sie befinden sich zu je einem Paar an unseren Füßen. Wie ein auf frischer Tat ertappter Pumuckl nehmen diese vier nun Reißaus. Notgedrungen müssen Robert und ich, die wir in den Schuhen stecken, mitgehen. So in Geiselhaft genommen, geht es bald wieder entspannter weiter auf unserem Spaziergang.

Wir sind wieder mitten in Afiónas. Durch schmale Gassen und enge Wege schlendern wir in Richtung des Ortsendes. Dort am Kap Aríllas befindet sich ein hoch über dem Meeresspiegel gelegenes Ausflugslokal. Die Terrasse bietet einen schwindelerregenden Ausblick auf die Agios Geórgios Bucht. Einer der Kellner empfängt uns armwedelnd. Freudestrahlend begrüßt er Robert und mich. Als wir ihm sagen, dass wir nur ganz kurz vorbeigekommen sind, um ein paar Fotos zu machen, stellt er uns augenzwinkernd eine Bedingung. Wir müssen sie schweren Herzens in Kauf nehmen, wenn wir nicht ohne Bilder zurückkehren wollen: »Fotos dürft ihr hier nur machen, wenn ich euch auf ein Bier einladen darf!«, sagt der Kellner. Er darf. Die Kobolde entspannen sich.

Wenn man im korfiotischen Alltag von Harko und Roberto unterwegs ist, gehört so ein eiskaltes Bier wohl dazu. Und so sitzen wir bei einem erfrischenden, griechischen Mythos-Bier und schauen auf die Agios Geórgios Bucht, wo einst Robertos erste Krimileiche angespült wurde. Währenddessen erzählt uns der Kellner, dass endlich auch hier oben am Kap der Internetzugang über WLAN funktioniere. Robert fragt ihn auf Englisch, ob er denn auch ein Notebook habe, um das WLAN nutzen zu können. Die griechische Antwort ist ebenso verblüffend wie die Tatsache, dass es die griechische Telekom tatsächlich schon im Jahr 2008 geschafft hat, einen Internetanschluss hier oben herzustellen: »Du glaubst, ich brauche ein Buch dafür? Ja, wahrscheinlich hast du Recht, das ist sicher sehr kompliziert«, sagt der Kellner. Wir widersprechen nicht, obwohl ich nicht sicher bin, ob Robert den Kellner richtig verstanden hat. Mir scheint, das könnte ein neuer Fall für Harko und Roberto werden.

Ich bin überrascht. Robert wohnt zwar seit zehn Jahren auf der Insel, sein Griechisch ist aber noch lange nicht perfekt. Wie so viele Deutsche im Ausland hat auch er sich eine Heimat geschaffen, in der neben vielen Einheimischen auch viele Deutsche und übrige ausländische Zugezogene ihren Platz haben. So lebt er ein Leben ähnlich demjenigen, das in Deutschland lebende Griechen auch führen. Deutsch-Griechisch. Allerdings bei deutlich schönerem Wetter.

Nach der ausgetrunkenen Erfrischung aus der grünen Flasche geht der Spaziergang in die letzte Runde. Wir durchqueren noch einmal Afiónas, kommen am »Xenichtis« (– die Nachteule), vorbei, wo sich abends die Dorfbevölkerung zum gemütlichen Plaudern bei einem Gläschen Wein und leckeren Essenshäppchen trifft. Das könnte mir jetzt gefallen, aber Roberto lässt nicht locker; die Wanderung geht weiter, ein Einkehren im »Xenichtis« ist erst für den nächsten Abend verabredet. Und so erreichen wir wenig später das Haus von Roberto Bardéz. Etwas außerhalb des Dorfes, inmitten eines Olivenhains, steht das urgemütliche Haus. Fenster und Türen stehen sperrangelweit offen als wir ankommen, im Arbeitszimmer ist der PC eingeschaltet. Für jeden deutschen Ermittler würde das ganz gewaltig nach einem Einbruch riechen. Doch in Griechenland, insbesondere auf dem Land, ticken die Uhren und Detektive anders. Hier ist alles in bester Ordnung.

»Nein, ich schließe nie ab«, sagt Robert. Man kennt sich hier. Hier wird nicht geklaut. Darauf achtet die Dorfgemeinschaft sehr genau. Kriminalität gibt es – fast – ausnahmslos nur in Robertos Krimis. Ein Vorteil der Insel. In Athen würde man sein Haus nicht für Stunden unverschlossen allein lassen. Besonders dann nicht, wenn das Arbeitszimmer wie hier beinahe dem Testlabor von Microsoft ähnelt. Leuchtdioden und Monitore blinken, Lüfter rattern, als wir das Zimmer betreten. Zudem empfängt uns ein – nennen wir es konstruktives – Chaos. Hier entstehen also die Korfu-Krimis und hier bastelt Roberto an seinen Versuchen ernsthafter Fotokunst. An diversen Monitoren gibt er mir einen Eindruck davon, was Photoshop und Co. heute zu leisten in der Lage sind. Roberto hat Spaß daran und Korfu inspiriert ihn. Was ihm Freude bereitet treibt er mit einem unglaublichen Ehrgeiz voran, bis alles zu seiner vollsten Zufriedenheit ist. Ich bin beeindruckt. Von Robertos Alltagsleben in der ländlichen Ruhe Korfus ebenso, wie von seinem technischen Sachverstand.

Nach einem anstrengenden und ereignisreichen Tag verabschiede ich mich von Roberto und schlendere gemütlich die Straße nach Agios Geórgios entlang zurück. Viele Personen und Orte der Handlungen aus den Korfu-Krimis habe ich heute kennengelernt und schon viel aus dem Alltag eines Wahlgriechen erfahren. Was noch fehlt, aber in Afiónas nicht fehlen darf, ist ein Besuch im »Xenichtis«. Das aber zu seiner Zeit – abends!

Wie vereinbart treffe ich Robert am nächsten Abend dort. Der Tag neigt sich seinem Ende zu und wir wollen meinen Afiónasbesuch gemütlich ausklingen lassen. Und zwar wie in Robertos Krimis: mit etwas Wein und Bier und leckerem Essen im »Xenichtis«. Die Nachteule ist eine urgemütliche, kleine Taverne, geführt von einer Amerikanerin und ihrem korfiotischen Mann. Auf der Terrasse vor dem Haus stehen zwischen und unter knorrigen Olivenbäumen einige wenige, einfache Holztische und -bänke. Afióniten, Neu-Korfioten, einige zugezogene Deutsche und hin und wieder Touristen verirren sich hierher. Die Gemütlichkeit zieht sie an, wie unsere nackten Arme an diesem warmen Frühlingsabend die Mücken. Es werden abwechslungsreiche und unterhaltsame Stunden in der Nachteule. Wir erfreuen uns an zahlreichen, köstlichen Leckereien. Wer viel spaziert, darf auch viel Essen und so schlage ich ordentlich zu. Die Wanderung hat hungrig gemacht. Spät in der Nacht verlassen wir das »Xenichtis«. Ich hätte nicht gedacht, dass ich Robert nie wiedersehen würde.

Ich bin viel mit Roberto gewandert und habe unvergessene Stunden mit ihm und Robert in und um Afiónas erlebt. Auch Harko habe ich den Tagen in der Agios Geórgios Bucht kennengelernt. Ein unglaublich sympathischer Zeitgenosse und echter Kriminologe aus Baden-Württemberg. Selbst der Bauunternehmer Manousos Bardìs hat am Abend noch im »Xenichtis« vorbeigeschaut. Eine illustre Runde, die ich hier in Afiónas und Umgebung angetroffen habe. Spannende Eindrücke aus dem Alltag einer multikulturellen, kleinen Dorfgemeinschaft hat mir dieser Spaziergang beschert. Der sympathische Roberto Bardéz ist ein gutes Beispiel für all diejenigen, die ihr zu Hause gegen ein neues in Griechenland eingetauscht haben, um ein angenehmeres Leben zu leben. Robert hatte so einen neuen Alltag gefunden. Zwei Herzen schlugen in seiner Brust. Zum einen das perfektionistische »deutsche«, das keinen Widerspruch duldete. Wie oft hatte er mir diesen Text zur Überarbeitung zurückgeschickt. Nicht spannend genug war er ihm, dann wieder nicht authentisch. Außerdem zu lang und vor allen Dingen nicht kriminologisch. Er wollte mich zum Krimiautoren ausbilden, was mir so manche schlaflose Nacht beschert. Trotz aller Mühe ist es ihm nicht gelungen.

Seine andere Seite war die »griechische«. Ein geselliger, herzensguter Mensch. Der liebe Onkel von nebenan. Offenherzig und gastfreundlich wie ein echter Hellene. Ein Genießer, der entspannt auch mal Fünfe grade sein ließ. Seine Wahlheimat hatte ihm einen Alltag geschenkt, der nicht immer nur Sonnenschein war, der ihm aber täglich seinen Wunsch erfüllte: »Es sollen Palmen in meinem Garten wachsen!«

Roberto Bardéz, ein liebenswürdiger Autor und Neugrieche auf seiner lebenswerten Insel. Er starb, nicht nur für mich, völlig unerwartet am 26. Dezember 2010 an Herzversagen. Viel zu früh. Das Erscheinen des Kapitels über ihn und seine Wahlheimat hat er nicht mehr erlebt. Ich wünschte, wir hätten noch einmal im »Xenichtis« gemeinsam einen Abend verbringen können. Damals hatte ich ein Foto gemacht. Vor der Taverne hatte der Mann der Besitzerin ein altes Mofa an einem Baum aufgehängt und das Tavernenschild daran befestigt. Das Foto gefiel Robert so gut, dass er es nächtelang an seinem PC bearbeitete. Herausgekommen ist ein Stück Fotokunst aus der »Computerfeder« des Korfu-Krimi-Autoren. »Platzsparend parken« hatte er die Datei genannt, als er sie mir schickte. Ich habe das Foto auf meine Internetseite eingestellt.

Robby, wir werden dich nie vergessen!

Jedes Mal, wenn ich das typisch korfiotische »Nationalgericht« Kerkiraikí Pastitsáda koche, muss ich an Robert denken. Er liebte gutes Essen in Gesellschaft. Wer sich auch einmal Korfu ins Haus holen möchte, der findet nachfolgend das Rezept.

Pastitsáda
Κερκυραϊκή Παστιτσάδα

Zutaten:

1 Hahn in Teile zerlegt, ½ Tasse Olivenöl, 5 große, grob geschnittene Zwiebeln, 6 gehackte Knoblauchzehen, Salz, 10 Pfefferkörner, ½ Tasse Rotwein, 10 Pimentkörner, 2 TL Spetzierikó (spezielle Gewürzpulvermischung bestehend aus Zimt, Nelken, Muskat, Lorbeer, Piment und Kümmel), 2 EL Tomatenmark, 5 reife passierte Fleischtomaten, 1 Hand voll frischer Basilikumblätter, 1 Kilo Makkaroni, 5 EL Butter, 100 g geriebener Graviera (Hartkäse)

Zubereitung:

In einem Topf das Olivenöl erhitzen und die Geflügelteile darin scharf anbraten. Zwiebeln und Knoblauch dazu fügen, salzen und weiter braten. Alle trockenen Gewürze und das Tomatenmark zugeben und gut unterrühren. Mit dem Rotwein löschen und einige Minuten kochen lassen. Tomaten und ½ Tasse heißes Wasser zufügen. Das Fleisch im geschlossenen Topf bei schwacher Hitze ca. 1 Stunde lang schmoren lassen. Gelegentlich umrühren. In einem anderen Topf die Makkaroni in reichlich Salzwasser ca. 10-12 min kochen und abtropfen lassen. Butter zerlassen, die Makkaroni darin schwenken und ¾ der Basilikumblätter unterheben. Makkaroni auf eine große Platte anrichten und mit dem Hartkäse bestreuen. Die

Hahnteile in der Mitte auf den Makkaroni anrichten, die Tomatensoße darauf verteilen und mit den restlichen Basilikumblättern garnieren.

8

DAS GRÜNE GOLD LAKONIENS
Olivenölernte im Schutz der heiligen Élona

»Eliá« heißt Olive. Und Élos, die kleine, von Landwirtschaft geprägte Gemeinde auf dem Peloponnes, ist umgeben von Olivenbäumen. Das Städtchen mit seinen rund 6.000 Einwohnern liegt an der nordöstlichen Küste der lakonischen Bucht. Lakonien ist die südlichste Verwaltungsregion des Peloponnes und berühmt für herausragendes Olivenöl. Viele behaupten, das beste Olivenöl der Welt komme aus der fruchtbaren Ebene zwischen dem Taígetos und dem Parnonas Gebirge. Hier sucht sich, zwischen unzähligen Olivenhainen hindurch, der Fluss Evrotas seinen Weg in den Lakonischen Golf. An den idyllisch-wilden Stromschnellen kann man sich leicht Goldgräber vorstellen, die auf der Suche nach glitzernden Nuggets den Flusskies durch feine Siebe filtern. Doch der eigentliche Reichtum Lakoniens entsteht abseits der Ufer. Auf den Feldern: das goldig grüne Olivenöl!

Mitte Dezember mache ich mich von Toló aus auf den Weg, um im Herzen Lakoniens meine Freunde Dimitris und Christos zu treffen. In Élos lebt Christos' Bruder und die Familie seiner Frau. Deren Bruder Georgios ist *der* Olivenexperte der Familie und kümmert sich mit Hingabe um beinahe jede einzelne Olive selbst. Familie Papoulákos produziert hier gemeinsam, neben einem »normalen« hochwertigen, nativen Olivenöl extra, auch ein Öl der absoluten Spitzenklasse: das »Élona«.

Christos kümmert sich professionell um die Vermarktung. Um dem Oligopol der Olivenölgroßhändler zu entgehen, hat er seine eigene Vertriebsfirma gegründet und importiert seit einigen Monaten griechische Gourmetprodukte nach Deutschland. In Berlin beliefert er inzwischen mehrere Luxusrestaurants mit dem Olivenöl »Élona« der Familie Papoulákos. Die Sterneköche sind wie ich von der herausragenden Qualität begeistert. Als ich in Berlin zum ersten Mal die Halbliterflasche öffnete, die mir Christos gegeben hatte, zog mich das grüne Gold in seinen Bann. Der Duft nach frischen Oliven breitete sich aus. Und als ich das Öl probierte, hatte mein Gaumen ein bisher unbekanntes Geschmackserlebnis.

Seit vielen Jahren bin ich leidenschaftlicher Olivenölgenießer. Deutlich mehr als einen Liter Olivenöl pro Jahr, auf den der Durchschnittsdeutsche statistisch kommt, verzehre ich. Doch ein Öl wie das »Élona« war mir zuvor noch nicht auf den Löffel gekommen. Meinem Sohn Janne offenbar auch nicht. Seitdem der Sechsjährige es das erste Mal probiert hatte, ist er zu einem ausgemachten Olivenölfanatiker geworden. Janne verlangt nun fast allabendlich nach dem »Öl von Christo«. Er gießt sich einen ordentlichen Schluck auf ein Tellerchen, bestreut es mit etwas Oregano und saugt es dann mit frischem Weißbrot auf. Der pure Genuss! So rein, wie das kaltgepresste extra native Olivenöl »Élona«. Es wird in höchster Bio-Qualität hergestellt. Ein hundertprozentiges Naturprodukt. Schon bald war für mich klar: Ich muss mir vor Ort anschauen, wie das »Élona« gemacht wird!

Wundervolle Sonnentage in meinem »Heimatdorf« Toló liegen hinter mir. Bei 25 Grad Luft- und noch mehr als 20 Grad Wassertemperatur war ich sogar noch im Meer baden. Doch dann ein kräftiger Temperatursturz. In der Nacht hatte es in den Höhenlagen der Gebirgszüge des Peloponnes sogar geschneit. In Toló sind es am frühen Morgen nur noch 4 Grad gewesen. Doch jetzt, zwei Stunden später, bietet sich mir ein faszinierendes Farbenspiel. Zwischen den schneebedeckten Gipfeln des Taígetos und des Parnonas hindurch, tauche ich ein in das im glasklaren Sonnenlicht tiefgrüne Tal, das sich zum Evrotas-Delta ausbreitet. Am Horizont erblicke ich das strahlende Blau der Küste. Von der Bergstraße aus genieße ich trotz der noch kühlen Morgentemperaturen den Ausblick.

Als ich Christos und Dimitris wenig später auf der Platía, dem Dorfplatz der Stadt Skala, treffe, ist es bereits angenehm warm. Die Sonne hat hier auch im Winter Kraft genug, um uns in unseren leichten Pullovern zu wärmen.

Skala liegt ganz in der Nähe von Élos, und von hier aus ist es nicht weit zu den Olivenfeldern der Papoulákos. Nach einer herzlichen Begrüßung fahren wir mit Christos' Jeep los. Es geht in die grüne »Goldmine«. Dimitris drängt zur Eile und greift ungeduldig zu seinen Fotosachen. Er will für seine Fotoreihe über die Olivenernte das klare Licht des Vormittags nutzen. Also geht es zügig voran.

Außerhalb des Dorfes biegt Christos rasant in einen Schotterweg ein. Es geht unentwegt zwischen dicht bepflanzten Olivenplantagen hindurch, bis wir an unserer Erntestelle ankommen. Hier stehen die Bäume nicht so eng beieinander. Reichlich Platz für den Wagen. Wir parken den Jeep und gehen zu den fleißigen Erntehelfern, die bereits mehrere Dutzend Bäume abgeerntet haben. Schon liegt Dimitris zwischen den am Boden verstreuten gekappten und abgeernteten Ästen und füllt – ganz im Stile eines Fotoprofis – Speicherkarte um Speicherkarte. Er ist genau wie ich fasziniert von den knackig-grünen Oliven an den übervollen Bäumen, die von geschickter Hand sorgfältig gepflückt werden. Das winterklare Sonnenlicht präsentiert ihm einen idealen Hintergrund für sein Fotoshooting.

Seit über zweihundert Jahren betreibt die Familie Papoulákos das Olivenölgeschäft, und seit je her wird hier in Handarbeit und im Naturverfahren produziert. Von der Baumpflege bis zur Ernte. Alles sorgfältig, stets mit äußerster Hingabe und vollem Einsatz.

Überall stehen mit kleinen, grünen Koronéiki-Oliven gefüllte Kisten herum und unter den Bäumen sind Netze ausgelegt, in denen sich weitere kleine, grüne Oliven befinden. Eifrig sammeln die Helfer die Früchte ein und füllen Kiste um Kiste. Die Verwendung von besten Koronéiki-Oliven ist in Lakonien fast selbstverständlich. Die kleinwüchsige und geschmacklich intensive Sorte eignet sich besonders für sortenreine Olivenöle. Die Papoulákos' haben eine uralte Sorte dieser speziellen Bäume. An ihnen wachsen die besonders würzig-intensiven Maniatáki-Koronéiki-Oliven. Eine weitere Besonderheit des »Élona« Olivenöls ist der Reifegrad der Oliven, aus denen es gepresst wird. Für das beste Olivenöl, das so genannte »Aguréleo«, benutzen sie ausschließlich die noch unreifen grünen Oliven. Und noch etwas ist hier anders: Der Abstand der Bäume ist auf der Plantage deutlich größer als auf herkömmlichen Feldern. Für ihr Edelöl nehmen sie gerne einen sehr viel geringeren Ertrag in Kauf. Hier stehen etwa dreißig Bäume auf einem Quadratkilometer, während es sonst das Doppelte oder noch mehr sind. Der Vorteil liegt auf der Hand: Durch den größeren Abstand gelangt an alle Bäume gleichermaßen viel Sonnenschein. Schattige Stellen gibt es, wenn überhaupt, nur in Richtung Norden. Und nicht nur die Sonne kommt ungehindert von allen Winkeln an die Oliven, auch der Wind kann ungestört um die Bäume wehen. So bekommt jede einzelne Olive von allem Erforderlichen reichlich. Trotz dieser idealen Bedingungen unterscheidet sich der Ertrag an Oliven pro Baum kaum von dem auf herkömmlichen Plantagen. Etwa einhundert bis einhundertzwanzig Kilogramm sind es auch hier. Da die Papoulákos für ihr »Élona« jedoch die frühen, noch unreifen Oliven verwenden, ist der Ertrag an Öl deutlich geringer. Bei einer reifen Ernte beläuft er sich auf rund 200 ml pro Kilogramm Oliven, bei unreifer Ernte gerade mal auf 80 bis 150 ml.

Geórgios Papoulákos, der Chef der Oliven, erklärt mir alle Details des Olivenanbaus. Der große, kantige Lakonier ist mit ganzem Herzen Olivenbauer und immer wieder bricht dieses schelmische Lachen aus ihm heraus. Er liebt seine Oliven, die ihm hoffentlich ein langes Leben bescheren. Fröhlich läuft er mit seiner kleinen Säge zu einem Baum und zeigt mir, wie die Olive richtig beschnitten wird. Baumschnitt und Ernte erfolgen hier in einem Arbeitsgang. Von den abgesägten Ästen zupft er in Windeseile die kleinen grünen Früchte. Dabei stellt er mir sein Erntehelferteam vor. Familienmitglieder und rumänische Helfer. Eine junge, blonde Frau, Mikaela, hat es ihm besonders angetan. Immer wieder schickt er sie an die Olivenkisten, dann an den kleinen Laster und wieder an die Bäume. Er will, dass Dimitris einen bleibenden Eindruck von dieser Olivenernte behält.

Georgios grinst und ich höre ihn leise ölig lachen, als er sich ganz plötzlich von mir abwendet und zu der schlanken Mikaela hinübergeht. In ihrer orangefarbenen Latzhose mit dem Firmenemblem der Papoulákos wirkt die Erntehelferin jugendlich, sportlich-zart. Geórgios beugt sich zu ihr und flüstert ihr etwas zu. Leider kann ich nichts von dem verstehen. Zu leise, zu geheimnisvoll flüstert er ihr ins Ohr. Es scheint jedoch höchst interessant gewesen zu sein, denn Mikaelas weicher Mund öffnet sich zu einem ungläubigen »Oh!«. Sie zupft an ihrem kecken Pferdeschwanz. Scheinbar geschmeichelt, mit einem interessierten Lächeln, bietet sie nun Dimitris an, für ihn vor der Kamera mit der Olivenharke im Baum zu posieren.

Geórgios beobachtet die Szenerie zufrieden. Die Ernte läuft ganz in seinem Sinn. Wieselflink erntet das Team, und im Mittelpunkt des Geschehens steht die hübsche, junge Frau. Ihr stellt Geórgios nun noch eine Leiter an einen der Bäume. »Hier, geh mal bitte da rauf!«, sagt er schmeichelnd und augenzwinkernd zu ihr. »Da oben kann dich Dimitris noch besser mit den Oliven fotografieren.« Sie steigt mit den Arbeitsschuhen grazil die Sprossen der Leiter hinauf und rekelt sich zwischen den Oliven. Dabei erntet sie Olive um Olive und blinzelt kess in die Kamera. Dimitris ist begeistert. Er wälzt sich auf dem unter dem Baum liegenden Netz zwischen den Oliven und drückt unentwegt aus allen Positionen auf den Auslöser. In kürzester Zeit hat sich das junge Mädchen von einer unbedarft vor der Linse bewegenden Erntehelferin zu einer divenhaften Schönheit gewandelt, die mit ihren aufreizenden Blicken den Fotografen betört. Sexy. Was geht hier nur vor? Geórgios zuckt unschuldig, Unwissenheit vortäuschend, die

Schultern. Und dann lacht er wie ein Jugendlicher, dem ein besonders guter Spaß gelungen ist.

Während Dimitris fotografiert als gäbe es kein Morgen mehr, ist es nun Christos der zur Eile drängt. Die Oliven müssen zur Ölpresse! Denn je länger die geernteten Oliven gelagert werden, desto höher steigt der Säuregehalt des aus ihnen gewonnenen Öls. Das EU-Recht schreibt für Olivenöl höchster Güteklasse, also für Natives Olivenöl extra, einen »Gehalt an freien Fettsäuren, berechnet als Ölsäure, von höchstens 0,8 g je 100 g« vor. Das »Élona« erfüllt dieses Qualitätsmerkmal jährlich mit Bravour. Sein Säuregehalt liegt immer unter 0,3 g. Christos und die Familie Papoulákos achten akribisch darauf, dass die Früchte innerhalb kürzester Zeit vom Baum in die Presse gelangen. Immer am Tag der Ernte. Nur so kann die Superior Qualität des »Élona« aufrechterhalten und der Säuregehalt möglichst gering gehalten werden. Der letzte Jahrgang brachte es auf einen Säuregehalt von 0,28 g. Das soll auch dieses Jahr mindestens wieder geschafft werden. Damit es gelingt, gibt jeder sein Bestes. Die blonde Schöne nach wie vor auch äußerlich. Und Dimitris arbeitet eifrig weiter. Er fotografiert und fotografiert, während sie ihn jetzt mit aufreizendem Blick verführerisch vom Baum herab mit Oliven bewirft. Ein Fotografenparadies.

Dimitris hat noch nicht alle Speicherkarten vollgeknipst, doch Christos drängelt vehement. Widerwillig reißen wir uns vom Anblick der hübschesten Olivenernte los. Unser »Model« wirft uns einen verschwörerischen Blick zu, als wir uns schnell von ihr verabschieden. Kurz darauf sitzen wir schon im Jeep und folgen dem vorauseilenden Transporter. In ihm sitzt Geórgios

Papoulákos persönlich und rast mit den Olivenölkisten zur Ölpresse. In jeder Kurve rutscht die Fracht hin und her und Christos betet hinter dem Lenkrad seines Jeeps, dass alles sicher ankommt. Die Ölmühle liegt nur wenige Kilometer entfernt und gehört Freunden der Familie Papoulákos. Für sie ist ein eigener Bereich dauerhaft reserviert, der ausschließlich für das »Élona« verwendet wird.

Der erfahrene Olivenbauer Geórgios bringt die Fracht sicher ans Ziel. Als wir den kargen Wellblechraum der Olivenölpresse betreten, steigt uns bereits ein konzentrierter Olivenölgeruch in die Nasen. Und als kurze Zeit später die »Élona-Oliven« über einen im Boden eingelassenen quadratischen Trichter den Weg in die Produktionsstrecke finden, wird es wieder spannend. Gemeinsam mit Christos und Dimitris warte ich darauf, dass am Ende der Rohrleitung der erste Tropfen »Élona-Öl« aus dem Hahn tropft. Doch zunächst fördert ein Laufband die Oliven vom Trichter aus nach oben. Noch auf dem Förderband werden vereinzelte Äste und Laub entfernt, bevor die Oliven auf einem Rost gerüttelt werden, wodurch weitere Reststoffe entfernt werden. Die verbleibenden Früchte wandern von dort in die eigentliche Presse. In dem knapp zwei Meter hohen Edelstahlbehälter werden sie computerkontrolliert kaltgepresst. Alles wird professionell überwacht. Das gesamte Verfahren dauert vierzig bis fünfundvierzig Minuten, dann fließt das Öl über einen weiteren Zwischenfilter aus dem finalen Zapfhahn. Hier wird es zum Transport in große Tanks abgefüllt. In Gebinden von fünf bis fünfunddreißig Tonnen wird das Öl dann später von der Ölpresse zur etwa zwanzig Kilometer entfernten Abfüllanlage transportiert. Hier wird es für den Verkauf in Flaschen zu 250, 500 und 750 ml abgefüllt.

Bis das Öl aus der Presse kommen wird, ist es noch etwas Zeit. Wir beschließen, draußen in der klaren Winterluft zu warten. Dimitris fotografiert in der Nähe der Ölpresse ein traumhaftes Panorama des Taígetos, während Christos in nächster Nähe auf einem angrenzenden Olivenhain mit einem anderen Ölbauern ins Gespräch kommt. Der alte Mann freut sich sichtlich über diese Abwechslung und er lädt uns kurzerhand ein, seine Werkstatt zu besichtigen. Diese steht am Rand seines Feldes. Daneben ist sein Wohnhaus. Der kleine, schlanke, unrasierte Ölbauer im Rentenalter geht wild gestikulierend voran. Eine gut aufgeräumte Werkstatt sei das A und O. Und eine solche will er uns jetzt zeigen.

Kurz bevor wir die Werkstatt erreichen, lugt eine alte Frau um die Ecke des Hauses. Sie blickt zu mir. Die anderen haben sie nicht gesehen. Gebückt wirft sie mir einen verschwörerischen Blick zu, legt einen Zeigefinger auf ihre Lippen und winkt mich mit der anderen Hand zu sich heran. Ich solle ihr leise, allein und unbemerkt von den anderen folgen. Wie das Hänsel aus dem Märchen folge ich der fremden Frau um einen versteckten Anbau herum. Jetzt lacht sie, und mir wird schlagartig klar, was sie mit mir vorhat.

Von nebenan dröhnt das laute Lachen des Ölbauern. Christos und Dimitris diskutieren angeregt mit ihm. Sie haben scheinbar noch immer nicht mitbekommen, dass ich ihnen abhanden gekommen bin. Die alte Frau öffnet bereits den großen, metallenen Eingangsdeckel in die »Gluthölle«. Mit weit aufgerissenen Augen stehe ich neben ihr, blicke ins Feuer und erschrecke vom Rumoren meines Magens.

»Die Brote sehen göttlich lecker aus!«, rufe ich laut aus. »Und wie sie duften!« Mein Magen knurrt jetzt wie eine Bestie. Und die Frau des Ölbauern freut sich mit mir über das, was ihr riesiger Holzofen in seinem Inneren zu backen in der Lage ist.

»Aber was macht ihr mit den vielen Broten?«, frage ich die herzensgute Frau. »Ach, ich backe halt für alle mit«, sagt sie. »Für die Familie, für Freunde oder für spontane Gäste.« Dann drückt sie mir einen zwei Meter langen Brotschieber in die Hand. Ungeschickt stochere ich mit dem Ding im Brotofen herum. Die alte Frau grinst und hilft mir schließlich.

Währenddessen haben uns Herr Ölbauer, Christos und Dimitris entdeckt. Meine zwei Freunde stehen nun ebenfalls mit weit geöffneten, staunenden Mündern vor dem Backofen. Es braucht keine große Überredungskunst des Ölbauern, als er uns bittet, mitzukommen, um in seiner Werkstatt einen kleinen Happen zu essen. »Da habe ich auch den selbstgemachten Wein im Fass«, sagt er und wir folgen ihm blitzschnell in den Anbau.

Voller Werkzeuge und Maschinen ist es hier, aber alles ordentlich an seinem Platz. »Ordnung ist das halbe Leben. Wer aufräumt, spart sich viel Zeit beim Suchen. Ist es nicht so?«, sagt Herr Olivenbauer und deutet auf die Regalwände. Hübsch sortiert stehen hier seine Arbeitsgeräte für die Olivenernte und aufgeräumt liegen die Werkzeuge auf der Arbeitsbank. Doch was uns viel mehr fasziniert ist das Ende der Regalwand. Im letzten Fach lagert ein mittelgroßes Fass. Davor steht ein typisch griechischer Korbstuhl, und in Reichweite befindet sich ein kleiner, runder Metalltisch. Diesen bestückt Frau Olivenbauer bereits mit ihrem Brot. Und als der Ölbauer uns auffordert, den Fasswein zu kosten, gibt es kein Halten mehr. Dimitris greift gierig zu.

»Dann hole ich schnell noch was aus der Küche«, sagt die alte Brotbäckerin euphorisch und entschwindet, um kurz darauf wieder zurückzukehren. Jetzt deckt sie den Tisch mit Oliven, Käse, Keftédes – kleinen Hackfleischbällchen – und Tzatzíki. Zufrieden schauen Frau und Herr Olivenbauer uns zu, wie wir uns an den leckeren Speisen laben. Der Wein ist ebenso köstlich wie die Zeit schnell vergeht. Wieder ist es Christos, der zur Eile drängt, denn bald müsste das »Élona« fertig sein. Wir müssen uns daher in Windeseile von der herzlichen Bauernfamilie verabschieden, nicht jedoch ohne ihnen zu versprechen, bald einmal wieder vorbeizukommen. Sie bestehen darauf.

Vom Wein angeregt und vom Geschmack der einfachen Speisen noch völlig begeistert, eilen wir zur Ölmühle. Gerade noch rechtzeitig stehen wir vor dem Ausflusshahn, als sich das grüne Gold seinen Weg aus der Presse sucht. Dimitris möchte sich den ersten Liter in seine eigens dafür mitgebrachte Flasche abfüllen. Doch noch bevor er den Flaschenhals unter den Hahn bringen kann, probieren Christos und ich gierig die ersten Tropfen aus unseren Handflächen. Der intensive Olivengeruch in der Ölmühle wird nun von einer Geschmacksexplosion in meinem Mund glatt überspült. Was hier zähflüssig herausläuft, hat die höchstmögliche Auszeichnung verdient. Wie gerne hätte ich hierin das Brot der Bäuerin getunkt.

»Göttlich!«, rufe ich mit öliger Stimme fasziniert aus.

»Weißt du eigentlich, woher das ›Élona‹ seinen Namen hat?« Christos reagiert spontan: »Es ist nach der Heiligen Élona benannt. Sie ist die Schutzheilige der Olivenbauern. Sogar ein Kloster ist nach ihr benannt. Es liegt ganz in der Nähe im Parnonas-Gebirge. Dort wird die wundertätige Ikone der Heiligen Élona aufbewahrt. Sie ist golden übermantelt!« Dimitris ergänzt: »Um 1700 nach Christus hat man eine Ikone der Panajá in Élos gefunden. Sie zeigt die Heilige Mutter Gottes, die das Jesuskind in den Armen hält. Diese Ikone wird in dem Kloster aufbewahrt. Die ›Panajá i Élona‹, die Heilige Muttergottes von Élos.«

Und dann steht er plötzlich fröhlich lachend vor uns. Er hat es geschafft! Mit glänzenden Augen reckt er am ausgestreckten Arm »seine« Flasche erstgepresstes »Élona-Olivenöl extra nativ kaltgepresst« wie einen Pokal in die Höhe. Hitverdächtig: das grüne Gold Lakoniens. Panajá mu! (– Heilige Mutter Gottes!) In der Olivenpresse sind wir also für heute fertig.

»Kommt, wir fahren zum Kloster!«, schlägt Dimitris vor. Die Flasche des erstgepressten Öls hält er jetzt behutsam im Arm, wie die Mutter Gottes das Jesuskind.

»Gute Idee«, sagt Christos. Und schon geht es wieder mit dem Jeep los.

In der Nähe der Olivenölpresse fragen wir das erste Mal nach dem Weg. Wenig später hilft uns ein Bauer aus der unbeschilderten Patsche und als wir bereits lange eine Bergstraße Serpentine um Serpentine hinaufschleichen, ruft Christos per Handy Geórgios an, um noch einmal nach dem Weg zu fragen.

»Ja, ihr seid richtig«, sagt er. »Einfach immer weiterfahren.« Und tatsächlich: Irgendwann erreichen wir über die so pittoreske, steile Bergstraße unser Ziel.

Das Kloster schmiegt sich auf fast siebenhundert Metern Höhe an einen Steilhang und wirkt von der Straße aus gesehen fast unerklimmbar. Wir jedoch folgen einfach dem kleinen Hinweisschild und gelangen so zu einem Parkstreifen am Felsrand. Hier lassen wir den Jeep stehen und machen uns zu Fuß auf den kurzen Fußweg zum Eingang des Klosters. Ein eisiger Wind weht uns hier oben am kargen Steilhang um die Ohren. Wir ziehen die warmen Winterjacken bis an die Augen hoch. Erst als wir das Natursteinportal erreichen und die riesige, hölzerne Tür durchschreiten, lässt der Wind spürbar nach. Hinter den Mauern des heiligen Ortes ist es fast windstill. Von einem natürlichen Felsbalkon blicken wir in das eng gewundene Tal unterhalb des Klosters. Atemberaubend. Unendlich still. Besinnlich.

Im engen Innenhof des malerischen Klosters begegnet uns eine gebrechliche alte Frau, eine der hier lebenden Nonnen. Sie nimmt uns mit in die heilige Kapelle. Wir bekreuzigen uns, zünden Kerzen an und sie gibt uns Zettel und Stift. Unwissend blicke ich zu Christos, der mir erklärt, dass der Priester in seinem Gebet für diejenigen Angehörigen beten wird, deren Namen wir notieren. Und nachdem wir die Namen unserer Kinder zu Papier gebracht haben, nimmt der Priester den Zettel an sich und verschwindet damit so plötzlich, wie er zu uns in die Kapelle gekommen war. Dimitris gelingt es gerade noch rechtzeitig, ihn um Erlaubnis zu bitten, hier in der Kapelle fotografieren zu dürfen. Ein Foto, ein einziges, von der Ikone gestattet ihm der Priester. Eigentlich sei das Fotografieren hier drinnen streng verboten, lässt uns der freundliche, bärtige Mann wissen. Dann verlässt er die Kapelle. Die Nonne hatte das Gespräch nicht mitbekommen. So steht Dimitris nun vor der nächsten Hürde auf dem Weg zu seinem Foto. Jetzt muss er die alte Frau davon überzeugen, dass der Priester ihm die Erlaubnis für ein Foto erteilt hat.

Sie vertraut ihm schließlich, nicht jedoch ohne darauf hinzuweisen, dass man hier im Kloster sehr vorsichtig geworden sei. Das sagt sie mit leiser, fast entschuldigender Stimme. Und dann erzählt uns die Nonne, was geschehen war:

Vor kurzem wurde die Ikone der »Panajá Élona«, der Heiligen Mutter Gottes Élona, hier aus der Kapelle gestohlen. Glücklicherweise hatte die Polizei sie schnell wohlbehalten an ihren Platz zurückgebracht. Zwar ist auf dem kleinen Areal des Klosters sogar eine eigene Polizeistation untergebracht, dennoch gelang der Diebstahl. Rumänische Diebe hatten das wertvolle Objekt entwendet. Groß war die Erleichterung, als die Ikone nach wenigen Tagen gefunden wurde. Jetzt wacht von hier oben, aus diesem »Adlerhorst« heraus, wieder die Panajá über das Olivenöl der Familie Papoulákos und all der anderen freundlichen Olivenbauern. Auch Christos ist erleichtert. Nur Dimitris hat es schwer, denn nach dem Diebstahl wurde die Ikone zwar wieder im Kloster aufgestellt, dafür aber gut gesichert hinter Glas. So gibt sich Dimitris große Mühe, dass das eine erlaubte Foto auch gelingt. Irgendwann klappt es. Goldig grinst er, als er sich das Foto auf dem kleinen Display seiner Digitalkamera anschaut. Jetzt können wir weiter!

Nachdem wir uns von der herzensguten Nonne verabschiedet haben, betreten wir wieder den Innenhof des Klosters. Der Priester steht in einem massiven hölzernen Türrahmen und winkt uns zu sich heran. Wir betreten einen kleinen »Shop«. Hier verkaufen die Nonnen ihre selbstgemachte Devotionalien, Andenken und Souvenirs. Wir kaufen handgemachte Seife, einige Postkarten mit Motiven aus dem Kloster und kleine ansteckbare Glücksbringer. Mit breitem, wohligem und gutmütigem Lächeln präsentiert der Priester das Warenangebot. Und als wir uns schließlich auch von ihm verabschieden, besteht er darauf, dass wir die selbstgemachten Loukoúmi probieren. Vor der Tür steht ein großer Kübel mit diesen herrlich süßen, mit Puderzucker bestreuten Geleewürfeln. Kinder lieben diese Würfelchen, die es in jeder Bäckerei und in jedem Supermarkt in Griechenland in unendlichen Geschmacksvarianten gibt. Die geheiligten Loukoúmi hier sind jedoch besonders gut. Nur schwer können wir uns von ihnen losreißen. Die mit Rosenwasser haben mir am besten geschmeckt.

Nach dem eindrucksvollen Ausflug in die Berge sind wir hungrig geworden. Spontan beschließen wir den Rückweg nach Élos über den kleinen Umweg die Küste entlang anzutreten und irgendwo dort einen Tsípouro zu trinken. »Und einen kleinen Happen zu essen«, sagt Christos und streicht sich über den knurrenden Magen. Er liebt Mezédes, die kleinen Happen, die zum Ouzo oder Tsípouro gereicht werden. Christos ergänzt: »Wir dürfen aber nicht zu viel essen, nur ein bisschen. Denn Familie Papoulákos hat heute Abend noch einen Tisch reserviert. Wir wollen alle gemeinsam essen.«

»Kommt, wir fahren nach Leonídion!«, schlägt Dimitris vor. »Ein hübscher Ort. Andreas, weißt du eigentlich, dass dein Großvater dort Ehrenbürger ist?« »Na klar!«

»Was ist denn das für ein Großvater?«, fragt Christos neugierig, während er zügig durch die Berge in Richtung Küste rast. Auch ihm gefällt die Idee, Leonídion ist nicht weit und die Aussicht auf einen Tsípouro lässt ihn aufs Gaspedal treten.

»Na ja, er ist nicht wirklich mein Opa, aber irgendwie sind wir doch verwandt. Über einige Ecken vermutlich.« Und dann erzähle ich die Geschichte von Michalis Deffner im Schnelldurchgang: Wir stammen beide von der bayerischen Familie Deffner ab, jedoch wurde Michael bereits 1848 in Donauwörth geboren. Er ist 1871 als Sprachforscher nach Griechenland gegangen und wurde berühmt für seine Arbeiten über den tsakonischen Dialekt. Die Hauptstadt Tsakoniens, Leonídion, hat ihn dafür schließlich zum Ehrenbürger ernannt. Außerdem war Michalis, wie er sich in Griechenland nannte, auch als Archäologe tätig und er leitete viele Jahre die Athener Nationalbibliothek. Seine herausragenden Sprachfähigkeiten ließen ihn sogar zum Deutschlehrer des ersten Staatspräsidenten Eleftherios Venizelos werden.[11]

Wir erreichen Leonídion. Am Ortseingang steht ein auffallend großes, blaues Schild. Die ersten zwei Zeilen sind auf Tsakonisch: »Γρούσσα νάμου είνι τα Τσακώνικα. Ρωτήετε να νιούμ᾿αλήωι«. Die folgenden Zeilen sind die griechische Übersetzung: »Η γλώσσα μας είναι τα Τσακώνικα. Ρωτήστε να σας πουν« (– Unsere Sprache ist das Tsakonische. Fragen Sie und man wird es Ihnen sagen).

Leonídion ist stolz auf seine tsakonischen Wurzeln. Wie gern würde ich jetzt in der Stadt, in der mein Vorfahre Michalis Ehrenbürger ist, mit meinen Freunden einen Tsípouro trinken, aber es gelingt uns nicht. Es ist kurz nach 17 Uhr, die Straßen sind wie leergefegt, die Geschäfte geschlossen. Nur in einer Metzgerei brennt das einsame Licht einer Glühbirne, die neben einer Lammhälfte von der Decke baumelt. Christos eilt hinein, um den Fleischer um Rat zu bitten.

»Nein, jetzt ist alles zu. Einen Ouzo mit Mezédes findet ihr jetzt nur in Pláka«, sagt der freundliche Metzger auf bestem Neugriechisch. Kein Tsakonisch, kein Tsípouro. Pláka ist der Hafen von Leonídion. Dort in der malerischen kleinen Bucht gäbe es einige Cafés und Tavernen, die um diese Uhrzeit geöffnet haben sollen, versichert uns der Metzger, und so machen wir uns auf den Weg.

»In Pláka war ich schon mal. Da ist es echt nett«, sagt Christos und dreht bereits den Schlüssel im Zündschloss um. Und nach nur wenigen Minuten erreichen wir den kleinen Hafen.

Leichte Schaumkronen auf dem Meer, spiegelglatte Wasserfläche innerhalb des Hafenbeckens hinter der kleinen Mole mit dem winzigen Leuchtturm. Beeindruckend ist jetzt der Ausblick im glitzernden Licht der untergehenden Sonne, die die Schaumkronen orange färbt. Die kleinen blau-weißen Kaíkis, die vertäut im Hafenbecken dümpeln, scheinen zufrieden zu lächeln. In diesem Moment fällt mir das kleine griechische Gedicht ein, das ich vor einigen Jahren geschrieben und anschließend ins Deutsche übersetzt habe:

Η γη χαμογελάει

Το άσπρο φεγγάρι χαμογελάει
Στη νύχτα από πάνω.
Και στη θάλασσα τ' αστέρια
Καθρεφτίζονται με μάτια ασημένια!

Ήσυχα τα κύματα,
Στο ωκεανό όπως στο όνειρο,
Χορεύουνε σιγά-σιγά,
Όπως εγώ μ' εσένα στη σκέψη μου!

Μεταξύ από όνειρο και ζωή,
Στη σκηνή από αστέρια
Και θάλασσα και φεγγάρια,
Περπατάμε εμείς αγκαλιά μαζί!

Ζαλιζόμαστε εμείς γιατί,
Η τύχη μας πόσο είναι μεγάλη.
Ο ουρανός για μας χαμογελάει
Και σείεται η γη!

Die Welt lächelt

Der weiße Mond lächelt
In der Nacht von oben herab.
Und im Meer die Sterne
Spiegeln sich mit silbernen Augen!

Ruhig die Wellen,
Auf dem Ozean wie im Traum,
Tanzen sie langsam-langsam,
So wie ich in meinen Gedanken mit dir!

Zwischen Traum und Leben,
Auf der Bühne aus Sternen
Und Meer und Monden
Gehen wir Arm in Arm zusammen spazieren!

Uns wird schwindelig, weil
Unser Glück so groß ist.
Der Himmel lächelt für uns
Und es bebt die Welt!

Christos reißt mich aus meinen poetischen Gedanken. »Kommt, da vorne ist auf!«

Er blickt hungrig zur kleinen Hafenpromenade, während ich poetisch vor mich hinträume und Dimitris im Abendsonnenlicht fotografiert. Christos deutet auf eine gemütliche Taverne mit einer kleinen, etwas erhöht angelegten Terrasse mit unverbautem Meerblick. Über eine schmale Treppe gelangen wir schnell nach oben, wo uns der Wirt bereits erwartet. Wir sind die einzigen Gäste, auch die einzigen Menschen im Hafen wie es scheint. Der Wirt muss uns bereits gehört haben. Der hagere, fortwährend lächelnde Mann ist uns sofort sympathisch. Und als er uns anbietet, von seinem selbstgebrannten Tsípouro zu probieren, lassen wir uns behaglich auf die Korbstühle fallen. Es ist zwar Winter, dennoch sitzen wir, von unseren Jacken ausreichend gewärmt, auf der Außenterrasse und sehen auf das Meer. Das Winterwetter beschert uns eine atemberaubende Weitsicht, weit bis auf die andere Seite der großen argólischen Bucht. Die hinter den Bergen untergehende Sonne taucht die östlich von uns gelegene Insel Spétses in ein beeindruckendes Glutrot. Hinter Spétses liegt Hydra und nebendran noch weitere kleine, unbewohnte Inseln, die allmählich im Dunkel verschwinden. Traumhaft. Die Welt lächelt für uns.

Auch Christos hatte Weitsicht bewiesen, als er zum selbstgebrannten Tsípouro auch gleich eine kleine Flasche Markentsípouro bestellt hatte. Der selbstgebrannte ist fies. Er beißt. Er tut weh. Der Wirt bekommt von unseren schmerzverzerrten Gesichtern zum Glück nichts mit. Er ist in der Küche verschwunden um Mezédes zu holen. Als er kurz darauf zurückkehrt, haben wir den anderen, den guten Tsípouro in den Gläsern und fühlen uns wie im Paradies. Und unser Tisch verwandelt sich nun in ein Schlaraffenland. Immer neue Tellerchen bringt der fröhliche Wirt. Gefüllte Auberginen, Tzatzíki, Chtipití – eine scharfe Käsepaste –, Oliven, frisches Brot aus dem Backofen, Hartkäsewürfelchen und kleine Fischchen landen nach und nach auf dem viel zu kleinen Tisch. Und dann kommt auch noch der gegrillte Oktopus, der so lecker ist, dass er im Nu verspeist und nachbestellt ist.

Obwohl wir nur ein paar Häppchen zum Tsípouro zu uns nehmen wollten, sitzen wir kurz darauf satt und müde wieder in Christos' Jeep. Nach wenigen Kilometern verlassen wir die stockfinstere Küstenstraße und biegen in die noch dunkler wirkende, winzige Straße in Richtung der Berge ab. Christos' Wagen erklimmt Serpentine um Serpentine wie eine Bergziege. Dimitris hält sich bereits sorgfältig fest, als Christos beschleunigt.

Er hat eine CD eingelegt. Aus den Lautsprechern brüllt uns der große Paschalis Terzis an. Christos liebt das Lied »Archipélagos«. Es bedeutet in etwa Inselgruppe. Die wörtliche Übersetzung klingt theatralischer: »Erzmeer«. Große Melancholie. Herzschmerzatmosphäre im Jeep, und Christos und Dimitris singen lautstark mit:

> »Πες μου ποιά είναι η πατρίδα
> Του έρωτα η ελπίδα,
> στα μάτια σου το φως
> Πες μου πόσο θα κρατήσει
> Ο ήλιος απ τη δύση,
> στο αρχιπέλαγος ...«

> Sag mir, welche Heimat ist es
> die Hoffnung der Liebe,
> in Deinen Augen das Licht,
> sag mir wie lange sie hält
> die Sonne aus dem Westen,
> auf dem Archipel ...

Knapp eineinhalb Stunden später erreichen wir wieder Élos. Ganz schnell machen wir uns frisch und stehen schon kurz darauf vor dem Haus der Familie Papoulákos. Alle gemeinsam, auch die gesamte Familie der Olivenölbauern, machen wir uns auf den Weg zum Strand, wo Geórgios Papoulákos einen Tisch in einer gemütlichen Taverne reserviert hat. An diesem Abend hat die große Runde nur ein Thema: Oliven. Georgios erzählt den übrigen Familienmitgliedern vom Tag mit uns auf den Feldern. Während der Kellner nach und nach die leckersten Vorspeisen auf den Tisch lädt, Wein reicht und alle über Olivenöl fachsimpeln, grinst Geórgios plötzlich sehr verschmitzt über sein markantes Gesicht. Er erzählt nun, wie Dimitris mit voller Hingabe eine perfekte Fotostrecke von der Olivenernte geknipst hat. Und zu Dimitris gewendet sagt er: »Mikaela, die so aufopferungsvoll geerntet hat, erwartet deinen Anruf.« Er blinzelt ihm grinsend zu. Staunende, fragende Blicke von allen Seiten, aber auch Dimitris scheint nicht zu begreifen, worum es geht. Daraufhin grinst Geórgios noch breiter. »Ich habe ihr erzählt, dass ihr vom deutschen Playboy-Magazin seid und junge Mädchen castet.«

Die ohnehin heitere Runde wird nun noch fröhlicher. Wein wird nachgeschenkt und das Interesse an Dimitris' Fotos wächst. Doch als der Kellner den Hauptgang bringt, haben alle nur noch Sinn für die vielen lecker gegrillten Fische auf den Platten. Saftige Doraden, Wolfsbarsche und rote Meerbarben liegen saftig duftend vor uns. Mir läuft das Wasser im Mund zusammen. Nur einen Fisch, der sich aufgrund seiner Form erhaben von den anderen absetzt, hatte ich zuvor noch nie gesehen. Ich frage Geórgios, was das für einer sei.

»Das ist ein Eliá.«

»Bitte was, ein Eliá? Du meinst Eliá wie Olive?«, frage ich überrascht nach.

»Ja. Es ist eine Abkürzung für Manoeliá. Den richtigen Namen kenne ich auch nicht, aber hier in der Gegend nennen ihn alle nur Eliá«, sagt Geórgios.

Kopfschüttelnd betrachte ich den silbrig glänzenden, hochrückigen Fisch mit der glatten Haut. Die runde Form erinnert eventuell an eine Olive, mehr aber auch nicht.

Als Geórgios mir ein Stück zum Probieren reicht, bin ich begeistert. Genauso köstlich wie die Élona-Oliven von den Bäumen, so schmackhaft ist auch das zarte, feste Fleisch der Olive aus dem Meer. Lakonien ist eine wahrhaft göttliche Gegend.

Wenige Wochen später, Ende Januar 2011, kommt die neue Ernte in Berlin an. Christos hatte es bereits sehnsüchtig erwartet, das »Élona« aus der Dezemberernte 2010. Und wieder ist es ihnen gelungen, ein Öl zu produzieren, dass Maßstäbe setzt. Freudestrahlend wedelt er mit einem Papier. Es ist das Laborergebnis des diesjährigen »Élona-Öls«. Das Analytische Institut Bostel in Stuttgart hat die herausragende Qualität bestätigt. Der geringe Säuregehalt des Vorjahres wurde unterboten. Fantastisch!

Und kurze Zeit später schickt mir Dimitris eine E-Mail. Das »Élona-Öl« hat beim iTQi Superior Taste Award 2011 die Silbermedaille erzielt. Ein herausragendes Qualitätssiegel. Das International Taste & Quality Institute in Brüssel ist die *»führende unabhängige, aus Köchen und Sommeliers bestehende Organisation, die sich der Bewertung, Auszeichnung und Förderung von Nahrungsmitteln und Getränken mit hervorragendem Geschmack widmet. Der Superior Taste Award ist eine einzigartige Auszeichnung, die auf blinden Verkostungen von Chefköchen und Sommeliers, allesamt Meinungsführer und Geschmacksexperten, basiert.«*[12]

So verwundert es auch nicht, dass Christos bereits weitere Gourmetrestaurants als Kunden für sein »Élona« gewinnen konnte. Es ist wirklich etwas ganz Besonderes für Feinschmecker.

Ein großer Dank an die Heilige Mutter Gottes Élona!

Wer nach der Erzählung um die leckeren Oliven und das feine Öl Hunger bekommen hat, findet nachfolgend ein Rezept, um Oliven selbst einzulegen.

Zitrus-Oliven
Ελιές Εσπεριδοειδή

Zutaten:

500 g gemischte Oliven (schwarze und grüne), Schale einer Orange (gerieben), Schale einer Zitrone (gerieben), 5 Knoblauchzehen in dünne Scheiben geschnitten, je ½ Mokkatasse rote Chilischote, grüne Paprikaschote, Staudensellerie und Fenchel in feine Scheiben geschnitten, 5 EL Granatapfelkerne, 5 Zweige Rosmarin, 5 Zweige Thymian, 5 zerbröckelte Lorbeerblätter

Für die Marinade: 2 Mokkatassen Olivenöl, 1 Mokkatasse Orangensaft, ½ Mokkatasse Zitronensaft, 1 TL Senf, 2 EL gehackte Basilikumblätter zum Garnieren

Zubereitung:

Für die Marinade Olivenöl, Orangensaft, Zitronensaft und Senf in ein Glasgefäß mit Deckel geben und kräftig mischen, bis alle Zutaten zu einer homogenen Flüssigkeit vermischt sind.

Oliven, Gemüse, Zitrusschalen und Gewürze in eine große Schüssel geben, die Marinade darüber gießen und alles gut mischen. Die zugedeckte Schüssel 2-3 Tage an einem kühlen Ort stehen lassen, damit alles gut marinieren kann. Vor dem Servieren noch einmal alles gut durchmischen und auf einem Teller mit Basilikumblättern garniert anrichten.

Dazu passt ausgezeichnet ein knackiges Weißbrot und als Dip ein Schälchen Élona-Olivenöl, über das etwas getrockneter Oregano oder grober schwarzer Pfeffer gestreut wird.

Tipp:
Füllen Sie die Oliven-Mischung in dekorative Verschlussgläser und legen sie einige dünngeschnittene Zitronen- oder Orangenscheiben zwischen die Oliven. Mit der Marinaden-Flüssigkeit übergießen, Gläser verschließen, beschriften und an liebe Freunde verschenken.

9

BÜRGERMEISTER ZOBEL
Von Nerzen im Biberdorf

Von Pelzen und der Kürschnerei verstehe ich nichts. Dennoch, so sagte man mir, würde, wenn ich in Nordgriechenland bin, kein Weg daran vorbeiführen. Die Kürschner aus Kastoriá seien eben weltberühmt. Also habe ich mich, vor meinem Besuch dort, etwas umgehört und durch einige Texte geblättert. Auch von Samtpelzen las ich. Dies sind ganz besonders weiche Exemplare, die sich noch zarter dem edlen Träger an die Haut schmiegen, als die ohnehin schon feinen Tierhaare. Und in Kastoriá werden selbstverständlich auch Samtpelze gefertigt. Sie werden durch »Scheren« oder »Rupfen« aus dem Rohmaterial hergestellt. Als ich mich erwartungsvoll Kastoriá nähere, erblicke ich plötzlich etwas, das aussieht wie grüne Samtpelze. Und das, so weit das Auge reicht. Sie scheinen in Tausendquadratkilometergröße rechts und links neben der Egnatía Odós, der neuen Autobahn, ausgebreitet worden zu sein. Die weichen Hügel der Gebirgsmassive fallen zur Ebene hin sanft ab. Die Waldlandschaft mit ihren saftig-frischen Bäumen wirkt samtig-pelzig.

Kastoriá ist seit jeher *das* Pelzzentrum des Landes und ebenso weltweit. Die Stadt befindet sich in der Region Westmakedonien, rund 200 Kilometer westlich von Thessaloníki. Sie soll mit ihren rund 25.000 Einwohnern malerisch inmitten eines Sees liegen, so hatten mir Freunde die Lage des Idylls inmitten hoher

Berge beschrieben. Und in diesem landschaftlichen Paradies findet sich eine uralte Handwerkstradition, die bis heute gepflegt wird: das ganz spezielle kastorianische Pelzhandwerk. Die Kürschnerei ist das zweitälteste Gewerbe der Welt. Und die Kastorianer haben vor rund 300 Jahren eine besonders aufwendige Technik entwickelt. Das will ich mir ansehen! Und natürlich einen echten Samtpelz. Einen aus Zobel. Ganz so, wie sie mir im Athener Nobelviertel Kolonáki laufsteghaft präsentiert wurden, als ich mit der Schriftstellerin Lena Divani zum Kaffee verabredet war.[13]

Es ist Mitte Mai 2011. Ich bin mit dem früheren Bürgermeister von Kastoriá verabredet. Ioannis Tsamisis hat sein Amt vor Kurzem freiwillig aufgegeben und arbeitet nun wieder als Pelzhändler. Als ich einen Tag vor meiner Reise in die Pelzhauptstadt mit meinem Freund Dimitris telefonierte, sagte dieser: »Du musst unbedingt in Siátista bei der Werkstatt meines Schwagers vorbeifahren. Warte, ich ruf ihn gleich mal an!«

»Wo ist Siátista und was hat das mit meinem Ausflug nach Kastoriá zu tun?«, wollte ich von Dimitris wissen.

Er war baff.

»Was, du hast noch nie was von Siátista gehört? Das gibt's doch gar nicht!« Und dann erfuhr ich von ihm, dass Kastoriá und das etwa 50 Kilometer entfernte Siátista sozusagen als »Twin-City« das gemeinsame Pelzzentrum bilden. »Nicht nur in Kastoriá dreht sich alles um Pelze, auch in Siátista«, sagte Dimitris. »Mein Schwager Ioannis Manakas leitet eines der weltgrößten Pelzunternehmen – Manakas Frankfurt. Und die Produktion ist in Siátista. Dort leitet Markos als Geschäftsführer die Tochterfirma Gravas. Du *musst* bei ihm vorbeifahren. Und wenn du nur einen kurzen Stopp machst. Ioannis und meine Frau sind Geschwister, und ihre Oma, die gute Soultána Manaka, hatte zu Beginn des 20. Jahrhunderts die großartige Geschäftsidee in Siátista. Heute gehören sie zu den führenden europäischen Pelzhändlern. Besuch Markos und guck dir an, wie sie arbeiten!«

Wenige Minuten später, nach einem kurzen Telefonat mit eben diesem Markos, rief mich Dimitris zurück, um mir mitzuteilen, dass sein Schwager sich auf meinen Besuch freue. Und so stehe ich jetzt, keine vierundzwanzig Stunden später, vor dem Portal von Gravas. Keine zwei Minuten von der Autobahn, in logistisch günstiger Lage, befindet sich die Produktionsstätte. Auf dem Parkplatz fällt mir zunächst der typische Geruch auf. Säuerlich-herb. Das müssen die Gerb- und Konservierungsstoffe sein, denke ich still vor mich hin, als mir die Beschriftung eines kleinen Lieferwagens ins Auge fällt: »Skin Dealer« (– Hauthändler). Hoffentlich ziehen sie mir hier in der Fremde nicht auch das Fell über die Ohren. Markos kommt mir mit ausgebreiteten Armen aus dem Gebäude entgegengelaufen.

»Du musst Andreas sein, herzlich willkommen!« Ein netter, freundschaftlicher Empfang. »Komm, wir gehen erstmal in mein Büro! Möchtest du einen Kaffee?«

Und so sitze ich kurz darauf in einem mit allen erdenklichen Pelzmänteln und -jacken vollgehängten Zimmer und nippe an einem frisch aufgegossenen griechischen Mokka. Markos fragt mich nach dem genauen Grund meines Besuches in Kastoriá, und wie er mir helfen kann.

»Mich interessiert vor allen Dingen, was das Besondere an den Pelzen aus Kastoriá ist. Und was sie für den Alltag der Menschen bedeuten. Vor allen Dingen aber, wie sie genäht werden.«

»Komm, wir gehen in die Werkstatt!«, sagt Markos und ich nehme schnell den letzten Schluck aus der Mokkatasse. Der Kaffeesatz bleibt zurück. Im Erdgeschoss des Gebäudes führt mich Markos in die große Nähhalle.

»Fünfundzwanzig Beschäftigte arbeiten bei uns«, sagt er und stellt mir die überwiegend männliche Belegschaft vor. Sie sitzen an Nähmaschinen und vernähen kleine Pelzstreifen oder sie stehen an Sortiertischen und stapeln nach Farbmustern sortierte Felle. Als sie von ihrem Chef erfahren, dass ich aus Deutschland komme, verfinstern sich ihre Gesichtszüge spontan und sehr deutlich. Ein großer, kräftiger Mittvierziger kommt auf mich zu.

»Ach, Merkel, Merkel, Merkel. He?«, blafft er mich an.

Ich ringe um eine Antwort. Der griechische Frust über die Finanzkrise macht sich nicht nur hier an der deutschen Bundeskanzlerin fest.

»Ich bin großer Griechenlandfan …«, antworte ich von der Politik ablenkend, »und komme seit fast zwanzig Jahren her.«

»Ja, Andreas ist wirklich ein großartiger Freund. Er hat auch schon ein Buch über Griechenland geschrieben: ›Das Kaffeeorakel von Hellas‹. Und er macht Werbung für unser Land«, ergänzt Markos.

»Oh, du bist also einer von uns!«, sagt der Mittvierziger und ergänzt: »Komm, ich zeig dir unsere Fabrik!«

Er packt mich – jetzt freundschaftlich – am Arm und führt mich von einem Kollegen zum anderen.

Markos ist sichtlich erfreut über die Abwechslung im Pelzalltag. Ich hatte ihm zuvor am Telefon gesagt, dass ich nur kurz vorbeischauen könne, da ich am Abend in Kastoriá sein müsse. Aber besser ein Kurzbesuch als gar keiner. Die Belegschaft zeigt sich jetzt ebenso erfreut wie Markos. Voller Elan sitzen die Arbeiter an den Nähmaschinen und zeigen mir, wie die alten Geräte geschmeidig die Tierhäute vernähen oder sie erklären mir, worauf bei der Auswahl der richtigen Fellstücke zu achten ist. Leider bleibt mir nur Zeit für einen kursorischen Überblick. Als ich mich von Markos verabschieden muss, ist noch immer fast jeder Arbeitsplatz besetzt. Markos sagt: »Wir arbeiten von morgens bis abends, dafür gibt es mittags eine zweistündige Pause.« So verlasse ich gegen 17:30 Uhr noch vor den meisten Arbeitern die Werkhalle. Ich habe es nicht einmal geschafft, einen Samtpelz zu sehen.

Auf dem Weg zum Ausgang begegne ich dann noch einmal dem Mittvierziger. Er hat ein Nerzfell in der Hand.

»Was, du willst schon gehen? Schade!«, sagt er.

Durch die offene Tür zum Nähraum sehe ich, wie mich ein anderer Näher zu sich heranwinkt. Er ruft mir zu: »Komm heute Abend zu uns! Wir besorgen gleich noch schnell ein Zicklein und dann feiern wir deinen Besuch mit leckerem Grillfleisch und Wein.« Die anderen Beschäftigten sehen scheinbar erwartungsvoll meiner Antwort entgegen. Als ich sage, dass ich leider weiter muss, blicke ich in ehrlich enttäuschte Gesichter.

»Ich komme aber irgendwann wieder. Versprochen!«, ergänze ich schnell.

»Prima, dann feiern wir richtig«, rufen sie mir entgegen. »Und bring eure Kanzlerin mit! Dann machen wir Soúvla-Merkel. Wir grillen sie am Spieß!« Schallendes Lachen durchdringt die Werkhalle.

Ich verabschiede mich von der gastfreundlichen, tüchtigen Belegschaft und danke Markos für den spannenden Einblick in den Alltag der Pelznäher. Das ausgelassene Gelächter über den Grillspieß-Spaß des Nähers höre ich noch beim Verlassen des Parkplatzes. Ich mache mich auf den Weg von der Vorstadt in die Welthauptstadt des Pelzhandwerks. Samtpelz statt Grillspieß in Kastoriá?

Kurze Zeit später, nur rund fünfzig Kilometer von Siátista entfernt, erreiche ich Kastoriá. Das Stadtzentrum befindet sich auf einer Halbinsel, die sich von Westen aus knochenförmig bis in die Mitte des eisgrünen Orestiáda-Sees erstreckt. Bis zu meinem Treffen mit Ioannis bleibt noch Zeit für einen kurzen Spaziergang an der Uferpromenade und einen erfrischenden Frappé im Kafeneíon. Enten watscheln über den ordentlichen Bürgersteig, auf dem gepflegten Rasen steht neben einer Parkbank ein Automat, an dem man sich für einige Cent eine Tüte Entenfutter kaufen kann. Ein Pelikan fliegt mit großem Flügelschlag heran und landet seicht im See neben einigen Exemplaren seiner Artgenossen. Vom Café aus beobachte ich das muntere Treiben in kurparkähnlicher Atmosphäre. Elegant wie in Bad Füssing wirkt es. Hinzu kommt ein Vogelartenreichtum, der den Galapagos-Inseln Konkurrenz machen könnte. Menschen sind hingegen vergleichsweise wenige auf den Straßen unterwegs. Untypisch für Griechenland. Die Stadt mit ihren rund 25.000 Einwohnern wirkt gemütlich ruhig. Die Cafés sind jetzt am frühen Abend nur spärlich besucht.

Um kurz vor 21 Uhr holt mich Ioannis an meinem Hotel ab. Jetzt lerne ich ihn das erste Mal persönlich kennen. Der 57-Jährige empfängt mich mit offenen Armen. Die beiden oberen Knöpfe seines blau-weiß gestreiften Hemds sind leger geöffnet.

»Hallo Andreas, schön dich kennenzulernen!«, sagt der ehemalige Bürgermeister Kastoriás. Sein modisch-elegantes Aussehen lässt ihn deutlich jünger wirken. Mit seinem staubigen Subaru fahren wir durch die Stadt in Richtung Ortsausgang. Ioannis hat einen Tisch in einer Taverne reserviert. Er lenkt den Wagen lässig mit einer Hand, während die andere immer wieder Passanten durch das offene Fenster zuwinkt. Der Bürgermeister a.D. hat die Aura eines herzlichen Politikers, der von seinen Wählern geliebt wird. Ungewöhnlich in Griechenland. Das halblange schwarze Haar und der volle, buschige Schnauzbart tragen wesentlich zu seinem sympathischen Aussehen bei. Sein Haar trägt er heute länger als noch vor wenigen Monaten, bevor er sein Amt als Bürgermeister freiwillig aufgegeben hat.

»Ich bin gradlinig«, sagt er mit ernster Miene. »Ich will immer die Wahrheit, mit Lügen kann ich nicht leben.« Und weil es von letzteren zu viele gegeben habe, habe er sein Amt als erster Bürger Kastoriás aufgegeben. Er wollte nicht wieder kandidieren und das, obwohl er einer der beliebtesten Bürgermeister Griechenlands war. Bei der Bürgermeisterwahl 2006 erhielt er die meisten Stimmen aller Kandidaten in der Geschichte Kastoriás. Auch landesweit war sein Wahlergebnis eines der besten. Gegen seinen Konkurrenten hatte er sich mit fast 75 Prozent der Stimmen durchgesetzt.

Noch während der Fahrt zur Taverne erzählt er mir, dass er aus einer Medizinerfamilie stammt und ebenfalls Medizin studiert hat. Aber auch er arbeitet im Pelzgewerbe. Er handelt mit den fertigen Jacken und Mänteln.

Schon als Kind habe er Nerzfellteile zusammengenäht, erzählt er mir, während er den Wagen vor der Taverne parkt. »Und jetzt lernst du meinen Cousin kennen. Er ist ein noch viel größerer Pelzexperte«, sagt Ioannis und betritt vor mir das Restaurant.

Cousin Leonídas erwartet uns bereits in einer Ecke des schicken Lokals. Doch auf dem Weg dorthin muss Ioannis zunächst Hände schütteln. Viele! Seine, für einen Politiker in Griechenland fast unglaubliche, Beliebtheit beeindruckt mich. Gäste rufen ihm von ihren Tischen aus zu oder kommen direkt zu ihm, um ihn zu begrüßen. Bürgermeister nennen sie ihn noch immer, obwohl er sein Amt schon vor Monaten aufgegeben hat. Der Wirt zögert nicht lange und eilt heran, um uns fröhlich willkommen zu heißen. Während er noch auf Ioannis einredet, geselle ich mich zu dessen Cousin.

Der grauhaarige Leonídas ist groß, schlank und trägt eine Brille. Er wirkt belesen. Der 60-jährige ist Professor für Internationalen Handel an der Technisch Beruflichen Hochschule (TEI) Kastoriás.

»Hallo Andreas, schön dich kennenzulernen«, sagt Leonídas in fast akzentfreiem Deutsch. Auf meinen fragenden Blick hin erklärt er mir, dass er in Wien und Linz Betriebswirtschaftslehre studiert hat.

»Setz dich! Ich hab dir was mitgebracht.« Er reicht mir zwei kleine Bücher: »Historische Entwicklung der Pelzfabrikation und die Rolle Kastoriás« und »Pelzlexikon«.

»Eins hab ich leider vergessen«, ergänzt er. »Meine Diplomarbeit über das Pelzgewerbe Kastoriás. Ich schick sie dir per E-Mail.«

Der Wirt und Ioannis haben sich inzwischen auch zu uns an den Tisch begeben.

»Herr Bürgermeister, was darf ich Ihnen bringen?«, fragt der Kellner.

Ioannis erkundigt sich nach dem frischen Tagesangebot und entscheidet sich dann für Schnecken in Knoblauchbutter. Dazu bestellt er Salate und Vorspeisen für uns alle. Chorta, Saganáki – ein frittierter Käse – Rote Beete und ein weiterer Teller Schnecken werden nach und nach herangetragen. Bei all den Leckereien und dem guten griechischen Wein vergesse ich beinahe den Grund meines Besuches in Kastoriá.

»Was genau soll ich dir morgen zeigen?«, fragt Ioannis, bevor er sich die nächste Schnecke in den Mund schiebt, und lenkt mich so von meiner Hauptspeise ab: Ein vorzüglicher Schweinebraten aus dem Backofen, den mir Ioannis eindringlich empfohlen hatte. Schwein hin, Schwein her, ich bin wegen der Pelze hier. Einen ganz rudimentären Überblick konnte ich mir am Nachmittag bereits in Siátista verschaffen, aber in Kastoriá erwartet mich immerhin die Welthauptstadt des Pelzgewerbes.

»Wusstest du eigentlich, dass früher die Pelzhandwerktreibenden in Kastoriá nur Einheimische geheiratet haben?«, fragt Ioannis. »Damit die spezielle Technik des Pelznähens nicht auch außerhalb der Stadt bekannt wurde.«

Ich blicke ihn mit hochgezogenen Augenbrauen fragend an.

»Irgendwann hat dann ein Näher aus Kastoriá diese Tradition gebrochen und eine Frau aus Siátista geheiratet.« So endete also das Monopol der Pelzmetropole Kastoriá. Ihrem Ansehen in der Welt hat es jedoch nicht geschadet. Noch heute wird in Griechenland nahezu ausschließlich in Kastoriá und Siátista Pelzgewerbe betrieben.

»Was genau ist das Besondere des Pelzhandwerks in Kastoriá?«, frage ich Leonídas.

»Bei uns werden mit einer speziellen Technik Pelzreste verarbeitet«, sagt er und sieht meinen staunenden, fragenden Blick. Daraufhin erzählt er, dass das Pelzhandwerk rund fünfhundert Jahre alt ist, aber die eigentliche Geschichte Kastoriás begann im Jahre 1713. Unter der damaligen Türkenherrschaft erließ der Sultan für Nichttürken ein Trageverbot von Pelzen, denn diese wurden damals knapp. In der Folge entwickelten die griechischen Kürschner einen bemerkenswerten Einfallsreichtum. Bis dato wurden nur die großen, zusammenhängenden Teile eines Felles zu Pelzen verarbeitet. Pfoten, Schweife, Köpfe etc. waren unbrauchbar und wurden weggeschmissen. Auf eben diese »Abfallprodukte« spezialisierten sich die Pelznäher von Kastoriá. Die »Kommatiastá« genannten Reste wurden fortan in akribischer Kleinarbeit als winzige Fellstreifen oder –stücke miteinander vernäht. Die »Abfallstückchen« wurden und werden auch heute noch zu so genannten »bodies« zusammengesetzt. Diese »bodies« sind rechteckig vernähte Fellplatten mit einer ungefähren Größe von 2,3 mal 1,2 Metern. Diese Halbfertigprodukte wiederum bilden das Basismaterial für Jacken, Mäntel und alle erdenklichen Pelzaccessoires.

»Ioannis kann das auch«, sagt Leonídas.

»Ja!«, entgegnet der Bürgermeister a.D. spontan. »Schon als Kinder haben sie uns in den Pelzwerkstätten der Nachbarschaft das spezielle Vernähen der winzigen Fellstreifen beigebracht. Auch heute noch wird dieses schöne Handwerk fast ausschließlich in den Pelzbetrieben erlernt.«

»Ich würde mir gerne ein, zwei kleine Pelzwerkstätten ansehen, um einen Eindruck davon zu bekommen, wie diese ›bodies‹ hergestellt werden. Und gerne würde ich auch im Vergleich dazu einen großen Betrieb besichtigen, in dem auch Pelze konfektioniert werden«, sage ich zu Ioannis. Er nickt und überlegt bereits, wohin es gehen soll.

»Und geh mit ihm auch zur EDIKA!«, sagt Leonídas an Ioannis gerichtet.

»Ja, das ist eine gute Idee. Der Präsident ist ein Freund von mir«, erwidert Ioannis. »Aber du musst auch ein bisschen von unserer Stadt sehen. Es dreht sich zwar alles um Pelze, aber wir haben auch so viel anderes Schönes. Du hast allerdings zu wenig Zeit mitgebracht. In Kastoriá kann man wunderbar auch länger bleiben«, sagt er.

Wir brechen auf. Wir wollen ausgeschlafen sein, wenn es am nächsten Tag zum Rundgang durch das Pelzhandwerk der Stadt geht. Wir verabschieden uns von Leonídas. »Ich hoffe, du kommst uns bald wieder besuchen«, sagt er. »Ruf mich an, wenn du irgendetwas brauchst oder über Pelze wissen willst!«

Als ich mit Ioannis in dessen grünem Subaru über die Seeuferstraße zurück ins Zentrum fahre, glitzern am Himmel die Sterne und der runde Mond spiegelt sich auf der glatten Oberfläche des Sees.

»Hast du noch Lust auf einen kleinen Ausflug?« Ioannis schaut zu mir herüber und ich merke sofort, dass es eine rhetorische Frage war. Er liebt sein Kastoriá und will sich nicht entgehen lassen, es mir in seiner ganzen Pracht zu zeigen. »Wir drehen eine Runde um die Insel. Ok?«

Sehr okay!

Die Halbinsel inmitten des Orestiáda-Sees hat nur eine schmale Verbindung zum Festland. Hier auf der

Insel lag das alte Zentrum der Stadt, das »Pelzdorf«. Alle Pelzarbeiter waren einst hier zu Hause. Heute hat sich das Zentrum erweitert. Auch auf der Festlandseite der Stadt, rechts und links des Sees, wird produziert und mit Pelzen gehandelt. Die wahre Schönheit und der natürliche Anziehungspunkt der Stadt ist jedoch weiterhin die Insel. Im Zentrum reihen sich an der Südseite der Uferpromenade Cafés und Bars aneinander, sitzen Jung und Alt bis spät in die Nacht in Musikkneipen und Straßentavernen. Doch nur wenige hundert Meter weiter ebbt der Trubel ab. Herrschaftliche Wohnhäuser und jahrhundertealte Villen prägen das Bild. Ein Stückchen weiter wird es urig-natürlich. Ioannis lenkt den Subaru langsam um eine enge Kurve der holprigen Uferstraße. Dichte, grüne Wälder und schroffe Felsmassive des auf der Insel bis auf 627 Meter ansteigenden Berges auf der einen Seite, knorrige alte Weiden, die ihre langen, belaubten Äste durstig in den See tauchen, auf der anderen Seite. Ioannis will mit mir den Inseluferrundgang machen, das nächtliche Highlight Kastoriás. Keine Spaziergänger sind zu sehen, kein entgegenkommender Verkehr. Nur die Weiden zeichnen mit Unterstützung der spärlichen Uferbeleuchtung ein gespenstisches Bild.

»Du musst mal im Winter herkommen«, sagt Ioannis. »Wenn der See zugefroren ist und man Schlittschuhlaufen kann. Oft sind dann auch die langen, bis ins Wasser ragenden Äste der Weidenbäume mit Eis überzogen und du spazierst an bizarren Eiswänden entlang. Einfach großartig!«

Aber auch im späten Frühjahr ist der Rundweg ein Erlebnis. Die Uferstraße ist jetzt gesäumt von frischgrünen Platanen, wilden Rosen und fruchtbehangenen

Mandelbäumen. Hier und da sitzt ein Angler im Schilf und stellt den zahlreichen Fischen nach, ganz so, wie die vielen hier heimischen Pelikane. »Hast du den Vogel da gesehen?« Ioannis deutet auf eine Weide am Ufer. »Das ist die seltene Zwergscharbe, auch Pygmy-Kormoran genannt.« Kaum zu erkennen sitzt der schwarze Vogel auf einem knorrigen Ast. Eulen uhuhen durch die kristallklare Nacht. Eine paradiesische Ruhe.

Kurz darauf parkt Ioannis den Subaru neben einem uralten Gebäude. Klein aber eindrucksvoll steht ein Glockenturm neben dem Eingangsportal des Klosters. Nicht irgendein Kloster. »Es ist aus dem elften Jahrhundert. Heute lebt nur noch ein Mönch hier.« Wir wollen ihn nicht wecken. Ioannis blickt sich nur kurz in dem blitzsauberen Innenhof um, dann gehen wir. So gepflegt wie das Gebäude, so rein und klar ist auch die kühle Abendluft um Mitternacht. Ein Käuzchen ruft und wir empfinden es als den Aufruf auch zu unserer Nachtruhe. Wenig später setzt mich Ioannis wieder im Zentrum von Kastoriá ab. Wir haben den neun Kilometer langen Inselrundweg hinter uns gelassen.

Am nächsten Morgen erscheint Ioannis pünktlich zur vereinbarten Zeit. Ein prächtiger Sonnenschein vom coelinblauen Himmel empfängt uns auf der Platía Daváki, an der Ioannis den Subaru geparkt hat. Während »Herr Bürgermeister« freudig von einigen Polizisten begrüßt wird, die, an ihre Dienstmotorräder gelehnt, eine Frühstückspause machen, fliegt über uns ein Pelikan hinweg. Ioannis bemerkt ihn nicht. Zu alltäglich ist dieses Naturschauspiel hier.

»Los, jetzt zeig ich dir erstmal einen ganz kleinen Pelzhandwerksbetrieb!«, ruft er mir zu, als er sich von den Polizisten nach einem kurzen Plausch verabschiedet. Wir fahren eine enge Straße bergauf. Kleine, alte Häuser säumen die Gasse im Herzen der Altstadt, in der früher der Wochenmarkt sein Zuhause hatte. Rechts und links am Straßenrand stehen große, mit Fellstücken behängte Tafeln an Hauswände gelehnt in der Sonne. Die so genannten »bodies«. Sie werden in der Sonne getrocknet. Die auch »Tafeln« genannten Fellstücke werden zunächst zugerichtet und anschließend dauerhaft konserviert. Erst danach geht es zum Trocknen an den Straßenrand. So wird vermieden, dass Fäulnisbakterien die edlen Felle zerstören.

Auf der Straße reihen sich ebenerdige Ladenlokale aneinander. Hier arbeiten die Pelzhandwerker in ihren engen Werkräumen. Einige auch in Souterrain-Arbeitsstätten. Die alten Aluminiumrollläden an den Schaufenstern manchmal nur halb geöffnet, damit die Vormittagssonne das Geschäft nicht zu sehr aufheizt. Vor einem verschlossen wirkenden Kabuff hält Ioannis den Subaru an. Zwei drahtige Männer in grauen Kitteln unterhalten sich angeregt am Straßenrand. Als sie uns sehen, winken sie Ioannis zu: »Herr Bürgermeister, wie geht's Ihnen?« Ioannis nickt zufrieden und erzählt dann den zwei Pelzexperten, weshalb *ich* in Kastoriá bin. Der Besitzer der kleinen Werkstatt will mir daraufhin sofort seinen Arbeitsplatz zeigen. Ein langer, schmaler Raum in diffusem Schummerlicht. Düster und schlecht beleuchtet ist es hier. Vergilbte Deckenplatten, wie sie in den 50er Jahren in Griechenland gang und gäbe waren, tun das ihre, dass man sich fast erdrückt fühlt. Zuschneidetische und eine Arbeitsbank mit einer Pelznähmaschine füllen die Werkstatt fast vollständig aus. Ringsherum hängen Pelze an Haken von der Decke herab, liegen Fellfetzen am Boden verteilt herum oder Felle in Kartons gestapelt. Die Szenerie einer großen, zu einem Arbeitsraum umfunktionierten Garage. Als ich später Leonídas' Diplomarbeit aus dem Jahr 1978 lese, in der er auch auf die Arbeitsbedingungen in den Pelzwerkstätten einging, muss ich wieder an diesen Raum denken: »*Diese Zustände*«, so heißt es in seiner Arbeit, »*sind darauf zurückzuführen, dass bei den meisten Pelzbetrieben keine bewusste Initiative für die Verbesserung bzw. humane Gestaltung des Arbeitsplatzes unternommen worden ist.*« Und weiter: »*Hinsichtlich der Raumgestaltung ist festzustellen, dass in Kastoriá bis jetzt sehr wenig unternommen worden ist.*«[14] Letzteres hätte ich ohne Zitierform auch 2011 aufschreiben können. All dieser Umstände zum Trotz, gefällt es mir dennoch in der Werkstatt. Ob ich allerdings von morgens acht Uhr bis nachmittags 17 Uhr Pelze hier nähen wollte?

Wir wollen den Besitzer nicht allzu lang von seiner Arbeit abhalten und verabschieden uns. Mit dem Subaru geht es in Richtung Festland. Wir verlassen die Halbinsel und biegen in eine große Straße ein, die bergauf in eine Art kleines Industriegebiet führt. »Wir fahren jetzt zum EDIKA«, sagt Ioannis. Etwas oberhalb der Stadt steuert der Subaru auf einen riesigen Parkplatz zu. Von hier oben aus ist der Blick auf Kastoriá, den Orestiada-See und die malerische Insel unverbaut. Ein beeindruckendes Panorama. Das gigantische Einkaufszentrum, zu dem der Parkplatz gehört, erscheint völlig überdimensioniert in dieser Idylle. Über dem schlichten Eingangsbereich empfängt uns ein Schild, auf dem in geschwungener rosa Schreibschrift »EDIKA« zu lesen ist. Es ist noch früh am Morgen und entsprechend wenig los im Pelzeinkaufszentrum.

Ioannis erklärt mir, dass die EDIKA als Dachorganisation der über eintausend Pelzhandwerksbetriebe der Gegend den Verkauf und die Vermarktung der wertvollen Jacken, Mäntel und Accessoires übernimmt. Die EDIKA ist eine genossenschaftlich organisierte Aktiengesellschaft. Selbst die kleinen Einmannbetriebe haben so die Möglichkeit, ihre Pelze an die gut betuchten Frauen und Männer zu bringen. Entweder in den Dauerausstellungsräumen, auf internationalen Messen oder anlässlich der eigenen, jährlich hier in Kastoriá stattfindenden Pelzmesse.

»Hier entlang!« Ioannis geht vor. Wir befinden uns im Verwaltungstrakt des Gebäudes und nach wenigen Metern erreicht Ioannis das Büro des Präsidenten der EDIKA. Durch die Glastür sehen wir, dass er offenbar in einer Besprechung ist. Als er Ioannis erblickt, winkt er uns jedoch entschlossen herein. Was wir trinken wollen, ist die erste Frage. Wir nehmen Platz. Der Präsident sitzt uns gegenüber. Er thront imposant auf einem teuren Lederchefsessel hinter einem repräsentativen Schreibtisch. Als ich seinen Namen auf einem Schildchen entdecke, muss ich an Zobel denken. Zimbelina heißt Zobel auf Griechisch. »Zimbelinaesk«, das Haar des Präsidenten. Es liegt weich und silberzobelfarben auf seinem Kopf. Seine zarte Statur lässt den etwa 75-Jährigen großmütig und sympathisch erscheinen. Und genau so entpuppt sich Nickolas Zulumis in unserem Gespräch. Wie ein lieber Großvater seinem unerfahrenen Enkel die Welt erklärt, so erläutert mir Herr Zulumis nun ausführlich das Pelzgeschäft und die Aufgaben seines Unternehmens. Die 1981 gegründete Genossenschaft der Kürschner ist für alle Pelzhandwerker Ansprechpartner Nummer eins. Ihre Gründung geht zurück auf eine Initiative des Kürschnerverbandes Kastoriás. Zweihundert Verkaufsstände befinden sich heute in den 5.000 Quadratmeter großen Dauerausstellungsräumen. Über 30.000 Jacken und Mäntel stehen zur Auswahl. Die meisten aus Nerz, aber auch Zobel, Chinchilla oder Mink sind ebenso im Angebot wie die preiswerteren aus Kaninchen, Fuchs und Ziege.

»Wir sind das weltweit größte Pelzzentrum«, sagt der Präsident sichtlich stolz. »Unsere jährliche Pelzmesse lockt Gäste aus allen Ecken der Welt an.« Der Präsident überreicht mir eine Hochglanz-Präsentationsmappe. Von seiner Visitenkarte blinkt mir golden das Logo der EDIKA entgegen. Es ist der Schriftzug, an dessen E ein Bieber aufgerichtet steht. »Kástoras« bedeutet Biber und es wird vermutet, dass die Stadt Kastoriá ihren Namen von diesen Tieren hat, die einst zahlreich im und am See gelebt haben. Für die Pelzproduktion werden die verbliebenen Biber zum Glück nicht verwendet. Die allermeisten Felle werden aus ausländischen Zuchtfarmen nach Kastoriá importiert. Nerze aus Skandinavien, russische Zobel oder Ziegenfelle aus Afghanistan. Aber auch vor Ort gibt es einige wenige, aber hoch moderne Nerzfarmen und Gerbereien.

Ioannis schlägt vor, einen Rundgang durch die Verkaufsräume zu machen. Das Ausstellungshaus der EDIKA existiert seit 1994. In der Nähe des Eingangsbereichs führt mich Ioannis zunächst in den größten Ausstellungsraum, der einem Auktionssaal gleicht, in dem aber keine Pelze zu sehen sind. Während der jedes Jahr im Mai stattfindenden Messe finden hier die großen Events statt. Dann sei es hier dichtgefüllt. Wie auch in allen anderen Messesälen, in denen es dann vor Menschen und Pelzen nur so wimmelt. Auf rund

15.000 Quadratmetern Fläche werden während der Messe Pelzwaren vorgestellt und angeboten. Heute ist der große Präsentationssaal hingegen leer. Er wird vorwiegend zu Messezeiten genutzt, wohingegen die übrigen Dauerausstellungs- und Verkaufsräume ständig mit Pelzartikeln gefüllt sind. Kunden sehe ich bislang in den edlen Showrooms keine. Es ist noch früh am Vormittag. Die wohlhabenden Käuferinnen und Käufer kommen später, oftmals ganze Reisebusladungen voll. Vorwiegend reiche Osteuropäer, aber auch andere gutsituierte Damen und Herren, verbringen gerne einen Kurzurlaub in Kastoriá und shoppen hier in der weltgrößten »Pelz-Mall«. Jetzt schlafen sie sicher noch in ihren luxuriösen Hotels, so dass ich mich mit Ioannis ungestört umsehen kann. Pelze, Jacken, Mäntel, Stolas mit und ohne Tierköpfen, Muffs, Handtaschen, Stirnbänder, Schals und Mützen, Hausschuhe aus Pelz und Leder bis hin zu pelzbesetzten Einschubtäschchen für USB-Sticks und Schlüsselanhänger, soweit das Auge reicht. In allen erdenklichen Farben und Formen lagern hier unzählige edle Pelzwaren. Und das gleich auf mehreren Etagen. In den 90er Jahren führte die Eröffnung des Ausstellungshauses zu einem regelrechten Boom durch russische Käufer. Von 1994 bis 1998 wurden alleine über eine Million Pelzwarenprodukte verkauft. Ende der 90er Jahre gingen die Verkaufszahlen jedoch zurück. Schuld daran war unter anderem die Währungskrise des Rubels. Im Jahr 2003 versuchte sich die EDIKA kurzzeitig sogar als Reiseunternehmen und führte Charterflüge durch: Eine wöchentliche Direktverbindung von Moskau nach Kastoriá, mit einem Freiflug für diejenigen, die mindestens einen Pelzartikel kauften. Das Angebot wurde jedoch nach relativ kurzer Zeit eingestellt. Russische Kunden kommen dennoch nach wie vor zahlreich nach Kastoriá.

Als wir nach einem gut halbstündigen Rundgang durch nur einen kleinen Teil der Dauerausstellung das EDIKA verlassen, sehe ich bereits überall Pelze. Ich versuche, die Natur auf mich wirken zu lassen. Auf dem Parkplatz stehend, schweift mein Blick umher. Auf die bewaldeten Berghänge, die wie mit Zickleinpelz bedeckt steil emporragen, und auf den See, der sich wie mit einem blau-grün gefärbten Samtpelz aus Zobel überzogen unter uns erstreckt. Es ist augenscheinlich: Kastoriá ist und bleibt die Welthauptstadt der Pelze.

Ioannis öffnet mir die Beifahrertür des Subarus. »Wir fahren jetzt noch einen Freund hier ganz in der Nähe besuchen. Er hat eine große, ganz moderne Pelzwerkstatt. Dort kannst du sehen, wie die Felle vernäht werden.«

Wenig später betreten wir ein helles Haus mit hohen Decken und geräumiger Werkhalle. In angenehmer Arbeitsumgebung werden Felle nach Farben sortiert, zugeschnitten und vernäht. Sorgfältigst nehmen die Arbeiter die Tierhäute unter die Lupe. Jede kleinste Farbnuance bildet einen eigenen Stapel Felle. Nur so entsteht später ein absolut gleichmäßig gefärbter Pelz. Ioannis greift sich ein Nerzfell: »Guck!« Er kniet sich neben das Nerzfell auf den Boden. »Früher wurden nur die geraden Stücke des Fells verarbeitet.« Er dreht den Nerz mit Kopf, Schweif und Pfoten auf den Rücken und zeichnet mit dem Finger auf die Innenseite der Haut ein Rechteck. »Die Köpfe, Pfoten und Schwänze blieben übrig. Man konnte nichts damit anfangen und so landeten sie im Müll«, erklärt mir Ioannis. Bis die Kastorianer kamen! Ioannis zeigt mir, welche Fellteile früher im Abfall landeten. Heute kostet ein Nerzfell aus der Zuchtfarm gut und gerne über einhundert US-Dollar. Gut, dass die Kastorianer gelernt haben, alles davon zu verarbeiten.

Der Kürschner hält mir eine halbfertige Pelzdecke entgegen. Er deutet auf ihre Unterseite: »Guck! Hier kannst du gut erkennen, wie die vielen Fellteile miteinander verbunden werden.« Dann führt er mich zu einem hell erleuchteten Nähplatz, an dem eine moderne Pelznähmaschine steht. Neben ihr liegen unzählige millimeterdünne Fellstreifen. Ein Näher führt mit geschickter Hand zwei Streifen in die Maschine, dann einen weiteren, und immer so weiter. Leise sirrt die Nähmaschine, und das Pelzteil wächst und wächst. So entstehen die legendären »bodies«. Bevor wir uns wieder auf den Weg machen, zeigt uns der Besitzer des modernen, mittelständischen Pelzbetriebes noch eine Vielzahl Pelzdecken, auf die er sichtlich stolz ist. In allen erdenklichen Varianten und unterschiedlichsten Preiskategorien. Im Winter kann es eben richtig kalt werden in Kastoriá!

Nach so viel Pelz ist Ioannis daran gelegen, mir wieder etwas anderes seiner sehenswerten Stadt zu zeigen. Pelzpause! Der Subaru bringt uns zurück auf die Halbinsel inmitten des Sees. Von dort geht es bergauf. Eine schmale Straße führt auf der Ostseite aus dem Zentrum hinaus. Die Bebauung wird spärlicher. Nur die uralten Kürschnerhäuser stehen auch hier noch rechts und links der Straße. Teils als Ruinen, teils bereits ansehnlich restauriert. Die typischen kastorianischen Häuser wurden seit der Mitte des 17. Jahrhunderts errichtet. Meist zwei- oder dreigeschossige Herrschaftshäuser, deren Grundmauern aus groben Natursteinen mit darin verbauten Holzbalken das Erdgeschoss bilden. Halbrund gebogene Hölzer stützen die erste Etage, die über die Grundmauern des Erdgeschosses seitlich herüberragen. Großzügige Fensterfronten mit ornamentierten Holzläden setzen sich elegant vom Erdgeschoss ab, in dem nur kleine, vergitterte Fensterchen verbaut sind. Die Grundstücke sind zudem durch mannshohe Natursteinmauern umgeben. Kleine Pelzpalastfestungen.

Ioannis lenkt den Subaru weiter bergauf. Ein Adler kreist plötzlich über der Straße. Ioannis blickt fasziniert gen Himmel.

»Ein Königsadler!«, sagt er. »Der ist selten.«

Die Natur rund um Kastoriá scheint ein intaktes Biotop zu sein.

»Vorsichtig, Ioannis!«, rufe ich erschrocken dem vom Adler abgelenkten Subaru-Piloten zu. »Da ist eine Schildkröte auf der Fahrbahn!«

»Hoppla!«, vernehme ich Ioannis scheinbar gelassen. Er weicht dem Panzertier geschickt aus. »Davon gibt es hier reichlich«, sagt er. Und schon entdecken wir die nächste Schildkröte. Und dann wieder eine, und wieder …

Vor einem Café auf halber Höhe des Berges hält Ioannis an. Rechterhand sind Pfaue in einem geräumigen Gehege untergebracht. Eitel schlagen sie Räder und ihr typisches Rufen hallt über den Berg: »Wuääääh!«. Als wir gerade die Treppe zum Café betreten wollen, tritt uns ein Gärtner mit Motorsense in der Hand entgegen. Er kommt aus einem stallähnlichen Verbau unterhalb der Treppe. Dort müssen offenbar noch mehrere Menschen sein, denn es dringt eine fröhliche Unterhaltung durch die jetzt offene Tür zu uns, und dann eine freundliche Aufforderung: »Herr Bürgermeister, kommen Sie herein!« Ioannis kennt den Rufer und seine Freunde, und so stehen wir in einem Lagerraum voller Gartenwerkzeuge und -geräte. In der Mitte ein klappriger Holztisch. Auf ihm stehen Tomaten, Brot, Oliven, Pasten und Käse auf kleinen Tellern angerichtet. Die fünf Männer, die verteilt um den Tisch herumsitzen, tragen Gärtnerkleidung. »Wir machen eine kleine Mittagspause«, sagt einer von ihnen, noch bevor ich fragen kann, wer die fünf sind, und lädt uns mit einer angedeuteten Handbewegung ein, mit zu essen. Der Älteste in der Runde, ein weißhaariger, geschätzt 90-Jähriger, schneidet Schafskäse von einem großen Laib, der Jüngste in der Runde schnippelt Tomaten. »Die habe ich aus Albanien geholt«, sagt er. Da seien sie billiger und so lecker wie die Tomaten in Griechenland früher auch einmal waren. Der Gärtner, der die Motorsense trug, hat sie in einer Ecke abgestellt und kommt nun mit einer etikettlosen Flasche, in der sich eine klare Flüssigkeit befindet, zu uns an den Tisch. »Kommt, wir trinken einen Tsípouro!«, sagt er und ehe der Bürgermeister abwinken kann, wird ihm auch schon ein gut gefüllter Plastikbecher gereicht. Der nächste geht an mich, und schon ist die gesamte Mittagsrunde damit ausgestattet. »Stin ijá mas (– Auf unser Wohl)!«, schallt es fröhlich durch die Werkstatt. Es wird angestoßen und der 90-Jährige verteilt seinen Käse. Brot macht die Runde, Oliven, Tomaten, wieder Käse. Ein Tellerchen Sardellen erscheint wie von Geisterhand, und dass irgendwer meinen Plastikbecher noch mal aufgefüllt hat, habe ich in dem emsigen Treiben an der gut gedeckten Werkbanktafel gar nicht bemerkt. Nach einer halben Stunde gibt Ioannis das Signal zum Aufbruch. Nur schwer löse ich mich von dieser illustren Runde und der jetzt nach Oregano, Schafskäse, Oliven, Schnaps und Motoröl duftenden Gärtnerwerkstatt. Eine herzliche Verabschiedung mit der ebenso herzlichen Einladung, bald wieder vorbei zu kommen, dann sind wir wieder draußen. Die parkähnlich gepflegte Umgebung strotzt vor dekorativem Grün.

»Das waren einige der Mitglieder des Naturfreunde-Vereins«, sagt Ioannis. »Ohne sie sähe es hier nicht so schön aus. Sie kümmern sich rührend und mit voller Hingabe um die Natur. Als ich Bürgermeister war, haben wir viele gemeinsame Aktionen gemacht.« Er blickt über den bewaldeten Hang, hinunter in Richtung seiner Stadt.

»Jetzt trinken wir aber erstmal einen Kaffee da oben. Komm!«, sagt er, deutet zum Café, und geschwind nehmen wir die Stufen hinauf ins zweite Obergeschoss. Sobald wir durch die Tür des modern anmutenden Kafeneíons treten, eröffnet sich uns ein faszinierender Ausblick auf ganz Kastoriá und den Orestiáda-See. Er liegt uns im Sonnenlicht glitzernd zu Füßen. Der Duft von Kaffee durchdringt den Raum. Wir suchen uns einen Platz mit dem vermutlich besten Panoramablick und Ioannis bestellt beim freundlichen Kellner.

»Trinkst du auch einen griechischen Mokka?«, fragt er mich.

»Ja, gerne! So wie du: métrio – mittelsüß«. Und kurz darauf genießen wir den Mokka und den Ausblick auf Kastoriá. Sehr süß!

Es ist spät geworden. Ich muss weiter! Wieder im Subaru lenkt Ioannis den Wagen kurz darauf durch das Stadtzentrum und zeigt in Richtung Ortsausgang.

»Du musst doch sowieso in diese Richtung. Wir holen dein Auto und ich zeig dir noch einen der richtig großen Pelzhändler.« Widerstand zwecklos! Und so stehen wir wenige Minuten später bereits vor dem schillernden Portal einer der führenden Pelzfirmen der Stadt. Wir betreten einen modernen Eingangsbereich und die Empfangsdame ist sofort bereit, uns zum Chef zu geleiten. Ioannis kennt den Inhaber seit langer Zeit. Wir erwischen Christos beim Mittagessen in seinem luxuriösen Büro. Er isst gehetzt von seinem Teller. Er scheint in Eile zu sein. »Wir stören dich nicht lange«, sagt Ioannis. »Ich wollte Andreas nur noch einen richtig großen Betrieb zeigen.« Dann erzählt er den Grund meines Besuches. Währenddessen serviert mir die glamouröse, großgewachsene Sekretärin einen Frappé. Nebenbei erfahre ich, dass Christos als selbständiger Pelznäher mit einem Mini-Betrieb anfing. In genau einem solchen, wie wir ihn heute Morgen besichtigt haben, und von denen es noch immer eine stattliche Anzahl in Kastoriá gibt. Der geschäftstüchtige Pelzexperte hat jedoch sukzessive expandiert. Heute führt er einen der erfolgreichsten Handelsbetriebe der Gegend.

»Seht euch doch ein wenig in unserem Showroom um!«, sagt Christos, woraufhin uns einer seiner Mitarbeiter in die elegante Ausstellungs- und Verkaufshalle führt. Kleiner als die des EDIKA ist sie, dafür jedoch kein bisschen schlichter. Sündhaft teure Pelze, so weit das Auge reicht.

»Wie gerne würde ich einmal einen echten Zobel anprobieren. Meinst du das geht?«, frage ich Ioannis.

»Selbstverständlich«, sagt er unbeirrt und kurz darauf erscheint bereits der Mitarbeiter mit einem Gebinde Zobelfelle. Er möchte, dass ich mir zunächst einen

Eindruck von den einzelnen Fellen verschaffe. Edle, braune Zobelfelle streckt er mir entgegen. Etwa fünfzig bis sechzig einzelne Tierhäute sind an einem Ring miteinander verbündelt. Etwa so viele, wie man für eine Pelzjacke benötigt. Die weichen, zarten Härchen beeindrucken. Zobelhaft! Jedes einzelne Fell kostet im Einkauf zwischen dreihundert und sechshundert US-Dollar. Der freundliche Mitarbeiter erscheint jetzt mit einem langen Mantel. Ein Zobel aus edlem russischem Fell. Sicher so teuer, dass ich mich kaum traue, die faszinierenden, millionenfachen Tierhaare zu berühren, doch Ioannis hilft mir bereits in den schweren Mantel. Als schlüpfte ich in eine neue Haut, fühle ich mich durch den warmen und unglaublich angenehm zu tragenden Mantel geadelt. Es ist königlich verrückt. Rund 60.000 Euro wird das gute Stück wohl kosten. Und dabei ist es nicht aus dem allerbesten Fell. Der teuerste Zobel ist der Kronzobel, dessen Haarspitzen silbergrau sind. Mäntel aus diesem edelsten aller Felle werden um die 100.000 Euro gehandelt. Doch auch der, der mich gerade adelt, ist eine Augenweide. Ich betrachte mich im Spiegel und muss schmunzeln.

Während dieses majestätischen Augenblicks klingelt mein Mobiltelefon. Es ist mein Freund Ioannis aus Ioánnina. Wo ich bleibe, will er wissen. Als ich ihm verrate, dass ich noch in Kastoriá bin, wirkt er enttäuscht. »Es ist warm, beeil dich! Ich will ein erfrischendes Bier unter den Platanen mit dir trinken«, sagt er. Dann legt er auf und ich den Mantel ab. Das gute Stück mag für einen Moskauer Geschäftsmann finanzierbar sein, ich hingegen verzichte lieber auf den sündhaft teuren Luxus. Im Übrigen wurde es mir nun deutlich zu warm im Zobel-Winterfell. Ein kühles griechisches Bier wäre jetzt tatsächlich eine gute Sache. Aus diesem Grund will ich mich rasch von Ioannis und Kastoriá verabschieden, doch so leicht lässt der Bürgermeister nicht locker. »Gleich hier vorne ist die vorgeschichtliche Siedlung am See. Das musst du dir unbedingt noch kurz ansehen«, sagt Ioannis. Dem freundlichsten aller griechischen Bürgermeister vermag ich keinen Wunsch abzuschlagen.

Nur sieben Kilometer außerhalb der Stadt Kastoriá befindet sich das antike Pfahldorf Dispilió am Seeufer. Erst in den 30er Jahren des vergangenen Jahrhunderts wurde es entdeckt, nachdem der Wasserspiegel des Orestiáda-Sees um einige Meter gefallen war. Vor kurzem erst neu renoviert, erstrahlen die runden und eckigen Hütten mit ihren schilfgedeckten Dächern eindrucksvoll im gleißenden Sonnenlicht. Die Holzhütten stehen am Seeufer, das von einem annähernd englischen Rasen sattgrün bedeckt ist. Das gesamte Museumsgelände ist bestens gepflegt und am Eingang begrüßen uns hochgradig gut gelaunte Wärter, deren Freundlichkeit allein einen Besuch wert wäre. Der Abstecher hierhin hat sich gelohnt, denn die Gesamtatmosphäre beeindruckt ebenso, wie das Tragegefühl eines Edel-Zobels. In der dem Original exakt nachgebauten Pfahldorfsiedlung wohnten die ersten »Kastoriáner« bereits vor rund 8.000 Jahren im Einklang mit der Natur. Die einzelnen Hütten sind mit kleinen Holzstegen verbunden, die aus Baumstämmen oder dickeren Ästen konstruiert sind. Die Sonne brennt an diesem Mainachmittag aus einem brillant-klaren Himmel. Unter den Bäumen am Seeufer liegen Enten und Pelikane im Schatten auf dem »englischen« Rasen.

Wieder klingelt mein Mobiltelefon. Ioannis aus Ioánnina ist erneut dran: »Andreas, komm direkt nach

Tsepélovo! Ich hab's nicht länger in Ioánnina ausgehalten. Ich bin schon auf dem Weg in mein Dorf und warte da auf dich.«

»Ioannis«, sage ich zum Bürgermeister a.D., »ich muss los. Leider. Es war einzigartig in Kastoriá. Danke für alles. Ich komme wieder.« Wir drücken uns herzlich zum Abschied und dann sagt Ioannis: »Da vorne ist eine Tankstelle. Tank noch mal den Wagen voll. Hier in der Gegend gibt es nicht viele Benzinhändler.« Kurz darauf läuft der teure Sprit in den Tank. Fast 1,80 Euro kostet der Liter Benzin jetzt mitten in der Finanzkrise. Die Pelzkäufer, die Kastoriá besuchen, wird das nicht tangieren. Ich winke meinem Bürgermeister zum Abschied noch einmal zu, dann mache ich mich auf den Weg zum anderen Ioannis.

Bürgermeister Zobel isst leidenschaftlich gerne Muscheln. Hier also ein Rezept und bei der Zubereitung nicht die Pelz-Schürze vergessen:

Muscheln-Pilaw
Μυδοπίλαφο

Zutaten:

1 kg Miesmuscheln in der Schale, 1 Tasse Weißwein, ½ Tasse Ouzo, 2 Tassen Langkornreis, ½ Tasse Olivenöl, 1 große gehackte Zwiebeln, 3 gehackte Knoblauchzehen, 1 Bund Frühlingszwiebeln in Ringe geschnitten, 3 große Fleischtomaten in Stückchen geschnitten, je 3 EL gehackter Dill und gehackte Minze, 2 EL gehackte Petersilie, Salz, Pfeffer

Zubereitung:

Weißwein, Ouzo und 6 Tassen Wasser in einem Topf zum Kochen bringen. Gereinigte Muscheln zufügen und unter geschlossenem Deckel 4-5 min kochen, bis die Muscheln sich öffnen. Nicht geöffnete Muscheln aussortieren und entsorgen (sind nicht zum Verzehr geeignet!). Die geöffneten Muscheln aus der Schale entnehmen und in einer Schüssel aufbewahren. 20-30 Muscheln jedoch mit der Schale aufheben, diese dienen später als Dekoration. Den Wein-Ouzo-Sud ebenfalls beiseitestellen. In einem Topf das Olivenöl erhitzen. Darin zuerst die gehackten Zwiebeln andünsten, dann die Frühlingszwiebeln, den Knoblauch und den Reis untermischen und alles kurz anbraten.

Salz, Pfeffer und 4 Tassen Wein-Ouzo-Sud zufügen, bei mittlerer Hitze ohne Deckel zum Kochen bringen und für ca. 12 min, bis der Reis die Flüssigkeit aufgenommen hat, köcheln.

Anschließend Muschelfleisch, die restlichen Muscheln in der Schale, Tomatenstücke, Dill und Minze in den Topf geben, eventuell nachsalzen, alles umrühren und den Topf zudecken. Bei mittlerer Hitze weiter köcheln, damit die Restflüssigkeit durch den Reis aufgenommen werden kann. Probieren, ob der Reis gar ist. Sollte Flüssigkeit benötigt werden, dann etwas von dem Wein-Ouzo-Sud zufügen. Vor dem Servieren die Petersilie unter das Pilaw-Gericht mischen. Beim Anrichten darauf achten, dass auf jedem Teller auch Muscheln mit Schalen zu sehen sind. Als dekorative Zutat – das Auge isst mit!

10

WASSER UND SPA
Feuchtes Vergnügen rund um Sidirókastro

Über ein Jahr lang hatte ich Kostas und Elpída nicht mehr gesehen. Zuletzt, als mich Cowboy Makis zu den Wildpferden geführt hatte.[15] Jetzt, da ich wieder in der Gegend bin und noch etwas Zeit habe, beschließe ich spontan dem unendlich gastfreundlichen Rentnerehepaar einen Besuch abzustatten. »Wir freuen uns, dass du kommst«, hatte Kostas am Telefon gesagt. Auf meinem Weg von Xánthi nach Thessaloníki, es dämmert bereits und ich habe mich verspätet, zwingt mich kurz vor Sérres der Durst einen kurzen Stopp an einer Tankstelle einzulegen. Ich kaufe zwei kleine Flaschen Wasser. Der Wasserpreis war früher in Griechenland staatlich festgesetzt. Auch heute noch hat sich ein einheitlicher Preis etabliert. »Missó evró« – einen halben Euro kostet der halbe Liter in Plastikflaschen abgefülltes griechisches Quellwasser. Am »Períptero« (– dem Kiosk) ebenso wie an der Tankstelle. Eine preiswerte und so leckere Erfrischung, besonders nach meinem langen Tag.

Nach Sidirókastro sind es jetzt nur noch zwanzig Kilometer. Kostas und Elpída leben in Káto Ampélia, einem Vorort von Sidirókastro. Sérres, die Hauptstadt des gleichnamigen Regionalbezirkes, welcher sich aus siebenundzwanzig Gemeinden zusammensetzt, liegt etwa achtzig Kilometer nordöstlich von Thessaloníki in Zentralmakedonien und nur noch vierzig Kilometer von der bulgarischen Grenze entfernt. Die Region gleicht einem riesigen Talkessel, umgeben von Bergen und durchzogen vom Strymóna-Fluss, der von Nord nach Süd die Landschaft prägt. Der Wasserreichtum wird ergänzt durch den gewaltigen Kerkíni-See, dem drittgrößten Stausee Griechenlands, der eine Ausdehnung von knapp fünfzehn mal sechs Kilometern hat. Ich habe einen Abstecher auch dorthin geplant, aber besonders interessieren mich die Heilquellen von Sidirókastro. Gut also, dass Kostas am Telefon zu mir gesagt hatte, dass sie morgen ins Hamam gehen wollen. »Dann fahren wir also gemeinsam. Du wolltest doch sowieso mal dorthin«, hatte er hinzugefügt. Und so freue ich mich auf einen erholsamen Tag, nachdem einige anstrengende hinter mir liegen.

Viel später als geplant erreiche ich an diesem Mai-Abend Káto Ampélia. Die einzige Taverne des Dorfes hat geschlossen. Der Besitzer, ein Verwandter von Kostas und Elpída, spürt die Finanzkrise. Das Geld sitzt nicht mehr so locker, die Griechen gehen weniger aus, und wenn, dann gehen sie sparsamer mit ihrem knapper gewordenen Budget um. Kostas und Elpída hingegen leben gut mit ihrer Rente aus Deutschland. Und außerdem können sich die beiden fast autark ernähren. Der Hobbygärtner Kostas zieht Obst und Gemüse in rauen Mengen in seinem kleinen Garten, und in seinem Keller züchtet er neuerdings Hühner in einer alten Brutmaschine.

Als ich vor dem Grundstück des Rentnerehepaares parke, fällt mir selbst im Mondschein der saftige, gut gepflegte Garten auf. Früchte hängen an den Bäumen, aus denen Elpída später, wenn sie reif sind, leckere Marmeladen machen wird. Die zwei leben in einem kulinarischen Paradies und sie sind stolz darauf, sich gut zu ernähren und gesund zu leben. Regelmäßig besuchen sie die Heilquellen und täglich stehen Salat und frisches Gemüse auf ihrem Speiseplan.

Das Rentnerehepaar nimmt mich herzlich wie einen Schwiegersohn in Empfang. Und kurz darauf bereitet mir die liebenswürdige Frau des Hauses bereits ein leckeres Abendessen. Mindestens dreiviertel davon stammt aus Kostas' Garten. Als Elpída mir Gemüse und Salat auftischt, fragt ihr Mann mich nach der EHEC-Krise. In den vergangenen Tagen rissen die Schreckensmeldungen aus Deutschland über schwere Erkrankungen im Zusammenhang mit dieser Viruserkrankung nicht ab. Kostas verfolgt die Berichterstattung über mögliche Zusammenhänge mit Tomaten oder Gurken aufmerksam. Gut, dass ich ihm diesbezüglich Entwarnung verkünden kann. Nur ungern hätte ich auf seine Bio-Tomaten aus eigenem Anbau verzichtet.

Am nächsten Morgen weckt mich der intensive Duft leckeren griechischen Mokkas. Elpída ist früh auf und bereitet bereits das Frühstück zu. Sie serviert es auf der Terrasse. Während ich mich ausgeschlafen zu ihr setze, kommt ihr Mann gerade mit Harke und Spaten bewaffnet aus seinem Auberginenbeet. Er steht noch früher auf als seine Frau und nutzt die kühlen Morgenstunden für die Arbeit am Gemüse.

»Kalimera Andreas. Lass uns erstmal einen Kaffee trinken!«, sagt er und Elpída stellt nicht nur diesen auf den Tisch, sondern auch selbstgebackenes Brot und ihre hausgemachte Marmelade vom Vorjahr. In diesem Paradies lässt es sich leben. Kostas hat den Garten professionell ausgestattet. Im Morgenlicht glitzert der Tau auf den akkurat verlegten Bewässerungsleitungen aus schwarzem Kunststoff. Jede Pflanze, jeder Baum, jeder Salatkopf wird so perfekt und regelmäßig gewässert. Wasser ist Lebenselixier. Die Griechen trinken viel davon. Zum Kaffee, zu einer Löffelsüßigkeit oder einfach nur so zur Erfrischung. Sie wissen um die gute Wirkung. Auch für Kostas und Elpída spielt Wasser eine wichtige Rolle. Sie trinken nicht nur viel davon, sondern sie baden auch gerne. Regelmäßig besuchen sie ein Hamam ganz in der Nähe, das von einer besonderen Heilquelle gespeist wird. Wahrscheinlich ist auch das, neben dem großen Wasserkonsum, ein Grund dafür, dass die zwei gut und gerne zwanzig Jahre jünger aussehen. Diesen »Jungbrunnen« möchte ich auch gerne ausprobieren!

Während wir noch beim Kaffee auf der Terrasse sitzen, Elpída macht gerade telefonisch einen Termin für den späteren Besuch im Hamam aus, blättere ich durch einen Text über die Heilquellen von Sidirókastro. Als Kostas sieht, was ich lese, sagt er: »Andreas, wir gehen aber immer zu einem anderen Heilbad. Nicht zu denen hier direkt bei uns in Sidirókastro.« Überrascht blicke ich ihn an. »Unser Kurort ist nur ein paar Kilometer weiter. Das Hamam in Ágkistro ist kleiner und gemütlicher. Es gefällt uns dort besser«, ergänzt seine Frau. Ich bin begeistert von so vielen Heilquellen in unmittelbarer Nähe. Und ich bin neugierig geworden. Für elf Uhr hat Elpída zwei Badehäuschen im Ágkistro-Spa reserviert. Ich bin gespannt, was mich dort erwartet.

Kostas schleppt plötzlich kistenweise leere Wasserflaschen und -kanister auf die Terrasse. »Immer, wenn wir zum Hamam fahren, halten wir auf dem Weg dorthin an einer Quelle an und zapfen uns frisches Trinkwasser«, sagt er, als er meinen fragenden Blick sieht.

»Herrlich frisch schmeckt es, und der Platz an der Quelle unter der mehrere hundert Jahre alten Platane ist immer eine kleine Pause wert«, meint Elpída. Mit durstigem Blick schaut sie zu ihrem Mann. »Komm, wir fahren schon mal los. Es ist zwar noch früh, aber wenn wir etwas eher da sind, macht das ja eigentlich auch nichts.« Elpída nimmt ihr Wasserglas, trinkt es aus und steht schon kurz darauf abfahrbereit im Garten. Kostas hat zwischenzeitlich den Wagen aus der Garage geholt. Zu dritt steigen wir in das sportliche Mercedes-Coupé und machen uns gemütlich auf den Weg zur »Kur«.

Kostas nimmt die Schnellstraße in Richtung bulgarische Grenze. Hinter Sidirókastro führt sie uns idyllisch am mächtigen Strymóna entlang. Der Fluss versorgt die landwirtschaftlich intensiv genutzte Ebene mit reichlich Wasser. An seinen Ufern siedeln Fabriken und reihen sich Felder, Weiden und Wiesen. Durch mächtige Gebirgszüge gesäumt fließt der Strymóna in seinem begradigten Bett in entgegengesetzter Richtung an uns vorüber. Nach nur wenigen Minuten Fahrzeit entlang eines kurzen Teilstücks des insgesamt 408 Kilometer langen Flusses, erreichen wir die letzte griechische Ortschaft vor der bulgarischen Grenze. Der Grenzübergang ist schon in Sichtweite, als Kostas nach rechts abbiegt und wir die Ortschaft Promachónas erreichen. Die Straße Promachónas-Ágkistro verläuft in Sichtweite zur parallel verlaufenden Grenze. An ihr liegt eine von außen gemütlich aussehende Taverne, die geschlossen ist, als Kostas den Mercedes auf deren Parkplatz lenkt. Wir kommen direkt neben der hochgeschätzten Quelle zu stehen. Wir steigen aus und stehen im Schatten der alten, blattreichen Platane. Ein intensiver Duft, wie ich ihn nur aus Griechenland kenne, dringt vom Baum in meine Nase, während fast zeitgleich auch schon das Blubbern der Quelle meinen Ohren schmeichelt. Kostas und Elpída füllen die mitgebrachten Wasserflaschen und -kanister und ich nehme einen großen Schluck des kristallklaren, eiskalten Quellwassers.

Nach der Durst stillenden Pause wird Kostas nun ungeduldig. Er will jetzt endlich auch ins Wasser steigen. In warmes. Und so fahren wir zügig weiter zum Heilbad Ágkistro, das nur einen Steinwurf von der Quelle entfernt in einem grün bewaldeten Tal mit saftigen Wiesen liegt. Wir sind zu früh, als Kostas das Mercedes-Coupé vor dem Haupteingang des »Hotel Hamam« anhält. Elpída und ich steigen aus, während Kostas den Wagen auf dem großen Parkplatz auf der Rückseite des Hotels parkt. Mit Elpida betrete ich den modern verglasten Eingangsbereich. Das Hotel betreibt hier auch das »Hamam Spa«. Außer zwei Handwerkern und einer freundlichen Empfangsdame ist niemand hier. So macht es auch nichts, dass wir überpünktlich sind. Das moderne Hotel ist architektonisch geschickt um das ursprüngliche, kleine Heilbad angelegt worden. Der weiß getünchte zweistöckige Komplex bietet von fast jedem Zimmer aus einen Ausblick auf das byzantinische Hamam, das um das Jahr 950 erbaut worden ist. Es gilt als eines der ältesten des Landes. Aus der Eingangshalle sehen wir durch die großen Fenster direkt auf seine Natursteinwände.

Die Empfangsdame weist uns zwei der modernen Badehäuser zu. Eines für das Rentnerehepaar, das andere für mich. Der Eintritt beträgt fünf Euro pro Person. Ich bin überrascht über den moderaten Preis. Kostas kommt gerade durch den Hintereingang vom

Parkplatz herein, als Elpída auf zwei im Garten des Areals liegende Gebäudeteile deutet. »Das dort drüben sind die Hamam-Häuschen«, sagt sie. »Du hast Nummer 3 und wir haben wie immer Nummer 1.«

Durch den Hintereingang und über eine schlichte Freitreppe betreten wir den kurparkähnlichen, kleinen Garten, in dem neben dem byzantinischen auch die modernen Badehäuschen erbaut worden sind. Direkt neben der Treppe liegt das byzantinische. Ein uraltes, aus dunkelgrauem Naturstein rundgemauertes Häuschen mit einem flachen Gewölbedach. Das Häuschen ist etwa vier Meter hoch und endet auf Höhe der Fenster der ersten Hoteletage. »Das ist das alte Hamam«, sagt Kostas. »Wir schauen es uns später genauer an. Jetzt gehen wir erstmal baden.« Elpída drückt mir ein großes Badetuch in die Hand, und dann verschwinden die beiden in Badehaus Nummer 1.

Ich betrete Haus Nummer 3. Ein kleiner, gekachelter Vorraum wie im Hallenbad. Ich verschließe die Eingangstür hinter mir und öffne die Tür ins Innere. »Omíchli« – dieses schöne griechische Wort für Nebel geht mir zuerst durch den Kopf, als ich das Hamam betrete. Ein quadratisches, etwa vier mal vier Meter großes Badebecken erkenne ich gerade noch, bevor dichter, wabernder Nebel von hinter mir durch die noch geöffnete Tür zum Vorraum in das heiße Innere der Badeanstalt dringt. Schnell schließe ich ab, um überhaupt etwas sehen zu können. Der Nebel lichtet sich, ich beginne in meiner Kleidung zu schwitzen, während ich allmählich wieder einen klareren Blick vom Hamam erhaschen kann. Aus der mit Marmorornamenten dekorierten Stirnseite des Beckens sprudelt ein kräftiger, wasserfallähnlicher Strahl des Heilwassers etwa einen

Meter über der Wasseroberfläche aus einer kreisrunden Öffnung in der Wand ins Becken. Erst jetzt entdecke ich auf der gegenüberliegenden Seite eine zweite Tür. Gespannt öffne ich sie und stehe im Umkleideraum mit Toilette und Dusche. Angesichts der erhofften Abkühlung ziehe ich mich rasch aus und begebe mich in das etwa brusthohe Heilwasser im Badebecken. Vom Heilwasserstrahl lasse ich mir kräftig den Rücken massieren und es tritt umgehend eine wohlige Entspannung ein. Das Wasser fühlt sich seidenweich an. Es verwöhnt. In der Broschüre des Hotels hatte ich gelesen: »Die Quellen von Ágkistro gelten als eine der besten in ganz Europa«. Und weiter: »Entspannen Sie sich und fühlen Sie sich einzigartig und schön!« Ich schließe die Augen. Es funktioniert. Einzigartig krault mich der Wasserstrahl des Heilwassers. Die natürliche Quelle hat eine Wassertemperatur von 39 bis 41 Grad Celsius. Hier im Hamam läuft es angenehm einige Grad kühler aus der Wand. Das Wasser enthält neben Natrium, Calcium und Kalium, Sulfate, Hydrogencarbonat und Fluor. Es hilft bei rheumatischen und arthritischen Erkrankungen ebenso wie bei Rückenleiden und Muskelschmerzen.

Nach einer erholsamen halben Stunde im Hamam fühle ich mich wie neugeboren und schlüpfe wie ein Faun in meine Kleidung. Im Park treffe ich Kostas und Elpída wieder. »Willst du noch einen Blick in das byzantinische Hamam werfen?«, fragt Kostas. Na klar! Und schon stehen wir wieder bei der Empfangsdame im Eingangsbereich, die sofort bereit ist, uns zum alten Badebecken zu führen. Mit dem Schlüssel in der Hand geleitet sie uns die wenigen Stufen hinab. Vom Haupthaus des Hotels gibt es einen direkten Zugang. Als sie die kleine Tür öffnet, schlagen uns wieder Nebelschwaden ins Gesicht. Und auch hier im alten Hamam sprudelt eifrig das Wasser aus der Wand ins Becken. Das byzantinische Hamam ist nach wie vor in Betrieb. Nicht so modern wie die neuen Badehäuser, dafür verspürt man einen antiken Charme. Von hier aus wirkt die halbrunde Kuppel des Gebäudes deutlich höher als von außen betrachtet. Der Badegast fühlt sich fast wie in einem kleinen Tempel. Ich beschließe, bei meinem nächsten Besuch in Ágkistro hier ein Bad zu nehmen. Jetzt aber wollen wir weiter. Elpída hat ihr Handtuch um die vom Heilwasser noch feuchten Haare gewickelt. Also auf zurück nach Hause, nach Sidirókastro!

Auf der Rückfahrt frage ich die Beiden, ob sie denn schon mal in Sidirókastro in Heilwasser gebadet haben. »Nein«, sagt Kostas. »Ich war auch schon ganz lange nicht mehr oben beim Kurhaus. Wollen wir es uns mal ansehen?« Ich sage nicht nein und so lenkt er den Mercedes wenig später eine kleine Anhöhe hinauf, auf der sich die »Loutrá Sidirokástrou« (– die Heilquellen von Sidirókastro) befinden. Wir parken vor dem riesigen Gebäudekomplex, in dessen Zentrum das geräumige Kur- und Badehaus liegt. Nebenan ein Hotelbereich, Nebengebäude und selbstverständlich auch eine kleine Kapelle. In traditionell griechischem Stil leuchten die weißen Wände der Gebäude im Sonnenlicht und die orange-braunen Dachziegel setzen sich pittoresk vom tiefblauen Himmel ab. Elpída blickt von einer kleinen Aussichtsstelle ins Tal herab. Auf Sidirókastro und auf den gewaltigen Strymóna-Fluss. »Geht ruhig rein! Ich bleibe hier draußen«, ruft sie uns zu. Kostas und ich betreten daraufhin das Kurhaus alleine.

An der Rezeption ist eine junge Frau damit beschäftigt, Unterlagen zu sortieren. Kostas fragt sie, ob wir uns kurz umsehen können.»Andreas ist Schriftsteller aus Deutschland und schreibt in seinem neuen Buch auch etwas über Sidirókastro und die Heilquellen«, sagt er an die Rezeptionistin gewandt.

Die junge Frau sieht überrascht von ihrem Papierstapel auf und sagt dann an mich gewandt: »Ich heiße Sofía, ich zeige euch gerne unsere Heilbäder.« Das alles in bestem Deutsch! Sie hat eine Weile in Deutschland gelebt, doch jetzt ist sie wieder zu Hause. Sehnsucht nach Deutschland habe sie jedoch auch manchmal. Davon erzählt sie uns, während sie uns ins Innere des Kurhauses geleitet. Dort bringt Sie uns dann zunächst zum großen Badebecken. Ein kleines Schwimmbad. In den weiteren Räumen befinden sich kleine, runde Becken, Badewannen und Whirlpools in nahezu allen erdenklichen Größen. Die Räume sind individuell gestaltet. Lounges mit Whirlpool in warmer brauner Natursteinoptik, orientalisch anmutende Hamams oder Badehäuschen in antik-griechischem Ambiente. Ein Panoptikum gemütlicher Wellnessarrangements.

»Vielleicht müssen wir hier auch mal baden gehen«, sagt Kostas, als wir unseren kleinen Rundgang beenden. Wir verabschieden uns von der freundlichen Sofía, die uns ein bisschen sehnsüchtig nachschaut. So, als wolle sie hier heraus oder zurück nach Deutschland, oder aber einfach in einem Kurbetrieb arbeiten, in dem es mehr zu tun gibt. Denn hier in Sidirókastro scheint das Kurhaus überdimensioniert für die wenigen Gäste. Draußen deutet Kostas auf das riesige Nebengebäude im Stile eines Ostberliner Plattenbaus aus den 70er Jahren. Etwa aus dieser Zeit stammt vermutlich auch das Hotel »Pigí« (– Quelle). Ausladend wirkt es. Es passt nicht so recht zum architektonischen Schick der

Kurgebäude. Wir drehen uns lieber noch mal um 180 Grad herum. Jetzt sehen wir Elpída, die, immer noch mit ihrem Handtuch um den Kopf gewickelt, an der Aussichtsstelle steht und auf das weite Flusstal hinab und zur gigantischen Gebirgskette am Horizont hinüberblickt. Elpída heißt übersetzt Hoffnung. Und mit einer fröhlichen solchen fahren wir nun zu ihr nach Hause. Ihr Mann hat noch etwas Arbeit im Garten, will am liebsten sofort dort hin, aber sie will uns zunächst ihr vorbereitetes Mittagessen präsentieren.

Elpídas Kochkünste sind beneidenswert. Nach einem leckeren Huhn aus dem Ofen, knackigem selbstgezogenen Gemüse aus dem Garten und den frischen Salaten aus Kostas Zucht, habe ich neue Kraft getankt, um noch einen kleinen Ausflug zu machen. »Was? Du hast unseren Wasserfall noch nicht gesehen?«, fragte mich der Hausherr beim Mittagessen und erklärt mir schnell, wie ich im Zentrum von Sidirókastro die kleine Straße zu den »Kataráktes« (– den Wasserfällen) finden würde. Ich beschließe, alleine dorthin zu fahren. Kostas will ich lieber seinem Garten überlassen und Elpída hat sich eine Mittagspause redlich verdient.

Am Straßenrand parke ich den Wagen und schlendere über einen schmalen Fußweg unter schattenspendenden Platanen, als ich mich fast zu Tode erschrecke. Direkt vor meinen Füßen, keinen Meter entfernt, huscht plötzlich eine etwa einen Meter lange, schwarze Schlange über den Weg und verschwindet im Laub. Der spontane Schreck ist ebenso groß wie schnell vergessen, als ich nach weiteren zehn Metern bereits an einem Abhang stehe und auf den tosenden Wasserfall blicke. An dessen Ende windet sich, wie eine dunkelblaue Python, der Fluss durch das feuchte Biotop. Etwa zwanzig

Meter über meinem Kopf tobt der »Kataráktis« über eine dichtgrüne Kante hinab ins karge, ausgewaschene Felsgestein. Die weiße Gischt mischt sich faszinierend mit dem satten Grün der fast ins Wasser hineinragenden Blätter der umstehenden Platanen, Eichen und Feigenbäume. Vor dem dunkelblauen, klaren Sonnenhimmel wirkt der Anblick farbenfroh erfrischend. Ich setze mich auf einen Felsen am wilden Ufer, schöpfe mit einer kleinen, leeren Plastikflasche – ich denke, es ist eine von den Wasserflaschen, die ich gestern Abend an der Tankstelle gekauft habe – etwas Wasser aus dem Bach, trinke das kühle Nass und entspanne eine Weile. Und während der Wasserfall unaufhörlich weitersprudelt, reift in mir die Idee, jetzt auch noch schnell dem Kerkíni-See einen Kurzbesuch abzustatten.

Die »Límni Kerkínis« ist ein künstlich angestauter See. Er ist nur etwa zwanzig Kilometer von Sidirókastro entfernt. Die Planungen für den Stausee reichen in die 1920er Jahre zurück. Mit seinem Bau sollte der Strymóna-Fluss reguliert und Überschwemmungen vermieden werden. Gleichzeitig sollte das Wasser des Stausees zur Bewässerung neuer Siedlungsgebiete entlang des Flusses dienen. Sie entstanden auch als Folge des griechisch-türkischen Krieges 1919-1922. Im Rahmen des damals durchgeführten Bevölkerungsaustauschs zwischen der Türkei und Griechenland wurden einige der Zwangsumsiedler auch im Gebiet rund um den heutigen Kerkíni-See angesiedelt. Mancherorts erinnern die Ortsnamen an die Herkunft der ursprünglichen Siedler.

Der Staudamm, der südwestlich von Sidirókastro bei der Ortschaft Lithótopos errichtet wurde, entstand im Jahr 1932. Er staut den Strymóna zum Kerkíni-See, der eine Gesamtlänge von 14,49 Kilometern erreicht. Mit seiner maximalen Breite von 5,65 Kilometern wird der Kerkíni-See zum drittgrößten Stausee Griechenlands. Als Feuchtbiotop hat er heute eine herausragende Bedeutung. Gerade die nördliche, östliche und südliche Uferseiten bestehen aus riesigen Feuchtgebieten, die als Nist-, Laich- und Brutstätten für dreißig Fisch- und über 300 Vogelarten dienen. Pelikane, Flamingos und verschiedene Kormoranarten sind ebenso zahlreich anzutreffen wie Wildgänse, Säbelschnäbler oder Reiher. An den Ufern leben zudem Wasserbüffel, Wölfe und zahlreiche Reptilien und Amphibien. Auch als Rastplatz für unzählige Zugvögel ist der Kerkíni-See unverzichtbar geworden. Der Tourismus spielte hingegen bislang eine eher zu vernachlässigende Rolle. Langsam entwickelt sich jedoch ein nachhaltiger Natur- und Wellnesstourismus. In diesem Zusammenhang dürfte sich die gesamte Region gefreut haben, dass die Europäische Kommission im Jahr 2010 im Rahmen des EDEN-Projektes (European Destinations of Excellence) den Kerkíni-See gemeinsam mit den Kurorten Ágkistro und Sidirókastro ausgezeichnet hat. Die Preisverleihung stand in diesem Jahr unter dem Motto »Wassertourismus«. Die Auszeichnung für nachhaltigen Tourismus ist eine Art Gütesiegel für ein besonders lohnenswertes Reiseziel. Ein Ausflug zum Kerkíni-See ist also nahezu ein Muss, wenn man in der Nähe ist. Besonders die von Sérres und Sidirókastro schnell zu erreichende östliche und südliche Uferseite rund um den Staudamm erfreue sich bei Kurzausflüglern großer Beliebtheit, so hat man mir gesagt. Ich hingegen will mir die kleine Ortschaft Kerkíni auf der Westseite ansehen, von der der See seinen Namen hat.

Von Sidirókastro aus erreiche ich über die Nationalstraße 63, die Thessaloníki mit Sofia in Bulgarien verbindet, auf Höhe der Heilbäder schnell die weniger gut ausgebaute Landstraße nach Kilkís. Sie verläuft am Nordufer des Kerkíni-Sees entlang in Richtung Westen. Nach gut zwanzig Kilometern erreiche ich die Ortschaft Livadiá, von wo aus ich in eine winzige Straße nach Kerkíni abbiege. Ein kleines, altes Schild deutet mir an, dass es hier zum Kerkíni-See geht. Hier bin ich richtig! Nach fünf Kilometern erreiche ich das Dorf. Kerkíni liegt genau gegenüber von Káto Ampélia, auf der anderen Seite des Sees. Entlegen wirkt es hier. Verlassen. Keine Menschenseele ist auf den Straßen unterwegs. Ein Kafeneíon, eine Taverne, ein kleiner Grillimbiss, mehr ist nicht zu sehen. Auch keine Menschen. Doch dann erblicke ich auf der Hauptstraße etwas Sehenswertes, das mich fast zu einer Vollbremsung veranlasst. Verrückt, was sich oben auf den zahlreichen Straßenlaternen abspielt. Da ich mir jedoch sicher bin, dass dieses Schauspiel noch eine Weile andauern wird, entschließe ich mich zunächst zu einem Abstecher ans Wasser. Ein schmaler Schotterweg führt zu einem winzigen Hafen. Hier liegen kleine Holzboote vertäut, mit denen Touristen geführte Erkundungsfahrten und Vogelbeobachtungsausflüge machen können. Auf einer Parkbank sitzt gelangweilt ein Kutscher. Sein Fuhrwerk mit zwei edlen braunen Pferden am Gespann steht neben ihm. Im Hintergrund prangt eine große Tafel mit Informationen der Europäischen Union zu den Fördermitteln, die in das Hafenprojekt geflossen sind. Eine stattliche Anzahl Nullen vor dem €-Symbol ziert die Tafel. Gut investiertes Geld für ein überaus interessantes, naturnahes Tourismusprojekt.

Jetzt fehlen nur noch die Gäste! Ich verweile noch ein bisschen am Ufer, blicke den Pelikanen nach, wie sie ihre Runden über den See ziehen und beschließe dann, zu den pittoresken Straßenlaternen zurückzukehren. Noch faszinierender als der Anblick der Pelikane ist das Naturereignis auf den Laternen der Hauptstraße.

Es ist Zeit für einen Kaffee! Vor der Taverne, an der ich vorhin bereits vorbeikam, steht jetzt ein Bagger. Die einzigen Gäste des urigen, kleinen Restaurants sitzen auf der Terrasse am Straßenrand. Es sind drei zum Bagger gehörige Bauarbeiter. Sie genießen den Feierabend. Sonst ist nicht viel los. Auch die Gaststätte wirkt, als hätte der Wirt für heute die Arbeit beendet. Ich betrete den unbeleuchteten Innenraum, in dem ich spontan beeindruckt stehen bleibe. Alles sieht exakt so aus, wie in einem griechischen Film aus den 50er Jahren. Ganz sicher wurde seit dieser Zeit hier nichts verändert. Der alte Steinfußboden, die vergilbte Wandvertäfelung, uralte Holztische, Flechtstühle, eine kleine, dunkle Theke und ein Weinfass machen die Taverne zu einem lebenden Museum. Auf einem Wandregal stehen Dutzende bunte Blechkrüge mit Henkel, aus denen der Wein ausgeschenkt wird. Viertelliter-, Liter- aber hauptsächlich die üblichen Halblitergefäße. Daneben stehen die typischen kleinen Weingläschen. In der Küche höre ich jemanden hantieren. Ich rufe hinein: »Íste anikтó? (– Haben Sie geöffnet?)«

Ein uralter Mann erscheint im Türrahmen. Der grauhaarige, bärtige Greis blickt mich irritiert an: »Nä, wéwea (– Ja, natürlich!)« Wahrscheinlich seit über 70 Jahren an 365 Tagen im Jahr, vermute ich.

Kurz zögere ich, dann frage ich ihn: »Mipos échi frapé? (– Gibt es vielleicht auch Frappé?)«

»Nä, wéwea«, antwortet er und schlurft in die Küche. Ich rufe ihm hinterher, dass ich den Kaffee gerne mittelsüß mit Milch hätte.

»Nä, wéwea«, raunt es aus der Küche, dann surrt auch schon die »Frappiéra«, der spezielle Frappémixer.

Ich schlendere zurück durchs museale Gasthaus und setze mich auf die Terrasse. Sofort geht mein Blick wieder zu den Laternen. Etwa zehn auf der gegenüberliegenden Gehsteigseite sehe ich von meinem Platz aus, ohne mich zu bewegen. Die ersten fünf sind allesamt besetzt, es folgen zwei leere, dann wieder drei lebendige. Auf meiner Seite der Straße das gleiche Bild. Erstaunlich! Der greise Hausherr reißt mich aus meinen Gedanken. Er stellt den perfekt gemixten Frappé auf die rot-weiß karierte, schmierige Tischdecke. Da es schon spät ist und ich mich nicht lange aufhalten will, frage ich den gütigen alten Herrn, ob ich gleich bezahlen kann.

»Nä, wéwea«, seine logische Antwort. »Éna evró (– ein Euro)«, ergänzt er leise, fast so, als würde er sich für den »inakzeptabel hohen Preis« entschuldigen wollen. Erstaunlich! Das Geräusch vom Wipfel der Laternen dringt wieder an mein Ohr. Ich wende den Blick zurück zur Straße: zu den Storchennestern auf den Laternen!

In jedem der acht Nester auf diesem Teilstück der Straße hocken drei bis fünf Jungstörche und recken die Hälse zum Himmel. Immer wieder fliegen die Storcheneltern heran und bringen Futter. Ein reges Treiben herrscht über unseren Köpfen. Die hungrigen Vögel jaulen in einer seltsamen Tonart, die ein wenig an das Miauen von Katzen erinnert. Sie werden erst ruhig, wenn Vater oder Mutter Storch das Essen oder

Trinken aus dem Kropf herauswürgt und in die Jungstorchmäuler gibt.

Der grauhaarige Wirt steht plötzlich wieder neben mir. Er nickt mir zu und stellt ein Glas Wasser neben meinen Frappé. Das obligatorische Glas Wasser, das bei keinem Kaffee fehlen darf. »Nä, wéwea«, denke ich bei mir und trinke es fast auf einen Schluck aus. Der Anblick der Störche, die ich mit staunend offenem Mund beobachte, haben mich durstig gemacht.

Am Abend sitze ich mit Kostas und Elpída in deren Wohnzimmer. Wir haben gut gegessen und plaudern über den Tag. Ich berichte von meinen Eindrücken an den Wasserfällen und beim Kerkíni-See.

»Ist es nicht herrlich da?«, fragt Kostas und Elpída nickt. Ja, die zwei wohnen tatsächlich in einer der schönsten Gegenden Griechenlands. »Leider musst du ja morgen schon wieder weiter. Wir hätten dir gerne noch mehr gezeigt. Das Fort Roúpel zum Beispiel oder auch die Tropfsteinhöhle«, sagt Kostas. »Komm, wir trinken einen Tsípouro zusammen. Auf deinen Besuch und zum Abschied«, ergänzt er. Und Elpída sagt: »Komm bald wieder, wir warten auf dich!« Dann prosten wir uns zu. Mit einem klaren, erstklassigen Tsípouro, dem traditionellen Tresterschnaps der Gegend. Der Schnaps gleitet anregend die Speiseröhre hinab und wärmt.

»Hast du denn wenigstens die alte Eisenbahnbrücke gesehen?«, fragt Kostas zwischen zwei Schlucken.

»Ach ja, das hab ich ja ganz vergessen euch zu erzählen. Auf dem Rückweg von Kerkíni hab ich einen kurzen Stopp gemacht und bin auf die alte rostige Brücke gestiegen. Es ist schon beeindruckend und etwas beängstigend, wenn man auf uralten Gleisen, auf knarzenden, morschen Bahnschwellen mitten über dem riesigen Strymóna-Fluss steht. Aber da musste ich natürlich noch hin. Am Strymóna kommt hier ja niemand vorbei«, antworte ich und dann stoßen wir noch mal an. Ein Glas Wasser gehört natürlich auch zum Tsípouro dazu.

Als ich Káto Ampélia verlasse, erinnere ich mich an ein Zitat. »Das Prinzip aller Dinge ist das Wasser, denn Wasser ist alles und ins Wasser kehrt alles zurück.« Dem Philosophen und Mathematiker Thales von Milet, der um 624 vor Christus in Kleinasien geboren sein soll, wird es zugeschrieben. Aus dessen Philosophie, so heißt es, haben die Griechen später den Sinnspruch abgeleitet: »Wasser ist das Beste«. Daran glauben sie zu recht noch heute. Und ich glaube, dass mein Kaffee-Frappé dann am besten schmeckt, wenn er mit griechischem Quellwasser zubereitet wird.

Wenn ich an Kostas und Elpída denke, dann verspüre ich oft Lust, ein gesundes, vegetarisches Gericht zu kochen. Nachfolgend eine Idee für etwas, das aus Kostas Garten stammen könnte.

Auberginen mit Kichererbsen
Μελιτζάνες με ρεβίθια

Zutaten:

500 g Kichererbsen, 5 geschälte Auberginen in dicke Scheiben geschnitten, 5 grobgeschnittene Tomaten, 1 Tasse Olivenöl, 2 Bund kleingeschnittene Frühlingszwiebeln, 3 fein gehackte Knoblauchzehen, Salz, Pfeffer, Thymian, 2 Fleischtomaten in dicke Scheiben geschnitten, 200 g zerbröckelter Feta, 2 EL gehackte Minze, 2 EL gehackte Petersilie

Zubereitung:

Kichererbsen über Nacht in Salzwasser einweichen. Am nächsten Tag in einem Topf die Kichererbsen mit etwas Salz zum Kochen bringen, bis sie weich sind. In einem Sieb abgießen.

Die Auberginenscheiben im Olivenöl anbraten und auf Küchenpapier abtropfen lassen. Erst jetzt salzen und pfeffern. In der gleichen Pfanne Frühlingszwiebeln und den Knoblauch kurz anbraten, Tomatenstücke, Minze, Thymian und Kichererbsen zufügen, salzen, pfeffern und einige Minuten aufkochen lassen. Die Kichererbsen in eine Auflaufform legen, gebratene Auberginen und die Tomatenscheiben obenauf verteilen und mit dem zerbröckelten Feta bestreuen. Die Auflaufform auf die mittlere Schiene des vorgeheizten Ofens schieben und das Gericht bei 180 Grad Celsius für 20 Min fertigbacken, bis der Käse eine gold-braune Farbe annimmt. Aus dem Ofen nehmen, ca. 15 Min ruhen lassen und vor dem Servieren mit Petersilie garnieren. Weißbrot und Wein dazu servieren.

11

GRIECHISCHES THEATER
und spartanische Leidenschaften

Griechenland steckt 2011 in der tiefsten Wirtschafts- und Finanzkrise, die das Land je erlebt hat. Ganz Europa blickt fast täglich nach Hellas, die Nachrichtensendungen sind gespickt mit Berichten über die Entwicklungen um den Euro und die Spekulationen um die Wiedereinführung der Drachme. Die EU knüpft ihre finanziellen Hilfen für das angeschlagene Griechenland an strenge Sparauflagen. Als am 26./27. Oktober 2011 in Brüssel ein 50%iger Schuldenschnitt und neue Vorgaben für die Auszahlung der nächsten Tranche des Hilfspakets beschlossen werden, sieht es nach einem weiteren Etappensieg für den ins Wanken geratenen griechischen Ministerpräsidenten Geórgios Papandréou aus. Der drohende Staatsbankrott scheint zunächst einmal abgewendet. Aufatmen in Europa. Aber nur kurz, denn bereits am 31. Oktober 2011 kündigt Papandréou plötzlich und völlig unerwartet ein Referendum über die Brüsseler Beschlüsse an. Die Börsen reagieren panisch, seine Partei, die sozialistische PASOK, und seine aus ihr gebildete Regierung sind entsetzt. Die griechischen Oppositionsparteien lehnen Papandréous Vorhaben ab und fordern stattdessen umgehende Neuwahlen. Noch am 2. November verteidigt Papandréou auf einem EU-Krisengipfel in Cannes sein unerwartet vorgeschlagenes Referendum, um nur einen Tag später diesem dann doch eine Absage zu erteilen. Einen Volksentscheid über die Sparbeschlüsse soll es nun doch nicht geben. Stattdessen habe man sich mit der größten Oppositionspartei, der konservativen NEA DIMOKRATIA, darauf verständigt, Gespräche über die Bildung einer Übergangsregierung zu führen. Zu einer Beruhigung in den Diskussionen führt dies allerdings nicht. Das Polittheater geht weiter, denn die NEA DIMOKRATIA macht den Rücktritt Papandréous zur Voraussetzung für ihre Beteiligung an einer Übergangsregierung. Am Morgen des 4. November berichten die Medien, der Ministerpräsident sei zum Rücktritt bereit, sollte ihm seine Fraktion bei der anstehenden Abstimmung im Parlament das Vertrauen aussprechen und eine Mehrheit verschaffen. Denn anderenfalls müssten nach der Verfassung innerhalb von dreißig Tagen Neuwahlen stattfinden. Das wiederum erscheint in der akuten Finanzkrise des Landes halsbrecherisch. Alle politischen Augen Europas blicken in diesen Tagen nach Athen. Sollte es der letzte Akt des Papandréou-Theaters werden?

Am Mittag des 4. November mache ich mich auf den Weg nach Sparta. Im Sommer hatte ich Níkos und seine Familie kennengelernt und ihm versprochen, sie alle bald in Sparta zu besuchen. Níkos ist in Tripolis, der Hauptstadt der Verwaltungsregion Arkadien auf dem Peloponnes, geboren, seine Frau Georgía kommt gebürtig aus einem Dorf in der Nähe von Sparta. Heute leben sie bereits seit vielen Jahren gemeinsam hier in der Hauptstadt der Verwaltungsregion Lakonien, rund fünfzig Kilometer von Tripolis entfernt. Die zwei erwachsenen Töchter des Rentnerehepaars, Anna und María, leben ebenfalls hier in der Heimat. Nur den

Sohn Trífonas zog es zum Studium ins Ausland. Tochter Anna hingegen hat in Athen Theaterwissenschaften studiert. Eigentlich wollte sie im Anschluss daran in der griechischen Hauptstadt eine Theaterschule eröffnen, doch ihr Vater hatte eine bessere Idee: »Wieso willst du in Athen eine Schule eröffnen? Davon gibt es doch dort genug. Hier in Sparta könnten wir jedoch eine gebrauchen. Wir haben zwar ein antikes Theater, sind stolz auf unseren jährlichen Spartathlon, aber eine Theaterschule gibt es hier nicht.« Und so fiel die Wahl auf Sparta.

Pünktlich um 17 Uhr überquere ich die Brücke über den Evrotas-Fluss am Ortseingang von Sparta und rufe Anna auf dem Handy an. »Hinter der Brücke ist eine Tankstelle«, sagt sie. »Warte da auf mich, ich hole dich ab!« Kurz darauf erkenne ich die blonde Griechin bereits von weitem in ihrem Kleinwagen. Sie winkt mir mit weit ausholenden Armbewegungen zu. Die 37-jährige, jugendliche Frau, ist ein Energiebündel. Wer sonst hätte hier in Sparta, in der Stadt der großen Krieger und den sagenhaften Helden Leonídas, der im Jahr 480 vor Christus seine Truppen gegen die übermächtigen Perser in die Schlacht bei den Thermopylen schickte, eine Theaterschule eröffnen können.

»Komm!«, sagt Anna nach einer herzlichen Begrüßung mitten auf der vielbefahrenen Hauptstraße. »Meine Eltern warten schon sehnlich auf dich.« Und wenig später erreichen wir durch die rechtwinklig angelegten Straßenzüge Spartas die kleine, schmale Gasse, in der Níkos und Georgía wohnen. Sie erwarten uns bereits auf dem Bürgersteig vor der Haustür. Wir drücken uns und Níkos sagt mit Pathos in der Stimme: »Herzlich willkommen in Sparta!«

Im Treppenhaus bekomme ich einen ersten Eindruck von Níkos Leidenschaft. »Papa und seine alten Steine«, sagt Anna scherzend, um ihren geliebten Vater zu necken. Antike Ornamente zieren den Flur und steinerne Lampenverkleidungen. Níkos deutet auf eine Leuchte rechts der Tür. »Hab ich selbst gemacht«, sagt er nüchtern und gleichzeitig stolz. Dann geht er voran in sein Reich. Die Wohnung erwartet mich ebenso museal. Während Georgía Kaffee zubereitet, zeigt mir der grauhaarige Níkos einen Teil seiner kleinen Ausstellung. Weiße, in die ebenfalls weiße Wand eingearbeitete, Regalböden, auf denen originalgetreue Teile antiker Säulen, Amphoren oder Wandfriese ausgestellt sind.

»Die sind doch nicht etwa echt?«, frage ich Nikos.

Er lacht nur und zwinkert mir zu.

»Kommt Kaffee trinken!«, ruft Anna durch die offene Küchentür. »Du redest Andreas ja ganz schwindelig mit diesen Geschichten über deine alten Steine«, fügt sie hinzu.

Beim Kaffee und dem schmackhaften, von Georgia selbstgebackenen Kuchen kommt das Gespräch schnell auf die aktuelle politische Lage in Griechenland. Seit Tagen gibt es nirgends ein anderes Thema. Die Rundfunkanstalten bringen alle die neuesten Nachrichten und stundenlang wird auf den Mattscheiben diskutiert, wie es nun weitergehen soll. Sie seien zwar Sozialisten, sagt Anna, aber die politischen Entscheidungen von Ministerpräsident Geórgios Papandréou vermögen sie nicht gut zu heißen. Es gehe einfach nicht voran. Zumindest nicht schnell genug. Alle drücken sich vor Entscheidungen. An vorderster Front jedoch die oppositionelle NEA DIMOKRATIA, deren Vorsitzender António

Samarás bislang jegliche Zusammenarbeit zur Rettung des Landes ablehnt. Anna blickt zum Fenster hinaus. Georgía hat derweil ein altes gerahmtes Foto gebracht. Auf ihm ist die junge Anna gemeinsam mit Geórgios Papandréou abgelichtet. Vor ungefähr zwanzig Jahren. »Ich war damals sehr aktiv in der PASOK. Ich wollte etwas bewegen«, sagt Anna. »Ich hätte wahrscheinlich jeden guten Beamtenjob haben können, wie all die anderen Parteifreunde der jeweiligen Regierungsparteien, aber das wollte ich nicht. Jeder sollte das tun, was er gut kann. Hätten nicht immer alle Parteien ihre Wähler überall im öffentlichen Dienst untergebracht, egal ob sie für den Job geeignet sind oder nicht, dann wären wir heute vielleicht nicht da, wo wir jetzt stecken.« In der Krise.

Neben der Kaffeetafel steht auf einem Tischchen der Fernseher. Es läuft eine der unzähligen Nachrichten-Sondersendungen. Für Mitternacht ist die Vertrauensabstimmung im Parlament angesetzt. Noch wird heftig diskutiert, doch bereits in wenigen Stunden wird sich Georgákis – der kleine Geórgios – wie sie Papandréou in Griechenland nennen, der Wahl stellen. Wird er seine Mehrheit bekommen?

»Komm, Anna!«, sagt Níkos. »Wir zeigen Andreas wenigstens noch ein bisschen von unserer Stadt.«

Rentner Níkos ist umtriebig. Lange sitzen mag er nicht. Er liebt es durch die Stadt zu stromern, in der es an allen Ecken und Enden nach Antikem riecht. Als wir vor der Wohnung auf der Straße stehen, deutet Níkos zum Nachbargrundstück. Eine Baulücke. Hier durfte nicht weitergebaut werden, nachdem man bei den Arbeiten ein antikes Grab gefunden hatte. Es soll nun sorgfältig archäologisch freigelegt werden.

»Los, wir laufen zunächst mal zum Leonídas!«, sagt Níkos. Doch Anna besteht darauf, mit dem Wagen zu fahren. Die Novemberabende in Sparta sind bereits ziemlich kühl. »Sparta ist klein und übersichtlich«, sagt Níkos. »Rund 20.000 Einwohner leben hier und eigentlich gibt es nur zwei wichtige große Straßen. Die Leofóros Lykúrgu und die Konstantínu Paleológu kreuzen sich in der Mitte beim zentralen Platz. Der deutsche König Otto hat Sparta aufbauen lassen. Straff geordnete Stadtviertel. Die Straßen sind fast alle rechtwinklig angelegt.«

Anna hält den Wagen am Platz des Kenotaphs des Leonídas an der Thermopylen-Straße an. Níkos steigt zuerst aus dem Wagen, ich folge ihm. Er erklärt mir, was ein Kenotaph ist. Es handelt sich hierbei um ein »Scheingrab«, das lediglich als Monument der Erinnerung dient. Echte Gebeine hingegen sind in einem Kenotaph nicht beerdigt. Das Kenotaph des Leonídas befindet sich im Norden der modernen Stadt Sparta, in der Nähe der archäologischen Stätte. Vierzig Jahre nach der Schlacht an den Thermopylen soll der damalige spartanische König Pausanias die Gebeine des Leonídas und seiner Soldaten von den Thermopylen nach Sparta überführt und in einem Grab gegenüber dem antiken Theater beigesetzt haben. Viele sprechen noch heute vom Grab des Leonídas, wenn die Rede vom Kenotaph ist. Es befindet sich noch immer an seiner ursprünglichen Stelle und die Spartaner halten es in Ehren. So haben zum Beispiel nur wenige Wochen vor meinem Besuch Schulkinder in einer großen Aktion den Platz um das Monument gesäubert. Die örtlichen Medien berichteten breit darüber.

Anna hupt, Níkos und ich steigen wieder in den Wagen. Vom Kenotaph geht es nun zur Statue des

Leonídas. Sie steht erhaben auf einem Marmorsockel vor dem Eingang des Stadions der Stadt. Der große, tapfere Held der Spartaner, mit Schild und Schwert bewaffnet, blickt schützend über seine Stadt. »ΜΟΛΩΝ ΛΑΒΕ (– Molón lavé)« übersetzt: »Komm und hole es dir« steht eingraviert in spartanischer Schriftart auf dem Natursteinsockel. Mit diesen Worten soll Leonídas bei der Schlacht an den Thermopylen der Aufforderung der Perser entgegengetreten sein, die Waffen niederzulegen. Spartaner geben nicht auf.

Annas silberner Suzuki bringt uns nun zur Statue des Lykurg auf dem Lykurg-Boulevard. Vor dem Hintergrund der orthodoxen Kathedrale wirkt das Standbild Lykurgs zwar klein, dennoch erhaben. »Lykurgos«, wie die Spartaner ihn nannten, soll ein Königssohn gewesen sein. Er gilt als Gesetzgeber des antiken Sparta, der die besondere Gesellschaftsordnung geschaffen haben soll. Die Gewaltenteilung zwischen Königtum, Volksversammlung und einem Ältestenrat, oder auch der weltberühmt gewordene militärische Drill junger Männer. Ob Lykurg wirklich existierte, wird hingegen bezweifelt. Vielmehr vermutet man, dass er als mythische Person geschaffen wurde, um die Einzigartigkeit der spartanischen Verfassung zu illustrieren. Die »Große Rhetra«, ein verfassungsgeschichtliches Textdokument, das um das Jahr 650 vor Christus entstanden sein soll, regelte das politische Leben Spartas. Plutarch brachte die Große Rhetra mit Lykurg in Zusammenhang und schilderte sie als delphischen Orakelspruch an Lykurg. Eine gottgegebene Verfassung.

Anna hat ihre Zigarette ausgedrückt. »Kommt, wir wollen nach Hause! Mutter hat sicher schon das Abendessen fertig«, sagt sie und wir steigen in den

Suzuki. Als wir die Wohnung betreten, duftet es bereits herrlich nach Hühnchen aus dem Backofen. Im Fernsehen läuft eine politische Diskussionsrunde. Man streitet über Politik und die für heute Nacht angesetzte Vertrauensabstimmung des Ministerpräsidenten. Bis Mitternacht verbleiben noch gut drei Stunden. Das ganze Land wartet auf das Ergebnis. Und auch Georgía bittet noch um ein wenig Geduld. Das Essen ist noch nicht ganz fertig. Die Gelegenheit für Anna, mir im Internet ihren großen Auftritt beim diesjährigen Spartathlon zu zeigen. Verblüfft schaue ich sie an. Anna wird doch nicht etwa an dem 246 Kilometer langen Lauf von Athen nach Sparta teilgenommen haben? »Nein«, sagt sie und lacht. »Aber man hat mich gebeten, die Abschlussveranstaltung hier in Sparta zu moderieren. Schau!« Und sie drückt auf die Play-Taste.

In einem bildhübschen blauen Galakleid steht Anna in hochhackigen Schuhen und edel gestyltem Haar auf der Bühne für die Abschlussveranstaltung des Spartathlon 2011, die auf der Platía, dem zentralen Platz Spartas, stattfindet. Hochprofessionell moderiert sie durch den langen Abend mit Siegerehrung und verschiedenen Aufführungen. Am Bildschirm erläutert mir Anna den Ablauf der Veranstaltung. Prominente, Sportler, Bürger, Politiker aus dem In- und Ausland füllen die Reihen am Abend des 1. Oktober 2011. Ein Sportereignis der Extraklasse. Einer der zahlreichen anwesenden Botschafter fragt den Bürgermeister, bei welcher Athener Agentur er die herausragende Moderatorin engagiert habe. Mit Pathos in der Stimme antwortet er ihm, dass sie eine »von uns« sei, eine Spartanerin! Anna kann stolz auf sich sein. Auch als der japanische Botschafter die Bühne betritt. Er kommt zur Preisverleihung für den Zweitplatzierten, den Japaner Yuji Sakai, der die Strecke in 24 Stunden und 22 Minuten geschafft hat. Anna begrüßt den Botschafter mit einem eigens dafür einstudierten Satz auf Japanisch. Der Diplomat ist daraufhin so begeistert, dass er glaubt, Anna spreche perfekt seine Sprache. Man versucht, ihm erklärlich zu machen, dass die andere Person, die neben ihm steht, der Dolmetscher sei, doch vergeblich. Ein kleines Bühnenschauspiel. Der Botschafter redet auf Anna ein, die ihrerseits kein Wort versteht. Wir lachen köstlich vor dem Monitor. Es dauert eine Weile, bis sich der Botschafter schließlich doch bereit erklärt, mit dem echten Übersetzer Vorlieb zu nehmen.

Der Abend auf der Bühne wird lang. »Und kalt«, sagt Anna. Als der Drittplatzierte, der deutsche Michael Vanicek zur Siegerehrung schreitet, haben sich die Reihen bereits gelichtet. »Mensch, hab ich gefroren in meinem dünnen Kleid. An diesem Abend war es wirklich verdammt frisch.« Und die Bühnenshow ausschweifend. Als eine ausländische Musikantengruppe eine spezielle und sehr außergewöhnliche Aufführung zum Besten gibt, verschwindet Anna kurz hinter der Bühne. »Ich musste mir von einer Freundin einen Cognac geben lassen. Ich hab so gefroren, meine Zähne haben geklappert, meine Beine gezittert. Ich konnte das Mikrofon kaum noch halten«, sagt die erfolgreiche Spartathlon-Moderatorin jetzt auf dem Sofa sitzend, und wir sind froh in der warmen Stube zu sein. Als das Video zu Ende ist, strahlt Anna fröhlich im Rückblick auf die gelungene Veranstaltung. Sie hat die Bühne im Blut!

Aus der Küche ruft jetzt Georgía zum Essen. Es ist gegen 21:30 Uhr, der Tisch wird gedeckt. Es duftet herrlich. Das Telefon klingelt plötzlich und hält Georgia vom weiteren Auftischen ab. Ihr Sohn ist dran. Als sie ihm von meinem Besuch bei ihnen erzählt, ruft er ihr sofort zu, sie solle morgen für mich seine Lieblingsspeise kaufen. Georgía gibt mir den Hörer: »Andreas, ich hoffe es gefällt dir in Sparta. Mama kauft morgen für dich Wurst bei Ágis. Die musst du probieren. Die beste Wurst, die ich kenne. Bratwurst nach Bauernart mit Orangenstücken. Ein Traum!« Mir läuft das Wasser im Munde zusammen. Gut, dass Georgía so vorzüglich gekocht hat. Gegen dreiundzwanzig Uhr sitzen wir satt um den Tisch, lauschen den Geschichten von Níkos über die griechische Antike, über die Wurzeln der griechischen Sprache und natürlich über alte Steine.

»Komm, Andreas! Wir gehen lieber noch mal auf einen Drink in irgendeine Bar«, sagt Anna. »Papa erzählt sonst bis morgen früh von seinen Steinchen.« Sie nimmt ihre Jacke. »Warte noch kurz! Ich bin in fünf Minuten wieder da. Ich fahr nur schnell zu mir nach Hause und zieh mir was anderes an. Dann hol ich dich hier ab.«

Ihre fünf Minuten dauern eine knappe Stunde, dafür sieht sie, als sie mich einsammelt, allerdings auch fast so gestylt aus, wie an dem Abend, als sie die Spartathlonfeier moderierte. So in Schale geworfen machen wir uns auf den Weg ins Stadtzentrum.

In einer Seitenstraße der Platía parken wir den Wagen und gehen in eine nahegelegene Kneipe. Musik dringt durch die geschlossene Tür auf die Straße. Menschen quetschen sich in alle Ecken der kleinen Bar mit Theke und einem DJ am Ende des schlauchähnlichen Lokals. Freitagabend, die Jugend geht aus. Tanzbare Rhythmen und die Bässe der Beats scheinen Formen in den dichten Qualm zu wummern, den die unzähligen jugendlichen Raucher mit ihren Zigaretten trotz Rauchverbots in die Barluft pusten. Wir finden einen kleinen Stehplatz in der Nähe der Theke und bestellen zwei »potá« (– alkoholische Getränke). Neben uns und in Sichtweite des DJs hängt, unter der Decke angebracht, ein winziger Fernseher. Es läuft eine Sondersendung aus dem Parlament. Der Ton ist abgestellt. Neuigkeiten gibt es offensichtlich noch keine. Die Abstimmung hat noch nicht begonnen. Die Kellnerin bringt Whisky und ich stoße mit Anna an. »Schön, dass du da bist«, sagt sie. So habe sie mal wieder einen Grund auszugehen. Früher war sie öfter unterwegs, aber inzwischen seien viele ihrer Freunde weggezogen oder sie seien Familienväter oder -mütter, die kaum noch dazu kommen, in Kneipen zu gehen oder es einfach nicht mehr wollen. »Schau dich doch um, die meisten hier sind viel jünger als wir!« Etwas wehmütig blickt Anna in die Runde der feiernden jungen Menschen. Dann ergänzt sie gleich wieder bekannt gut gelaunt: »Aber ich gehe trotzdem gerne aus. Ich glaube, das hält jung.« Dann stoßen wir noch mal an. »Stin ijá mas (– Auf unsere Gesundheit!)« Und Anna steckt sich eine Zigarette an.

Als wir eine gute Stunde später das Lokal verlassen und zum Wagen schlendern, erzählt Anna: »Es war übrigens lustig, als du heute angekommen bist. Du hattest mir ja am Telefon gesagt, du würdest ungefähr um fünf Uhr in Sparta ankommen. Genau zwei Minuten vor fünf rief mich meine Oma an und fragte, ob ich für sie etwas einkaufen gehen könnte. Ich hab auf die Uhr gesehen, genau zwei Minuten vor fünf, und hab zu Oma gesagt, na klar, unser Freund kommt erst später nach Sparta. Wir können also noch in Ruhe einkaufen gehen. Als ich gerade aufgelegt hatte und zu Oma wollte, riefst du an. Da musste ich lachen. Ich konnte ja nicht ahnen, dass du so pünktlich bist, wie man es immer von euch Deutschen behauptet. Auf die Minute genau! Ich dachte, du kommst mindestens eine Stunde später, so wie es sich für einen Griechen gehört.« Wir lachen gemeinsam und steigen endlich in den Wagen. Es ist kalt geworden in der spartanischen Nacht.

Gegen halb zwei in der Nacht sind wir wieder bei Annas Eltern. Gerade eben ist im Parlament die Vertrauensabstimmung beendet worden. Níkos und Georgía sitzen in der Küche vor dem Fernseher.

»Er hat es geschafft!«, rufen sie uns zu, als wir die Wohnung betreten. »153 Ja-Stimmen und 145 gegen Georgákis.« Auf der Mattscheibe ist groß das Logo der PASOK zu sehen. Die aufgehende grüne Sonne. Nach diesem turbulenten Tag gehen wir nun alle todmüde ins Bett.

Am nächsten Morgen werde ich von der aufgehenden Sonne geweckt. Diesmal von der gleißend hellen Spartas, die von einem tiefblauen Himmel durch den geöffneten Spalt der Balkontür strahlt. Als ich heraustrete, wärmt die Sonne bereits deutlich. Ich sehe mich auf dem schmalen, langen Balkon um und traue meinen Augen kaum. Níkos hat auch hier mit geschickter Hand museale Atmosphäre geschaffen. Besonders beeindruckt bin ich von einem fast mannshohen Stück eines scheinbar antiken Säulenkapitells. Níkos ist wahrlich ein leidenschaftlicher Steinesammler. Ob das echt ist? Und wie hat er dieses Ding überhaupt hier heraufbekommen?, frage ich mich gerade, als Georgía ruft: »Andreas, der Kaffee ist fertig!«

Beim Frühstück läuft auch wieder der Fernseher. Die Wahlergebnisse der vergangenen Nacht werden noch einmal zusammengefasst und analysiert, und in epischer Breite diskutieren Dutzende Journalisten und Politiker über die Geschehnisse. Immer wieder ist Georgákis und das grüne Logo seiner Partei zu sehen. Und es wird diskutiert, ob und wann er zurücktreten wird. In der Nacht hatte er gesagt, dass er nicht an seinem Stuhl kleben würde. Die Medien sprechen von Schmierentheater und Politkomödie. Ich merke, wie Níkos langsam ungeduldig wird. Er will raus. Spazieren. Mir die Stadt und alte Steine zeigen. Und so mache ich mich mit Níkos um kurz nach zehn Uhr zu einem kleinen Spartathlon auf. Níkos wirft sich seinen grünen Cardigan über, ich trage einen dünnen, grünen Reißverschlusspullover. Das reicht gegen die Morgenkühle.

In nur wenigen Gehminuten erreichen wir die archäologische Stätte Spartas. Das Areal liegt auf einem Hügel, von wo aus man einen traumhaften Blick über die gesamte Stadt und die umliegenden Dörfer und Gebirgszüge hat. Níkos kennt hier oben scheinbar jeden Stein. Er führt mich von einem Grabungsfeld zum anderen und garniert den Rundgang mit interessanten Geschichten aus der Antike. Er will mir auch die Überreste des Athena-Tempels zeigen. Diese liegen jedoch hinter einem rostigen Maschendrahtzaun eingezäunt. Níkos rüttelt an einem alten Tor, das mit einer Kette und einem Vorhängeschloss abgesperrt ist. Kein Reinkommen! Níkos wirkt verärgert. Das müsse doch für jedermann zugänglich sein, meint er. Ich folge ihm, wie er suchenden Blickes am Zaun entlangwandert. »Aha, na also!«, sagt er plötzlich und bleibt abrupt stehen. Er biegt den an einer Stelle durchgerosteten Zaun soweit auf, dass wir beide bequem hindurchschlüpfen können.

Wir umrunden die Tempelmauern und Níkos erzählt mir, dass die Römer während ihrer Herrschaftszeit hier die antiken Stätten zu ihren Zwecken genutzt und erweitert oder auch neues hinzugebaut haben. So kam Sparta beispielsweise erst im 3./4. Jahrhundert zu einer Stadtmauer. Auch das Theater haben die Römer erbaut. Nikos deutet von der Tempelanhöhe darauf hinab. »Sie haben es in den Hang hineingebaut. Es war dann lange komplett verschüttet. Inzwischen sind die Archäologen dabei, es wieder freizulegen«, sagt Níkos und ist bereits wieder durch eine Lücke im Zaun geschlüpft, um zu den Überresten des Theaters zu gelangen. Wir wollen gerade den Abhang hinunterkraxeln, als er plötzlich in die andere Richtung deutet.

»Siehst du die Bäume dort drüben? Weißt du, was das ist?«

Ich ziehe fragend die Augenbrauen hoch. Platanenähnlich blättern Rindenteile von den dünnen Stämmen.

»Das sind Eukalyptusbäume«, sagt Níkos. »Die haben auch die Römer hier gepflanzt. Ihr Duft vertreibt nämlich die vielen Mücken.« Er greift zu einem am Boden liegenden, vertrockneten Ast, rupft ein Blatt ab und zerreibt es mit zwei Fingern unter meiner Nase. »Riech mal! Diesen Duft kennst du bestimmt von manchen Anti-Mücken-Sprays.« Stimmt! Níkos kennt sich also nicht nur mit Steinen aus. »Hier!«, er steckt mir einen kleinen Ast zu. »Nimm ihn mit!«

Wenig später stehen wir dann endlich inmitten der Überreste des antiken römischen Theaters. Hier steht kaum noch ein Stein auf dem anderen, aber der halbkreisförmige Grundriss ist gut zu erkennen. Die Römer hatten es noch genutzt, danach herrschte offenbar jahrhundertelange theatralische Flaute in Sparta.

Nach einem ausführlichen Besichtigungsrundgang durch die alten Steine finden wir auch auf dieser Seite des archäologischen Areals einen inoffiziellen Ausgang durch den verrosteten Zaun. Von hier aus ist es nur noch ein Katzensprung zum Leonídas-Denkmal, dem wir nun auch im Tageslicht einen kurzen Besuch abstatten wollen. Nach einer kurzen Begrüßung des stattlichen Helden auf seinem Marmorsockel gehen wir weiter in Richtung Stadtzentrum.

Vor einem Supermarkt treffen wir auf einen alten Freund von Níkos. Dieser sieht uns beide in unseren grünen Jacken kurz an, lacht dann und sagt: »Hey Níko, was ist passiert? Ich sehe sehr viel Grün heute!« Er lacht immer noch, ob seines Witzes über die Farben der PASOK, verabschiedet sich und geht weiter. Und wir in die andere Richtung, wo wir plötzlich an einer übervollen Metzgerei vorbeikommen, vor der die Leute bis auf die Straße in Schlange anstehen.

»Das ist der Laden vom Ágis«, sagt Níkos eilig. »Du weißt, der mit der besten Wurst.« Man sieht es bereits an der wartenden Menschenmasse. Es würde sicher Stunden dauern, bis wir an der Reihe wären, und so greift Níkos zu seinem Handy. Er ruft Anna an, die er aus dem Bett klingelt. »Erinnere bitte deine Mutter daran, dass sie noch Wurst vom Ágis für unseren Gast kaufen muss. Ich gehe mit Andreas jetzt zur Platía. Wir treffen uns dann später bei dir im Theater.«

Als wir auf dem Platz ankommen, herrscht buntes Treiben. Familien gehen mit ihren Kindern spazieren, Rentner und Jugendliche sitzen mit Freunden in der Sonne oder trinken Kaffee in den zahlreichen traditionellen Kafeneíons oder den modernen Cafés rund um den Platz. Níkos hingegen zieht es in die Mitte der

Platía, wo er mir etwas zeigen will. »Da, schau dir dieses Mosaik an!« Níkos deutet auf den Boden vor unseren Füßen. Ein buntes Bildnis aus unzähligen, unterschiedlich farbigen Marmorsteinchen. »Das ist die Europa, die auf ihrem Stier über den Bosporus geritten ist. Von ihr hat unser Kontinent seinen Namen.« Níkos bückt sich plötzlich blitzschnell und hält mir kurz darauf ein kleines, weißes Steinchen unter die Nase, das lose auf dem Mosaik lag. »Hier, nimm ein Stück Europa mit nach Hause!«, sagt er verschmitzt lächelnd. Ich schaue ihn verblüfft an, dann lachen wir. Es wird sicher kein echter Stein aus dem Mosaik gewesen sein. Oder?

Um kurz vor vierzehn Uhr stehen wir vor Annas Theaterschule. Rechtzeitig vor dem Beginn des heutigen Unterrichts. Die »Skolío Theátru« liegt in der Dioskuron-Straße. Das Haus mit der Nummer 95, in dem die Theaterschule im Erdgeschoss beheimatet ist, gehört Annas Großmutter. Sie selbst lebt im Obergeschoß, wo auch Anna wohnt. Als wir die Schule betreten, ist sie gerade im Büro beschäftigt. Ich greife zu einer Werbebroschüre, die auf Annas Schreibtisch liegt. »Schule der Schauspielkünste, Theaterwerkstatt«. Ich lese darin: »Herzlich willkommen in der magischen Welt des Theaters. In der Kunst der Künste.« Und weiter schreibt Anna in ihrem Vorwort: »Kommen Sie, um das eigene Ich besser kennenzulernen und die eigenen Schwächen und Stärken zu erkennen. Lernen Sie mit uns, wie Sie besser mit Ihren eigenen Ausdrucksmitteln, mit Ihrem Körper, mit Ihrer Stimme umgehen. Wir helfen Ihnen dabei zu lernen, wie man beobachtet, analysiert, fragt und träumt.« Weiter unten heißt es dann: »Kommen Sie zu uns in die Theaterschule, aber vor allen Dingen Ihre

Kinder!« Auf den nächsten Seiten des Flyers sind die einzelnen Bausteine des Unterrichts aufgeführt: »Aktivierung der Sinne, Körperübung und -beherrschung, Atem-, Entspannungs- und Konzentrationsübungen, Erziehung im mündlichen Ausdruck, Improvisationstheater, Bewegung, Lieder-Musik-Sprache, Malen, Gedichte und Theaterproben«.

Meine Neugierde wächst, aber Anna braucht noch eine Weile mit Ihren Unterlagen und so führt mich Níkos ein wenig im kleinen Theater herum. Imposant steht er auf der kleinen Bühne, die er selbst mit aufgebaut hat. Er zeigt mir die kleine Teeküche, die sich hinter dem Probenraum befindet und wo sich die Schüler in den Pausen bedienen können. Von hier aus geht Níkos voran in den Garten. »Ich habe Anna vorgeschlagen, hier auf dem Hof noch ein kleines Schattentheater zu eröffnen.« Níkos deutet auf die Mauer, die sich von der Hauswand in Richtung Garten erstreckt. »Wenn wir hier in dieser Ecke eine kleine Abtrennung aufbauen, kann man abends, wenn es dunkel wird, wunderbar ein Karagiosis-Theater für Kinder veranstalten.«

Was in Deutschland der Kasperle, ist in Griechenland der Karagiosis. Er wird seit Generationen den Kindern als Schattentheater vorgeführt. Aber auch die Erwachsenen schauen gerne zu. Im 19. Jahrhundert kam diese Theaterkunst aus dem Fernen Osten über die Türkei nach Griechenland. In den Aufführungen geht es meist humoristisch gegen die Regierenden. Eine Art politisches Kabarett. Der Karagiosis selbst wird als buckliger Kerl mit langer Nase dargestellt, der immer einen Spaß auf Lager hat. Doch der Karagiosis hat große Konkurrenz bekommen. Fernsehen und neue Medien machen ihm das Überleben immer schwieriger. Vielleicht kann

Anna ja helfen ein kleines bisschen dieser Tradition lebendig zu erhalten.

Lebendig wird es auch, als wir wieder in den Räumen der Theaterschule stehen. Inzwischen sind die ersten Schülerinnen und Schüler eingetroffen und bereiten sich auf den Unterricht vor. Nach und nach trudelt der Rest ein. Zwölf Kinder sind es heute. Viel größer darf die Gruppe auch nicht sein, denn es wird bereits eng im Probenraum. Anna stellt mich zu Beginn des Unterrichts den Kindern vor: »Andreas ist Schriftsteller und kommt extra aus Deutschland, um zu sehen, wie ihr Theater spielt«, sagt sie und blickt in glänzende Kinderaugen. Die Schülerinnen und Schüler im Alter zwischen acht und vierzehn Jahren sind baff. Sie freuen sich über die Aufmerksamkeit, die ihr Hobby erregt. Auf mich wirken sie für ihr Alter erstaunlich offen und selbstsicher. Ich erinnere mich, was Anna am Vorabend über die Theaterschüler erzählt hatte. Viele von ihnen sind Halbgriechen, einige kommen wegen persönlicher Probleme und alle haben gemein, dass sie gestärkt aus den Proben hervorgehen. Eine Schülerin sei zum Beispiel auf Empfehlung einer anderen Mutter zum Theater gekommen. Das Mädchen hatte extreme Probleme in der Schule, die Lehrer empfahlen den Eltern das Kind zur psychologischen Behandlung nach Athen zu schicken. Die ratlosen Eltern erzählten Freunden, deren Kind zur Theaterschule ging, davon. Diese rieten den Eltern, das Mädchen auch in Annas Unterricht zu geben. Nach einem halben Jahr sprach der Lehrer die Eltern wieder an. Was denn geschehen sei? Das Mädchen sei wie ausgewechselt. Der Theaterunterricht hatte es so stark gemacht, dass es seitdem mit absoluter Lebensfreude die Schule meistert.

Anna steht in der Mitte ihrer Schülergruppe. Sie bittet nun zur Entspannungsübung, die sie zu Beginn jeder Unterrichtsstunde abhält. Bei gedämpftem Licht und gemütlicher Atmosphäre wird es nun still im Probenraum. Anna lässt den Kassettenrekorder laufen. Leise Entspannungsmusik berieselt den Raum, die Gruppe, den Kosmos. Wir scheinen in eine friedliche Sphäre einzutauchen, in eine Phase der absoluten Ausgeglichenheit. Wo eben noch jugendliche Quirligkeit regierte, herrscht nun absolute Entspannung. Nach einigen Minuten stoppt die Kassette. Anna »weckt« uns alle auf. Während ich in einem wohligen Entspannungszustand verbleibe, geht es für die Schüler jetzt an die Arbeit. Für sie beginnen nun die Proben. Der Reihe nach muss jedes der Kinder eine kleine Aufgabe erledigen. Heute wird Mimik geprobt. Ich sehe nacheinander fröhliche, erschreckte, verliebte, zickige, verängstigte, sehnlich blickende oder neidische Gesichter. Mit großer Leidenschaft bringt Anna den Schülern bei, wie sie sich geschickt in jeder Situation zu verhalten haben. Überrascht über so viel Professionalität der Kleinen sitze ich am Rand der Bühne und fotografiere die Proben. In einer Pause steht plötzlich eines der älteren Mädchen vor mir.

»Du hast mich gar nicht fotografiert!«, empört sie sich wie eine Diva. Ich muss schmunzeln über so viel theatralische Leidenschaft. Als ich ihr versichere, dass ich auch sie fotografiert habe, ist sie beruhigt und schreitet erhobenen Hauptes zurück zur Bühne. Ihr langes, lockiges und feuerrotes Haar weht durch den Raum und versprüht einen Hauch von Broadway. Im letzten Akt der heutigen Probenstunde müssen die Kinder ein kurzes selbst improvisiertes Stück vorspielen. Die letzte Gruppe gibt ein Stück, das auf einem Schiff spielt. Zum Ende verlässt der Kapitän den Dampfer. Der Vorhang fällt, in Annas kleiner Theaterschule brandet der Applaus auf und ich muss kurz an Georgákis denken. Wie es wohl mit ihm weitergeht?

Nach den Theaterproben ist Anna hungrig. Es ist fast sechzehn Uhr. Mit ihrem Auto sammeln wir ihre Eltern ein und es geht ins an den Ausläufern des Taígetos-Gebirges gelegene Mystrás, wo wir in einer Taverne gemeinsam zu Mittag essen wollen, bevor ich mich wieder von Sparta verabschieden muss. Mit Blick auf die Ebene von Sparta sitzen wir auf einer gemütlichen Terrasse des Restaurants und essen Salat, Blätterteigtaschen mit Käsefüllung, Kohlrouladen, Rindfleisch in Tomatensoße und theatralisch gutes Knoblauchbrot.

»Besuch uns bald wieder!«, sagen Georgía und Níkos synchron, als wir uns zum Abschied drücken.

Und Anna ergänzt: »Schick mir die Fotos von den Theaterproben. Die Kinder werden sich freuen.«

Zwei Tage später, gedanklich noch beim Theater von Sparta, lausche ich wieder einmal andächtig den Nachrichten aus der griechischen Politik. Am Montag, den 7. November 2011, verständigen sich Geórgios Papandréou und sein Gegenspieler Antónios Samarás auf die Bildung einer gemeinsamen Übergangsregierung mit einem neuen Ministerpräsidenten. Papandréous Rücktritt stehe kurz bevor. Bereits am nächsten Tag solle die neue Regierung vereidigt werden. Die Ereignisse überschlagen sich danach. Ein Name nach dem anderen wird als Nachfolger genannt. Die Verhandlungen dauern auch am Mittwoch noch an und scheitern schließlich. Eine neue Regierung ist nicht in Sicht. Papandréou tritt erst zurück, kann dann aber nicht entlassen werden, da es keinen Nachfolger gibt. Das Theater wird bühnenreif. Die Süddeutsche Zeitung spricht am Donnerstagmorgen von einer »Blamage für die griechische Politik«.16 Dann doch noch die Wende: Am Abend steht die neue Übergangsregierung fest, die aus der PASOK, der NEA DIMOKRATIA und der rechtsgerichteten LAOS gebildet werden soll. Neuer Premier wird Loukás Papadímos, der am Folgetag ernannt wird. Bühne frei für den nächsten Akt im theatralischen Überlebenskampf der Griechen gegen die Schuldenkrise!

Die Würste vom Ágis waren großartig. Die traditionellen griechischen Bauernwürste mit Orangenstückchen habe ich in Deutschland leider noch nirgends gefunden. Daher finden Sie nachfolgend ein Rezept für eine Variante, wie man sie auch hierzulande gut nachkochen kann.

Orangen-Linsen-Bratwürste
Λουκάνικα με φακές και πορτοκάλι

Zutaten:

½ l Wasser, 1 Tasse Rosé-Wein, 2 Zwiebeln, eine davon gehackt und eine im Ganzen und geschält, 2-3 Gewürznelken, 3 Lorbeerblätter, 2 Tassen Linsen, 5 Pfefferkörner, 500 g grobe Bratwürste oder Bauernbratwürste in Scheiben geschnitten, ½ Tasse Olivenöl, 1 gehackte Stange Lauch, 2 gehackte Knoblauchzehen, fein geriebene Schale einer Orange, ½ Tasse Orangensaft, Salz, Pfeffer, 1 Zweig Rosmarin, 2 EL gehackte Petersilie

Zubereitung:

In einem Topf das Wasser, den Rosé-Wein, die ganze Zwiebel, Gewürznelken und ein Lorbeerblatt zum Kochen bringen und ca. 20 min köcheln. Flüssigkeit filtern und aufbewahren (ca. 2 Tassen). In einem Topf mit reichlich Wasser restliche Lorbeerblätter, Pfefferkörner und Linsen zum Kochen bringen bis die Hülsenfrüchte etwas weich, aber noch nicht gar sind. Linsen in einem Sieb abtropfen lassen. Lorbeerblätter behalten. In einer Pfanne das Olivenöl erhitzen und die Bratwürste mit dem Rosmarin darin scharf anbraten. Bratwurstscheiben auf Küchenpapier legen, um das Fett abzusaugen. In der gleichen Pfanne die gehackte Zwiebel, Knoblauch und Lauch kurz anbraten.

In einer Auflaufform Linsen, Bratwurstscheiben und das angebratene Gemüse samt Öl mischen. Salzen, pfeffern, Orangenschale, Orangensaft und Lorbeerblätter dazugeben und nochmals umrühren. Von der gefilterten Wein-Flüssigkeit so viel über die Zutaten gießen, bis sie alle halb bedeckt sind. Die Auflaufform auf die mittlere Schiene des vorgeheizten Ofens stellen und bei 180 Grad Celsius für 20-30 min fertigbacken, bis die Flüssigkeit verdampft ist und die Linsen weich geworden sind.

Vor dem Servieren die Petersilie über das Gericht streuen, auf Tellern anrichten, mit Weißbrot und Rosé-Wein servieren.

EPILOG

Hinter mir liegen elf Spaziergänge durch den griechischen Alltag. Im Norden, Süden, Osten und Westen des Landes, wo immer ich auch war, das »Filótimo« der Griechen hat mich stets gleichermaßen beeindruckt. Dabei darf man nicht vergessen, dass die anhaltende Wirtschaftskrise an den Nerven der Menschen zerrt. Umso mehr verwundert die Hingabe und Leidenschaft, mit der die Griechen den Touristen, Fremden und Freunden begegnen.

Für das so spezielle griechische Lebensgefühl, das »Filótimo«, gibt es zwar keine passende Übersetzung, aber umso mehr bin ich nach diesem Buch überzeugt davon, dass es wichtig ist, den Leserinnen und Lesern davon zu berichten. Andere Kulturen zu erfahren, ist nicht nur einen spannenden Urlaub wert, es hilft auch, Brücken zu bauen und den eigenen Horizont zu erweitern. Die zahlreichen, tollen Eindrücke in ein wunderbares und manchmal bizarr erscheinendes Land werden erst durch die Menschen so einzigartig. Die Griechen sind ein ganz besonders liebenswürdiges Volk. Gerade in der Finanzkrise ist die Wahrnehmung des Landes und seiner Leute hier und da leider etwas in Schieflage geraten. Ich hoffe, ich konnte helfen, dieses Bild wieder etwas gerade zu rücken. Die Griechen haben es verdient. Reisen Sie hin und machen Sie sich vor Ort selbst ein Bild davon! Ich bin sicher, die Hellenen werden Sie nicht enttäuschen. Vergessen wir nicht: In Griechenland steht nicht nur die Wiege der Demokratie, sondern auch die des Filótimo!

Für die freundliche Unterstützung

bei der Arbeit an diesem Buch danke ich ganz besonders:

Oma Kontílou, die mir beibrachte, wie man eine richtige Hühnersuppe kocht, und weil sie das personifizierte Filótimo darstellt.

Fischer Mitsos, der skurrile Menschenfreund, auf dessen Boot ich so gerne Oktopus fischte.

Lena, Takis und Ioannis, für ein sarakatsanisches Abenteuer der Extraklasse im Epirus.

Michalis, für saftige Zitrusfrüchte im „humpelnden Fuß".

Aspasia, für die reinste und herzlichste Seife Griechenlands

und wunderbare Stunden auf Méthana.

Apóstolos, Emine und Professor Thede Kahl

für faszinierende Einblicke in das Leben der Pomaken.

Roberto, für einen Korfu-Krimi, wie er im Buche steht.

Christos Orfanidis und Familie Papoulákos, für ihr weltbestes Olivenöl.

Dimitris, für unzählige Hilfen und spannende Gespräche über

Griechenland, seine Kultur und seine Menschen.

Ioannis Tsamisis, dem Politiker, von dessen Schlag es in Griechenland mehr geben müsste, und dem ich es verdanke, Kastoriá und die Kürschnerei kennengelernt zu haben.

Leonídas Pouliópoulos, für seine detailreichen Kenntnisse rund um Felle, Nerze und den Pelzhandel.

Kostas und Elpída, für ihre kulinarische Gastfreundschaft.

Anna und ihren Eltern, für mehr als spartanische Leidenschaft und ein fröhliches Theater.

Ioannis Salavopoulos, der mich auf die Idee fürs „Filótimo" brachte.

Und all den vielen anderen guten Freunden und Bekannten,

die mir tatkräftig geholfen haben.

Euch allen herzlichen Dank!

Hervorheben möchte ich jedoch Familie Niotis aus Toló. Sie verkörpern und leben Filótimo seit jeher in seiner schönsten Form.

»Ευχαριστώ για όλα! – Efharistó giá óla - Danke für alles!«

A.D.

QUELLENANGABEN

1 Mehr Informationen zu meiner »zweiten Heimat« in meinem ersten Griechenlandbuch »Das Kaffeeorakel von Hellas – Abenteuer, Alltag und Krise in Griechenland«.

2 vgl. Christopher Xenopoulos Janus »Filótimo: The most untranslatable and unique Greek virtue«, im Internet unter: http://www.helleniccomserve.com/filotimo.html

3 Zahlenangaben und weitere Details entstammen dem Buch: »Hirten, Kämpfer, Stammeshelden. Ursprünge und Gegenwart des balkanischen Patriarchats« von Karl Kaser, Böhlau Verlag, Wien, 1998.

4 Kahl, Thede: »Die Pomaken in Griechenland«, in: pogrom – bedrohte Völker Heft 2/2001, weblink: http://www.gfbv.de/inhaltsDok.php?id=192&highlight=pomaken

5 vgl. Sarides, Emmanuel: »Ethnische Minderheit und zwischenstaatliches Streitobjekt. Die Pomaken in Nordgriechenland«, in Ethnizität und Gesellschaft, Occasional Papers Nr.11, S. 8.

6 Anders als im deutschen ist der Begriff »Zigeuner« in Griechenland nicht diskriminierend gemeint.

7 http://www.mfa.gov.tr/die-turkische-minderheit-in-westthrakien.en.mfa (Aufruf im Januar 2012).

8 vgl. Arbeitsdokument der EU-Kommissionsdienststellen: »Tabakregelung – Ausführliche Folgenabschätzung«, im Internet abrufbar unter: http://ec.europa.eu/agriculture/publi/reports/tobacco/index_de.htm

9 vgl. EU-Produktionsstatistik. Im Internet abrufbar unter: http://ec.europa.eu/agriculture/markets/tobacco/production-statistics_en.pdf

10 Im Jahr 2008 habe ich Roberto Bardéz kennen gelernt und ihn auf Korfu in seinem (Wahl-)Heimatdorf Afionas besucht.

11 Mehr Informationen über Michael Deffner und sein Leben in »Das Kaffeeorakel von Hellas – Abenteuer, Alltag und Krise in Griechenland«. Er hat als Archäologe u.a. auf Méthana einen antiken Turm ausgraben lassen und er erhielt ein Staatsgrab auf dem Ersten Athener Friedhof.
12 http://www.itqi.com/de/about-itqi.html
13 vgl. Kapitel 1 »Das Kaffeeorakel von Hellas – Abenteuer, Alltag und Krise in Griechenland« – www.abenteuer-griechenland.eu
14 Leonidas Pouliópoulos: »Das Pelzgewerbe in Kastoria«, S. 12, CB-Verlag Carl Boldt, Berlin, 1978.
15 vgl. Kapitel 13 »Das Kaffeeorakel von Hellas – Abenteuer, Alltag und Krise in Griechenland« – www.abenteuer-griechenland.eu
16 »Wie sich die Griechen bei der Premier-Suche verklüngelten«, in Süddeutsche Zeitung vom 10.11.2011.

Andreas Deffner
wurde 1974 in Gladbeck, im Ruhrgebiet, geboren. Er hat lange Zeit im Rheinland gelebt und wohnt heute mit seiner Frau und seinen drei Söhnen in Potsdam.
Seine »zweite Heimat« aber ist Griechenland. Seit er nach dem Abitur im Jahr 1993 das erste Mal nach Hellas gefahren ist, war er von Land, Leuten und Kultur begeistert. Und so fährt er, wann immer die Zeit es zulässt, »nach Hause«, nach Toló.
In dem kleinen Fischerdorf auf der Halbinsel Peloponnes fühlt er sich ebenso heimisch wie in Potsdam, Gladbeck oder Berlin.
Und Oma Vangelió hat immer gesagt:
»Junge, du bist in Toló groß geworden!«